AF600037

ÓSIP PIÁTNITSKI

MEMORIAS DE UN BOLCHEVIQUE (1896 – 1917)

1ª Edición, febrero de 2026.

Imagen de la cubierta:
Reconstrucción del diseño original de Mauricio Amster para la edición castellana de las *Memorias de un bolchevique (1896-1917)*, publicada por Ediciones Ulises en 1931.

Traducción que tomamos como base:
Jorge Rubio, a quien no hemos logrado identificar.

ISBN: 979-13-990449-4-2
Depósito legal: M-4372-2026

EDICIONES MNEMOSYNE | A. C. BONCH-BRUYÉVICH

www.ediciones-mnemosyne.es
info@ediciones-mnemosyne.es

Ósip Piátnitski

NOTA EDITORIAL

La vida revolucionaria de Ósip Arónovich Tarshis (1882-1938) –conocido por su nombre de partido: Piátnitski–, queda perfectamente documentada, hasta febrero de 1917, en estas MEMORIAS DE UN BOLCHEVIQUE. *Nos ahorraremos, por tanto, hacer ninguna síntesis redundante de los hechos que el lector encontrará relatados al avanzar por estas apasionantes páginas.*

Conocemos con mucho menos detalle su actividad a partir de febrero de 1917. Las fuentes accesibles que nos informan de su trabajo después de esa fecha son escasas: sabemos que, desde su vuelta a Moscú, fue parte del Comité del Partido en esa ciudad, secretario de aquél desde 1920 y, a partir de ese año (IX Congreso), miembro candidato al Comité Central del Partido Comunista (bolchevique) de Rusia; entre 1918 y 1919 estuvo en el Comité Ejecutivo Panruso del Sindicato de Ferroviarios, y entre 1918 y 1922 en el Comité Ejecutivo del Sóviet de Diputados Obreros y Soldados de Moscú. A partir de 1924 formará parte de la Comisión Central de Control del Partido, y desde 1927 será también miembro de pleno derecho del Comité Central bolchevique. Desde 1921, igualmente, trabajó en el Comité Ejecutivo de la Internacional Comunista, y fue uno de sus cuatro secretarios de 1923 a 1935. El VII Congreso de la Internacional Comunista no ratificó sus cargos

Piátnitski cayó en desgracia, según todos los indicios disponibles, en el pleno del Comité Central del Partido de finales de junio de 1937; aparentemente, se opuso a algunas opiniones de Stalin (compartidas por el grupo dirigente) relativas a la suerte de Bujarin –por entonces ya en prisión– y otros opositores; también criticó los métodos interrogatorios de Yéjov. A la sazón, éste era el máximo responsable del NKVD, y Piátnitski propuso controlar más intensamente su actividad.

Al final del libro, incorporamos a modo de anexo lo que Lázar Kaganóvich recordaba, años más tarde, acerca de esta sesión plenaria del Comité Central. A pesar de algunas imprecisiones (que quedan señaladas a pie de página), constituye una de las muy pocas fuentes que nos permiten reconstruir mínimamente los hechos que desencadenaron en el fusilamiento de Ósip Piátnitski el 29 de julio de 1938. Añadimos también, como segundo anexo, uno de los pocos documentos de archivo que se conservan de aquel pleno (que, para sorpresa de sovietólogos como J. Arch Getty, es quizá el único pleno no registrado taquigráficamente en la historia de la URSS), en el que Stalin afirma que, «en cuanto a Piátnitski, la investigación está en curso. Debería concluirse en los próximos días; se realizarán nuevos interrogatorios y careos».

* * *

Nuestro particular interés editorial en rescatar las MEMORIAS *de Piátnitski reside en el ejemplo que su vida nos brinda. Obrero autodidacta, dedicó la mayor parte de su tiempo en la Tierra a la revolución proletaria. Especialmente interesantes nos parecen los pasajes en los que este militante práctico, encargado fundamentalmente de labores de organización, técnicas y conspirativas, insiste en la importancia de los momentos que encuentra para su autoinstrucción, frecuentemente durante sus estancias en prisión o en el destierro. Si esta formación teórica y cultural ya era imprescindible para los marxistas hace más de un siglo –cuando el proletariado no dejaba de avanzar «naturalmente» en su conciencia, cohesión y organización–, no podemos sino llamar la atención acerca de la urgencia de esta labor ideológica para los proletarios hoy, en tiempos de incontestada reacción y total ausencia de un horizonte emancipatorio de cuño universalista. Y este mismo contexto de reacción, por su lado, no hace sino resaltar la relevancia de las lecciones que la experiencia militante de Piátnitski nos ofrece al respecto de la dialéctica entre el trabajo legal e ilegal que necesita todo movimiento revolucionario. El bolchevismo no habría sido capaz de sobrevivir a la represión e infiltración zarista de no haber sido, primero, por la firmeza de sus principios ideológicos; segundo, por su disciplina y vigilancia políticas; tercero, por su capacidad de conservar y reconstituir el núcleo ilegal de sus organismos partidarios.*

Por lo demás, Piátnitski asimiló tan correctamente los principios del marxismo que, aun con algunas dudas iniciales, tras el cisma del Partido Obrero Social-Demócrata de Rusia (en adelante, POSDR) en 1903, se decantó decididamente por la fracción bolchevique. Sus más de 40 años de actividad revolucionaria constituyen uno de esos ejemplos, tan inspiradores como inmortales, para los proletarios con conciencia de sus intereses de clase de todos los tiempos y países. Incluso su trágica muerte a manos de sus antiguos camaradas la afrontó, hasta donde sabemos, con la entereza típica de un viejo bolchevique. Según recoge su mujer en su diario, dos días antes de ser detenido Piátnitski le dijo a Iliá Tsivtsivadze: «Si el Partido necesita un sacrificio, cualquiera que sea su peso, con alegría lo soportaré todo».[1]

* * *

*Sobre los criterios de nuestra edición, tomamos como base la traducción castellana de Jorge Rubio (*Ediciones Ulises, *1931), hecha desde la versión francesa. Hemos contrastado esta edición castellana con la inglesa y la francesa, corrigiendo algunas traducciones erróneas, enmendando pequeñas omisiones e incorporando todas las notas al pie del Instituto Marx-Engels-Lenin, que refundimos con las del autor sin especial indicación dado su carácter histórico e informativo. Sólo señalamos las pocas notas añadidas por nosotros. Por lo demás, respetamos en gran medida la traducción de J. Rubio, limitándonos a modernizar numerosas expresiones en desuso y, sobre todo, a actualizar las innúmeras transliteraciones de nombres rusos, hebreos, lituanos o polacos (de personas, ciudades, aldeas o calles) para facilitar, al lector que lo desee, la investigación de los personajes y lugares que aparecen en la obra. Finalmente, dado su uso asistemático en la edición de referencia, reservamos la mayúscula en «Partido» para nombrar su concepto leninista, para el nombre completo de organizaciones y para el bolchevismo a partir de 1912.*

EDICIONES MNEMOSYNE

---

1 PIÁTNITSKAIA, IULIA: *Diario de la mujer de un bolchevique*. Editorial Losada, Buenos Aires, 1991, p. 24. Esta edición recoge también varios relatos del tiempo que Piátnitski pasó en prisión.

PREFACIO*

Las *Memorias* del camarada Ósip Piátnitski, uno de los más viejos miembros activos de nuestro Partido Bolchevique, cubren un largo periodo, de 1896 hasta 1917; esto es, el entero periodo de nacimiento y desarrollo del Partido Bolchevique hasta la Revolución de Febrero de 1917.

Las *Memorias* del camarada Piátnitski contienen una gran cantidad de material factual y, así, sirven como valiosa contribución a la literatura sobre la historia de nuestro Partido.

La especial característica de estas *Memorias* es que presentan un cuadro completo de la ininterrumpida actividad militante de un bolchevique que trabaja en la clandestinidad, de un organizador que trabaja durante todo el periodo de la lucha por el poder. Estas *Memorias* deben servir como un excelente material para educar a nuestra más joven generación de trabajadores que se está uniendo al Partido Comunista. A este respecto, el libro del camarada Piátnitski debe servir a modo de libro de texto –uno excelente, además–, debiendo ayudar a nuestros camaradas en el extranjero –que desarrollan su trabajo revolucionario en países capitalistas– a aprender los métodos de organización del trabajo clandestino y ayudarles a llegar a ser trabajadores modelo del Partido Bolchevique.

---

* Prefacio a la edición inglesa de la editorial Martin Lawrence (circa 1930), que no aparece en la edición castellana que tomamos como base (1931). Este texto termina señalando que: «La presente traducción [al inglés] está hecha desde la segunda edición rusa, que fue considerablemente revisada por el autor». La traducción es nuestra. | *Nota de Ediciones Mnemosyne.*

La primera edición rusa de este libro apareció en 1925 y fue publicado por la Comisión de Historia del Partido Comunista de la Unión Soviética. Desde entonces el libro ha aparecido en numerosos idiomas, incluyendo el alemán (dos ediciones, 1927 y 1930), japonés (1928) y francés (1931), además de una edición castellana que está ahora en preparación. La edición inglesa se presenta al lector por primera vez. En el extranjero, el libro del camarada Piátnitski ha tenido una muy amplia circulación.

INSTITUTO MARX-ENGELS-LENIN

Prólogo

Veintiún años de organización y de acción revolucionaria

Memorias de un bolchevique es la obra de uno de los más viejos militantes del Partido Comunista de la Unión Soviética, uno de esos «revolucionarios profesionales», tal como los concebía y llegó a formar Lenin; uno de ésos que sacrifican todo a la causa del proletariado, uno de los que más contribuyeron a la gloriosa victoria de Octubre de 1917.

Estas *Memorias* no son una de esas «deslumbrantes obras literarias» que constituyen la admiración del burgués y del pequeño burgués; es un relato escrito por un obrero de lo que él ha visto y de su vida durante una actividad revolucionaria de más de veinte años. Al rayo deslumbrador de la literatura burguesa francesa, ocultando el vacío de una inteligencia en decadencia, las *Memorias de un bolchevique* nos muestran hechos, nada más que hechos, de los cuales se desprende una ardiente fe revolucionaria, de donde salió la mayor victoria social conocida. Obra apasionadora, la cual, el lector obrero no la abandonará sin haberla leído por completo, y que meditará profundamente, ya que cada una de sus páginas es una enseñanza preciosa para los obreros revolucionarios y para todos los comunistas.

***

Lo que domina la obra y llama la atención del lector desde la primera hasta la última línea es la idea de la organización. Con toda evidencia, Piátnitski es uno de los que mejor comprendieron y pusieron en práctica el deseo de Lenin, que ha sido lo que dio la victoria al proletariado ruso: la necesidad para un Partido revolucionario de una organización coherente, legal e ilegal, penetrando en todos los engranajes de la sociedad capitalista. En el «club» de discusión que querían los mencheviques, las *parlottes* que son las secciones de los socialistas franceses –y también muchas organizaciones comunistas y simpatizantes del país–, los bolcheviques supieron sostener la organización centralizada que conduce e impulsa todo el movimiento obrero revolucionario.

En Rusia o en el extranjero, tan pronto como llega Piátnitski consagra todas sus fuerzas a mejorar lo que existe o al agrupamiento de los bolcheviques dispersos. Lo mismo en Berlín, contra la obra disolvente de los mencheviques, o en Sámara, con los miembros del Partido que no se atreven a agruparse por miedo a la policía, sabe reunir rápidamente a los bolcheviques aislados y organizarlos para conducirlos rápidamente a éxitos decisivos. Advierte que, en París, no obstante las resoluciones tomadas, la *Pravda*, entonces legal, no está difundida; se hace cargo de ella y enseguida la venta aumenta sin detenerse. En Sámara, por la debilidad de un camarada, fue arrebatado por los mencheviques el Órgano del partido. Por su impulso, el Comité bolchevique se vuelve hacia las fábricas y de nuevo el periódico vuelve a los obreros revolucionarios; la policía le inculpará de esta acción cuando le detenga.

Pero sobre todo es en la acción ilegal donde Piátnitski nos muestra el trabajo formidable ejecutado por los bolcheviques. Él mismo vivió ilegalmente durante trece años. Durante estos años fue perseguido por la policía, por todas las policías: zarista, alemana, austríaca, francesa. No obstante, en el extranjero, Piátnitski es el jefe de una amplia red que organiza el paso de la frontera por los militantes, que expide y difunde en toda Rusia la literatura revolucionaria. En Moscú, durante los años de «reacción negra» que siguieron a 1905, fue encargado de la organización técnica secreta. Fue el organizador de la imprenta ilegal de partido. El militante francés que actualmente sale con dificultad de la legalidad burguesa quedará deslumbrado por las precauciones meticulosas y los múltiples problemas, por el valor y la sangre fría que exigen actividades tan indispensables. Un esquema de la organización secreta del Partido en Moscú muestra cuán potente era ya el Partido bolchevique en 1906; sin embargo, era ilegal.

* * *

Naturalmente, tal actividad tenía que provocar una contraofensiva vigorosa del gobierno zarista. Piátnitski nos muestra cuán grande fue la penetración policiaca en el seno de aquel partido, que ya estaba fuertemente organizado. Es un policía, [Yákov] Zhitomirski, quien lo reemplaza en 1905 en Berlín en la dirección de la organización para la expedición de la literatura en Rusia. Es un policía, Matvéi-Brindinski, quien en la misma Rusia es el cabeza, en algunos momentos, de servicios de difusión de la literatura. Es un policía, [Román] Malinovski, uno de los líderes de la fracción parlamentaria y al mismo tiempo del Comité Central.

¿Quién puede extrañarse de esta penetración? ¿Es o no la lucha de clases una guerra? En toda guerra, ¿no tratan los adversarios de enviar espías al campo enemigo y de comprar traidores? ¡Sólo pequeñoburgueses legalistas pueden llorar por la «maldad» burguesa, que envía agentes al movimiento revolucionario! ¡Como si la introducción de provocadores en el seno del Partido y en los sindicatos revolucionarios no fuese una prueba del serio peligro revolucionario que representa el Partido Comunista y los sindicatos revolucionarios! Los socialistas, que siempre protestan de la penetración policíaca en nuestro Partido, ¿no votaron a la burguesía francesa en noviembre de 1924, al último Judas, fondos secretos para pagar a los traidores?

Ante el daño hecho por la policía al Partido en el movimiento obrero revolucionario, ¿no fue Piátnitski –por poco tiempo– atacado de esa enfermedad que consiste en ver policía por todos lados? Pero también nos indica la solución: es en la organización y en la acción cuando se obliga al policía a trabajar para el Partido –los acontecimientos del Primero de Mayo de 1911 fueron conducidos hasta el éxito por el policía Matvéi-Brindinski, mientras que su «colega» Malinovski leía a la Cámara los discursos hechos por Lenin y Zinóviev–; cuando el policía sabotea la acción del partido, esto permite separarlo de puestos importantes y desenmascararlos, con la condición de que se ejerza un control riguroso en la ejecución de la tarea encargada a los militantes.

No fue gritando: «¡Al policía!» como Piátnitski ha desenmascarado a los más peligrosos, sino controlando la ejecución del trabajo y analizando seriamente los menores indicios.

Detenido en Sámara, Piátnitski confirma con amargura que la policía «lo sabía todo». (Sabía que él era del Comité Central, cosa que aún ignoraba.) ¡Ya lo sabían todo! Lo cual no impidió que la revolución barriese al régimen.

***

Como era de prever, Piátnitski fue varias veces encarcelado, y, por último, deportado a Siberia en 1914. Apenas entra en la prisión, el militante tiene un puesto en la organización de los presos. Siente a su alrededor la solidaridad absoluta de sus camaradas, aun la de aquellos de tendencias políticas diferentes. Los víveres y los envíos de dinero siempre se reparten en común. No obstante la defensa enérgica de su situación material, esto no es lo esencial para ellos; ante todo lo es la lucha revolucionaria.

En Kiev, aun con las celdas abiertas de la mañana a la noche, lo mismo que las puertas de acceso del pabellón al patio, los detenidos estudiaban seria y activamente... «El tiempo de prisión transcurría sin darse cuenta», escribía Piátnitski, quien no esperó la vista de la causa, ya que se escapó con diez revolucionarios para seguir luchando contra el zarismo y la burguesía.

¡Qué lejos estamos de ciertas desmoralizaciones, de tristes escrúpulos, anteponiendo el cuidado del «vientre» al trabajo revolucionario y al estudio!

De ahí el interés de las páginas sobre la vida en la cárcel, sobre la organización de las comunas de los detenidos y el trabajo encarnizado para estar mejor armado ideológicamente en la deliberación; ¡excelentes enseñanzas para la educación de los militantes revolucionarios!

* * *

Lo que domina la obra, como ya hemos dicho, es la idea de la organización. Pero sería un error creer que Lenin y los bolcheviques querían la organización por la organización. Ante todo, desean la organización para la lucha política, la organización al servicio de los principios del marxismo revolucionario defendidos irreductiblemente por Lenin y los leninistas. Toda la obra de Piátnitski respira esta lucha encarnizada qùe Lenin y los leninistas no cesaron de sostener contra las diferentes corrientes que sin cesar renacían. La batalla por la *Iskra*, la lucha contra Plejánov, contra las corrientes «izquierdistas», «sectarias», provocadas por la actitud de la fracción parlamentaria, en fin, y sobre todo la lucha incesante cotidiana de Lenin, no solamente contra los mencheviques, sino contra los oportunistas, contra los conciliadores, todo eso se desprende netamente en la lectura de estas *Memorias* escritas sin aparato literario. Se siente en cada momento qué incesantes combates ideológicos han formado el Partido de acero que condujo al proletariado ruso a la victoria. La actitud de Piátnitski discutiendo frecuentemente con Lenin es una respuesta viviente a esa tontería socialista que afirma que el Partido Bolchevique es una capilla en la cual aquel que no piensa como el jefe es expulsado. Es, al contrario, en la más grande libertad de espíritu donde se desenvuelven las controversias sobre los problemas del movimiento obrero, sobre la táctica, etc. Pero una vez tomada la decisión será aplicada sin ningún desfallecimiento por todos los miembros del Partido. Esto es lo que dice Piátnitski de las elecciones a la tercera Duma. Hasta éstas, reinaban grandes divergencias entre los bolcheviques; esta cuestión fue muy discutida en todos lados, puesto que numerosos bolcheviques eran contrarios a la participación en las elecciones; pero desde que el Partido tomó su decisión, los bolcheviques participaron con igual entusiasmo en las elecciones. Nos muestra también cómo Lenin, adversario encarnizado de toda alianza con los mencheviques, aceptó por disciplina participar en ellos en la redacción del *Socialdemócrata*. Cuántas veces vemos a los emigrados –aun los evadidos de los calabozos zaristas, como Piátnitski– regresar directamente a la ciudad y a los puestos que les había fijado el Partido. Esta disciplina de hierro era la resultante natural y, por consecuencia, aceptada sin discusión, de la incesante lucha ideológica sostenida por Lenin contra el oportunismo.

Las últimas páginas del libro, donde aparecen las declaraciones de guerra, las actitudes completamente opuestas de la socialdemocracia alemana y del Partido Bolchevique, son la demostración luminosa.

Piátnitski se impresionó fuertemente por la potencia del Partido Socialdemócrata de Alemania [SPD]. Los millones de lectores de su prensa y devotos electorales, sus grandiosos mítines, los tres millones de obreros sindicados y las potentes cooperativas que dirigían sus militantes, todo eso le había convencido de que el SPD sabría, si quería vencer al oportunismo, llevar al combate al proletariado alemán. No suscribía completamente los sarcasmos de Lenin, mostrando que el SPD se había lanzado por su oportunismo en los brazos de la burguesía. ¡Y fue, con verdadero dolor, que en agosto de 1914 se enteró Piátnitski, estando preso en Sámara, cómo Plejánov estaba por la guerra, igual que los socialistas alemanes! ¡El coloso socialdemócrata, podrido por el oportunismo, se había derrumbado al primer golpe!

Tres meses después –el 14 de noviembre de 1914–, la noticia del arresto de los cinco diputados bolcheviques en la Duma y de Kámenev confirmaba a Piátnitski, todavía en prisión, que los bolcheviques continuaban la lucha de clases durante la guerra como durante la paz. ¡El Partido –diezmado sin cesar, con la policía decapitando sin parar las organizaciones y viviendo casi permanentemente en la ilegalidad– había resistido gracias a su ideología, formada en la lucha por Lenin y los leninistas, al torrente devastador de la guerra imperialista!

Mientras que la socialdemocracia francesa –como la alemana– caía en la abyección de la guerra, el Partido Bolchevique preparaba a los obreros, los campesinos y los soldados para el derrocamiento del absolutismo y del capitalismo en la victoria de Octubre de 1917.

André Marty

En memoria de
Pável Aleksándrovich Vompe,
amigo y camarada en el trabajo conjunto
en las organizaciones de ferroviarios
y en la Internacional Comunista,
fallecido en la noche del
2 de agosto de 1925.

A PROPÓSITO DE MIS MEMORIAS

En 1921 tuvo lugar la depuración del Partido Comunista de la Rusia (bolchevique); todos los miembros de nuestro Partido tuvieron que enviar por escrito su autobiografía a las Comisiones de Depuración. La tentativa de redactar la mía no fue un éxito, ya que en lugar de una biografía lo que escribí fueron recuerdos sobre mi adhesión y sobre el trabajo militante de una época ya lejana.

En el verano de 1922, después de haber realizado una serie de tareas que me había confiado la Comisión de Historia del Partido, reactivé las memorias que había empezado, hasta comienzos de 1904. Sobrecargado de trabajo y por falta de espacio, no pude terminar esas memorias hasta el verano de 1924, durante mis vacaciones. Para escribir mis memorias no tuve ni cartas ni documentos. Los viajes clandestinos de Rusia al extranjero, las permanencias ilegales –en Rusia, lo mismo que en el extranjero–, la prisión y la deportación no me permitieron conservarlos. Es más, la falta de tiempo me impidió consultar las obras y revistas donde otros camaradas han hablado de la historia de nuestro Partido. Todas mis *Memorias*, desde 1896 a 1917, las he escrito enteramente de memoria. Y es evidente que su contenido, lo mismo que su integridad, se han resentido algo. Todo lo que yo he escrito lo he sometido a los camaradas con los cuales he militado en diferentes ciudades y en diferentes períodos. Confirmaron los hechos que relato.

Terminadas mis *Memorias*, tuve que contrastar las fechas y buscar los verdaderos nombres y apellidos de los camaradas que yo no conocía más que por seudónimo. He podido restablecerlos casi integralmente.

Si los jóvenes miembros de nuestro Partido y la Unión Comunista Leninista de la Juventud [*Komsomol*], por la lectura de mis *Memorias* pueden darse una idea, por débil que sea, de las condiciones en que tuvimos que trabajar los viejos militantes del Partido Bolchevique (las condiciones en que yo milité son las mismas en que se han visto colocados numerosos bolcheviques; otros tuvieron que militar en condiciones peores), y si una parte de mis *Memorias* pueden servir a la historia de nuestro Partido, yo consideraría que el tiempo consagrado a escribirlas no ha sido en vano.

I

EL PRINCIPIO DE MI ACTIVIDAD REVOLUCIONARIA (1896-1902)

En 1896, siendo aprendiz de un taller de confección, oía con frecuencia a los obreros y obreras hablar de socialistas deportados de diferentes ciudades de Rusia en nuestra localidad. Por detalles cogidos al vuelo me enteré de que se reunían con la *intelligentsia* local y con los obreros, que enseñaban a éstos a leer y escribir y que les daban folletos y otras cosas para leer. Además, en el taller se hablaba frecuentemente de reuniones secretas organizadas en Vilna, en Kovno [Kaunas], en Varsovia, y de las detenciones que se hacían; todo ello me tenía muy intrigado, pero no conseguía saber más.

En 1896 mis dos hermanos vinieron a pasar las fiestas de fin de año en mi casa. Grande fue mi sorpresa al ver en nuestra casa deportados: intelectuales, obreros y obreras con los cuales yo trabajaba. Me di cuenta también de que mis dos hermanos estaban en relación con los individuos más destacados del movimiento obrero, deportados en nuestra ciudad o que habían venido a pasar las fiestas con ellos.

La ciudad en donde yo nací, Vilkomir [Ukmergė], tenía 14.000 habitantes. Había entonces gran cantidad de pequeños talleres, dos o tres fábricas de curtidos sin gran importancia y algunas fábricas pequeñas, donde se manufacturaban sedas de cerda, y un gran taller de cerrajería. Entre los obreros de estos diferentes establecimientos industriales los había que habían trabajado en las grandes ciudades.

Los obreros que trabajaban en Kovno, en Vilna y en Varsovia venían a pasar las fiestas importantes con sus parientes. En estos días, la localidad aumentaba en animación. Los recién llegados organizaban con los obreros conscientes de Vilkomir, en los bosques o en las casas situadas fuera de la ciudad, espectáculos, reuniones o veladas donde se pronunciaban discursos y alocuciones que se alternaban con cantos revolucionarios, etc. (Lo mismo se hacía en 1906 cuando, después de una larga ausencia, regresé a mi ciudad natal para pasar algunas semanas. La organización del Bund[2] existía en Vilkomir desde 1900 al 1901; pero en el verano de 1906 encontré una importante organización del POSDR, a la cual estaban adheridos los obreros rusos, judíos, lituanos, polacos y los obreros agrícolas que trabajaban en las grandes propiedades de las cercanías.)

Aspiraba entonces a ser independiente lo más pronto posible. En ese momento me propusieron venir a trabajar, en condiciones ventajosas, a Panevėžys, cabeza de distrito de la provincia de Kovno. Acepté la proposición y me fui sin decir nada a mis padres.

El taller donde entré en Panevėžys tenía de quince a diecisiete obreros. Se trabajaba de 15 a 18 horas diarias. La ignorancia entre los obreros y las obreras era espantosa. Los salarios eran escasos; pero los obreros y las obreras los aceptaban sin murmurar.

Mi situación era más grave, puesto que no tenía habitación; tanto que me veía obligado a dormir en el taller, sobre la mesa. La jornada de trabajo, por larga que fuese, no me permitía descansar, ni aun después de la salida de los obreros, pues el patrón necesitaba la mesa sobre la cual yo dormía para cortar géneros.

Jamás tuve ocasión de ver explotación semejante. Cuando yo me fui de mi pueblo soñaba con otra clase de trabajo y con otra clase de obreros.

---

[2] Unión General de Trabajadores Judíos de Lituania, Polonia y Rusia.

Me puse a buscar una organización, un círculo de lectura, reuniones; pero no pude encontrarlas. Para colmo de mis males, la nostalgia se cebó conmigo. Por todo esto, y por la indicación de mis padres, regresé a mi pueblo. Pero mi estancia fue de corta duración.

Al final de 1897 ya me encontraba en Kovno. Trabajé en un taller donde me daban tres rublos por semana. Vivía con uno de mis hermanos, en cuya casa había con frecuencia reuniones, sesiones de lectura, discusiones, etc. Al principio no me dejaban asistir; pero más tarde participé en iguales condiciones, teniendo que hacerme el mudo a veces.

En esta época empezaron las pesquisas y las detenciones. Los miembros activos del círculo de estudio del sindicato ilegal de carpinteros, que se reunían en casa de mi hermano, empezaron a confiarme misiones serias y clandestinas, como transportar la literatura de propaganda de Kovno a Vilna, entregar paquetes, etc.

Mis dos hermanos eran carpinteros, lo que explica que yo estuviese en contacto con los carpinteros más que con mis compañeros de trabajo. Otra razón era que los primeros me aceptaban entre ellos sin decir nada, mientras que mis compañeros de trabajo me consideraban demasiado joven para tratarme como a un igual. Además, yo prefería, mientras que tenía que ser espectador, relacionarme con los carpinteros, ya que éstos eran hombres maduros, obreros hechos y derechos y, al mismo tiempo, relativamente más numerosos que los obreros de otras poblaciones.

En Kovno veía frecuentemente reuniones de camaradas en casa de mi hermano. Uno de ellos leía, y luego explicaba lo que leía. Con frecuencia, estas sesiones duraban hasta medianoche. Otras veces, los mismos camaradas venían a buscar a mi hermano y discutían tan fuerte y tan acalorados que yo creía que se estaban peleando. Más adelante comprendí que se trataba unas veces de reuniones de un círculo de autodidactas, y otras de reuniones del sindicato de carpinteros. No recuerdo si asistían a estas reuniones obreros pertenecientes a otras profesiones.

En las reuniones del sindicato se fijaba la tarifa semanal o diaria de las diversas categorías de obreros carpinteros, y nadie podía aceptar trabajo por una tarifa más baja. Los carpinteros tenían una bolsa de trabajo (en plena calle; esto pasaba en verano), donde los contratistas y los patronos venían a contratar a los obreros. Que yo recuerde, en aquel verano no hubo grandes huelgas entre los carpinteros, aunque las hubo en otras profesiones (manufacturas de papel, de cigarrillos, sastres, etc.).

Los elementos activos de los carpinteros organizaban veladas frecuentemente. Se pronunciaban discursos cortos y cada uno debía, a su vez, decir algunas palabras, que se resumían generalmente en: «¡Abajo el capitalismo! ¡Viva el socialismo!». Me acuerdo de dos obreros carpinteros que se destacaban sobre los demás; uno de ellos tenía unos veinte años; el otro era ya viejo. El primero, muy enérgico, era un espíritu vivo, que se hacía cargo enseguida del fondo de las cosas; añadía a esto una palabra elegante y fácil. Los obreros le querían y respetaban. Se llamaba Zoundel. El día en que tuvo que pasar por el consejo de revisión, muchos de sus camaradas estuvieron toda la jornada en los alrededores del local para saber si le habían cogido. (En 1905 lo encontré en Berlín; pertenecía a la mayoría del POSDR[3] y se dirigía a Rusia por encargo de la redacción del *Vperiod* [*Adelante*]). El segundo había venido de Inglaterra o de América, donde había estado empleado en un club o en una biblioteca del Partido Socialista. Contaba muchas cosas sobre el movimiento obrero en el extranjero, y como había leído mucho, nos hablaba de libros interesantes. Se le escuchaba con atención y se le estimaba. Desgraciadamente, olvidé su nombre.

---

[3] El Partido Obrero Social-Demócrata de Rusia se había dividido, tras 1903, en una mayoría revolucionaria (bolcheviques) y minoría reformista (mencheviques).

La solidaridad entre los obreros de las diversas profesiones era muy grande. Cuando estallaban huelgas en otras profesiones, los carpinteros no se contentaban con ayudar a los huelguistas sólo con socorros pecuniarios y consejos: prestaban también su concurso para la agitación entre los obreros y obreras en huelga, y se dedicaban a la caza de los amarillos en los alrededores de los talleres. Frecuentemente se producían colisiones, seguidas de detenciones, entre los esquiroles y los piquetes de huelguistas.

Respecto a los presos, la actitud de los obreros era magnífica; puede decirse con plena veneración. Tan pronto llegué a Vilna, en 1899, cundió la noticia por los talleres que un zapatero llamado Mendel Harbe y otros camaradas deportados a Siberia debían pasar por la estación. Los obreros abandonaron el trabajo, corrieron hacia el andén y, cuando el vagón celular apareció, fue acogido con gritos de felicitación dirigidos a los deportados y de maldiciones al régimen zarista. Por lo que puedo juzgar ahora y por la diversidad de elementos que tomaron parte en la manifestación, fue improvisada.

Como en los puestos de policía los obreros detenidos eran molidos a palos, había el temor de que, en el interrogatorio, contra su voluntad, diesen los nombres de sus camaradas. De ahí que los más conscientes de los camaradas hiciesen una activa propaganda sobre la manera de conducirse en el momento de la detención y durante el interrogatorio. (Más adelante, un folleto fue editado especialmente con este objeto por el Bund.[4]) Todos los que se portaban mal en el interrogatorio eran expulsados de los círculos obreros y considerados como apestados. En cuanto a los que entregaban a sus camaradas de una manera premeditada, se les castigaba enseguida sin piedad. (Recuerdo que una vez, en Vilna, corrió la noticia en la bolsa del trabajo de que un

[4] Piátnitski probablemente se refiere al panfleto de Bajarov [Vladimir Petróvich Majnovets] *Cómo conducirse durante los interrogatorios*, publicado por la Unión de Socialdemócratas Rusos en el Extranjero en 1900.

traidor había llegado de Riga. Se pusieron a buscarlo y, después de haberlo atraído hacia una calle desierta, lo apalearon.) Viviendo en casa de mi hermano, cuyo alojamiento era registrado con frecuencia, tuve tiempo, antes de ser inquietado por mis propios actos, de asimilar a fondo la manera de comportarme en el interrogatorio.

En la mitad de 1898, a pesar de que mi hermano quería verme instruido antes de entrar en el movimiento revolucionario, me adherí al sindicato ilegal de sastres.

En Kovno, los obreros con quienes yo me reunía en aquella época eran, sobre todo, menestrales. Estaban organizados en sindicatos ilegales por profesiones. Luchaban sobre todo por obtener la jornada de 12 horas y salarios más elevados; la agitación colectiva e individual en favor de esas reivindicaciones, las huelgas y la intimidación a los obreros que trabajaban más de 12 horas eran los medios de acción a los cuales se recurría.

En las asambleas de obreros y obreras se leían los folletos *¿Quién vive de qué?*, de [Szymon] Dickstein, y *El derecho a la pereza*, de [Paul] Lafargue. El primero les entraba fácilmente en la cabeza; el segundo, con más dificultad. Respecto a los amarillos, además de la persuasión, se empleaba la violencia. En casa de los patronos donde era imposible organizar huelgas por falta de conciencia de los que trabajaban, se les rompían los cristales. Esto daba buenos resultados. El sindicato al cual yo pertenecía recurría a estos procedimientos.

Cierto centro político se ocupaba de introducir literatura revolucionaria del extranjero, de San Petersburgo y de otros sitios; de organizar círculos de estudios, sesiones de lecturas y cursos para los obreros, con lo cual el centro político estaba en relación con el que deseaba aprender a leer o recibir instrucción general. El centro político organizaba algunas veces *masovki*[5], o simplemente fiestas en los numerosos bosques de los alrededores de

[5] Mítines clandestinos que se celebraban en el bosque.

Kovno. En estas asambleas se reunía bastante gente, que se enteraban uno a uno. Al pasar al lado de los destacamentos de vigilancia designados por los organizadores, era necesario decir la palabra clave, después de la cual le decían a uno dónde se realizaría la reunión. En revancha, salían del bosque todos reunidos y entraban en la ciudad con banderas rojas a la cabeza y entonando cánticos revolucionarios; una vez llegados a la ciudad, nos separábamos de nuevo uno a uno. Por mediación de los obreros que frecuentaban los círculos de estudios, el círculo político ejercía su influencia sobre los sindicatos ilegales.

Habiendo adquirido, al final de 1898, la reputación de ser miembro activo del sindicato y además la de «nihilista» y de «huelguista», ningún sastre quiso admitirme. Tuve que abandonar Kovno y dirigirme a Vilna. Tenía direcciones; pero desde que llegué encontré trabajo y ganaba cinco rublos por semana. Enseguida me inscribí en el sindicato ilegal de sastres para señora, donde llegué rápidamente a ser el secretario y tesorero.

En esta época todas las profesiones tenían su sindicato: los metalúrgicos, los carpinteros, los pintores, los sastres para hombres y para señoras, los fabricantes de ropa blanca, modistas, etc. Pero no había enlace orgánico que uniese los sindicatos entre sí. Sin embargo, ocurría que los representantes de los sindicatos eran convocados, por la organización del Bund, a las reuniones comunes en las que se disponían los preparativos de la manifestación del Primero de Mayo o de otras fiestas revolucionarias. Pero esto no era necesario. Diariamente, todos los elementos más o menos activos y revolucionarios de los sindicatos se encontraban en la bolsa del trabajo, que existió al aire libre por mucho tiempo, aunque la policía intentase muchas veces disolverla. Terminada la jornada, los obreros y las obreras se dirigían en masa a la bolsa y allí, paseándose, arreglaban sus asuntos. La bolsa del trabajo desempeñaba un papel importante, como lo muestra el hecho siguiente:

Una vez, en un arrabal de Vilna, no lejos de la bolsa de trabajo, tres camaradas (E. Raitsug, R. Zak y S. Léifer) fueron denunciadas y detenidas con panfletos encima. Se supo en la bolsa. Espontáneamente los obreros se dirigieron hacia la comisaría de policía; en el camino, los trabajadores del arrabal se unieron a ellos. La muchedumbre exigió la libertad de las camaradas detenidas. La policía se negó, y en un abrir y cerrar de ojos los cables telefónicos fueron cortados, y después de una verdadera batalla, en el curso de la cual la comisaría fue saqueada, las camaradas fueron liberadas. Pero otros recibieron sablazos.

Para dar una idea del estado de espíritu de los obreros de entonces, me voy a detener un momento en este motín. Las camaradas detenidas estaban encerradas en el piso superior de la comisaría de policía. Tanto es así que, cuando los obreros entraron en la comisaría, tuvieron, para liberarlas, que subir la escalera, en cuya parte alta estaban los policías, que a golpe de sable tajaban a derecha e izquierda. Viendo esto los asaltantes, treparon hasta el techo y se escurrieron por el desván, y desde allí se pusieron a apedrear a los policías, que tuvieron que abandonar el sitio. Después de aquello, las camaradas fueron liberadas por la muchedumbre. Al amanecer, los obreros recogieron a los heridos y los trasladaron al arrabal. Todas las calles que daban acceso a la ciudad estaban vigiladas, y se detenía a aquellos que policía y soplones indicaban. No obstante haber mayor número de víctimas que camaradas liberadas, no recuerdo que ninguno de los obreros que tomaron parte en el ataque, ya en el taller o en la bolsa, se arrepintiesen de lo que había pasado. Dos semanas más tarde se me ordenó acompañar primero a una y después a otra obrera hasta la frontera, lo que yo acepté inmediatamente. Dejamos Vilna sin obstáculo y llegamos a nuestro destino. Eso ocurría en junio de 1900. Me sentí orgulloso de haber sido encargado de una misión tan delicada.

Los intelectuales daban cursos a los obreros más activos y conscientes. Así, el sindicato de sastres para señoras tenía dos círculos de estudios. Participé en los dos. Un grupo estudiaba economía política; el otro, la vida de los partidos obreros, la política colonial de las grandes potencias, etc. Algún tiempo más tarde, las tropas acantonadas en Vilna abandonaron la ciudad con destino a China para reprimir el levantamiento de los bóxeres. Una muchedumbre de mujeres, de viejos y de niños los acompañó, llorando, hasta la estación. En cuanto a mí, comprendía claramente que los soldados eran enviados a la matanza sin ningún interés para los pueblos chino y ruso.

Los círculos de estudio eran seguidos con asiduidad, y los que los frecuentaban adquirían un bagaje efectivo, aunque elemental de conocimientos políticos. Todos los sindicatos tenían círculos de esta clase.

Ocupado en mi trabajo en el taller y en el sindicato, me quedaba muy poco tiempo para mí. No podía leer más que de noche. Además, no era fácil, en aquel tiempo, encontrar libros buenos. Comprarlos era un lujo que mi salario no me permitía. Aunque había bibliotecas públicas, y las de diez sindicatos, no valían gran cosa. Cuando tenía ocasión de poder tener buenos libros, lícitos o ilícitos, los leía sin detenerme. *Andréi Kozhujov*, de Kravchinski [Serguéi Stepniak], y un libro (cuyo título no recuerdo) sobre la Comuna de París me causaron una profunda impresión.

Una vez, a fines de febrero de 1899, o a principios de 1900, me enteré en la bolsa de trabajo de que me esperaban en un alojamiento situado al extremo de la ciudad. Marché inmediatamente. Allí encontré una asamblea de representantes de sindicatos asistidos de un camarada intelectual. Se discutía la celebración del Primero de Mayo. Se trataba de decidir lo que se haría. Después de largos debates, se resolvió organizar la manifestación en la calle principal de la ciudad. Cada sindicato debía convocar a sus miembros antes del Primero de Mayo y proponerles la manifestación. Un intelectual debía asistir a cada una de estas asambleas. Yo convoqué a mi sindicato, pero en vano esperamos al orador intelectual; tuve que tomar la palabra para explicar el sentido del Primero de Mayo y las razones por las que debíamos manifestarnos en la calle (hasta entonces se festejaba el Primero de Mayo clandestinamente). No era cosa fácil que se admitiese, ya que en aquella época toda acción se resumía en la lucha económica que se dirigía contra los patronos, evidentemente sostenidos por la policía. Recuerdo que, en mi discurso, indiqué la necesidad de manifestarse en la calle diciendo que en los dos últimos años con las huelgas no habíamos alcanzado nada, y que desde entonces debíamos mostrar al más alto funcionario del gobierno, al gobernador de la ciudad, que los obreros, descontentos, protestaban contra la situación que les había sido creada. El sindicato decidió por unanimidad tomar parte en la manifestación. Inmediatamente se designaron a los jefes de las «decenas» que, a la cabeza de nueve manifestantes, de los cuales ellos serían responsables, debían dirigirse el Primero de Mayo por la tarde, a la salida del trabajo, a una calle lateral a la Gran Avenida (calle principal de Vilna), donde la manifestación se celebraría.

A la hora señalada me presenté con mis nueve camaradas. Cuando desembocamos en la avenida estaban todos los manifestantes.

La calle se llenó de repente de una muchedumbre de obreros y obreras que se mezcló con los paseantes burgueses. Los cosacos y la policía, que veían que la muchedumbre que invadía la calle principal no era la muchedumbre ordinaria, estaban alerta. De repente, una bandera roja apareció al mismo tiempo que la muchedumbre, y, con algún desconcierto, entonaba cánticos revolucionarios. Esto fue la señal del tumulto. Los almacenes se cerraron a toda prisa y los paseantes desaparecieron. Los cosacos y la policía cargaron sobre los manifestantes a latigazos. Esta manifestación fue el bautismo de fuego de los obreros de Vilna.

Al año siguiente, el Primero de Mayo fue domingo. Se decidió que la manifestación se haría en el parque situado al final de la Gran Avenida. La manifestación se celebró. Pero cuando quisimos salir del parque, los cosacos cargaron. Hubo gran número de heridos y muchas detenciones.

Otro año no transcurrió con pérdida. En esta ocasión, la cuestión no se planteó para saber cómo y dónde nos manifestaríamos; si en un bosque, en domicilios privados o en la calle. La preparación se limitó a comunicar a los sindicatos la hora y el sitio de la concentración de la manifestación. Eso fue todo. Y aunque no tomamos las medidas preparatorias del año anterior, tomó parte una muchedumbre numerosa.

En aquel tiempo, la acción sindical consistía principalmente en atraer al sindicato el mayor número de obreros de una profesión determinada, en obtener una jornada de trabajo más corta y un salario más alto.

También ciertas organizaciones clandestinas enviaban jefes escogidos entre sus sindicatos a los círculos de estudios, y cada vez que se proyectaba una manifestación, estas organizaciones convocaban a los delegados de los sindicatos. Que yo recuerde, la cuestión de saber cuáles eran esas organizaciones era cosa que no interesaba.

Yo guardaba el material de imprimir de la *Rabóchaya Znamia* (*La Bandera Obrera*), que más tarde se llevó Moiséi Lúrie, uno de los organizadores del grupo *Rabóchaya Znamia* y que publicaba el periódico homónimo. En aquel tiempo iba con frecuencia a Kovno a buscar literatura revolucionaria, cosa que me era posible gracias a las relaciones que yo conservaba en los círculos de estudios de aquella ciudad. La llevaba a Vilna y la entregaba a la organización del Bund.

Al final del verano de 1901, cuando ya mis relaciones con la organización de la *Iskra* (*La Chispa*)[6] eran bastante firmes, los miembros locales del Bund me invitaron, en un viaje que yo hice

---

[6] Fundada con la colaboración de Lenin, en el extranjero, en 1901. La organización de su producción y distribución fue el primer núcleo del Partido Bolchevique.

a Kovno para asuntos de la *Iskra*, a tomar parte en la organización y a dirigir una huelga de obreros que trabajaban en el río Niemen en el transporte de madera destinada a Alemania. No es necesario decir que yo acepté.[7]

En los círculos de estudio se nos educaba en un espíritu internacionalista. Se nos hablaba mucho de los partidos obreros extranjeros. Entonces me parecía que sería muy difícil a los obreros rusos conquistar las libertades que ya gozaban los obreros de otros países. Me figuraba que estos últimos debían venir en nuestro socorro y que todos juntos podríamos fundar un régimen donde se pudiese leer todo lo que se quisiese, donde no seríamos detenidos por ocultar escritos revolucionarios, donde la policía ya no intervendría en las huelgas y, en fin, donde los obreros no volverían a ser maltratados en las comisarías. Resultó lo contrario: veinte años más tarde la clase obrera no ha podido obtener en ningún país lo que yo soñaba. En cambio, la clase obrera rusa puso fin al régimen capitalista, y todas sus fuerzas van en ayuda del proletariado del mundo entero.

No recuerdo que en aquella época se hablase en los círculos de estudio del Bund o del Partido Socialista Polaco [PSP], que no tardaría en aparecer en el escenario político. Solamente recuerdo que se recibían con frecuencia proclamas que los

---

[7] Los trabajadores que participaron en esta huelga eran maduros en años, pero carecían totalmente de conciencia de clase. Mi hermano mayor fue el primero en organizarlos. Se mantuvieron muy unidos, a pesar de que estuvieron en huelga durante varias semanas. No puedo sino destacar la simpatía mostrada por el resto de los trabajadores de Kovno hacia los huelguistas. Sabíamos que la huelga se ganaría, pues los dueños no querrían perder la temporada; pero era necesario dar ayuda material a los huelguistas. Por supuesto, no había dinero. Entonces pedimos a los trabajadores en la bolsa de trabajo que nos entregaran sus relojes, anillos y otras cosas que pudieran ser empeñadas, para que el dinero así recaudado fuera destinado a los huelguistas. Los trabajadores respondieron generosamente y la huelga se ganó. Después, quienes participaron en ella reembolsaron el dinero. Algunos de los huelguistas fueron arrestados, pero una muchedumbre irrumpió en la comisaría de policía y los liberó a todos.

camaradas más activos del sindicato y yo hadamos circular según un plan anteriormente establecido. La discusión de la literatura revolucionaria entonces estaba mejor organizada que en los Partidos ilegales extranjeros en la actualidad. Un grupo de camaradas se presentaba en un lugar determinado; allí, cada uno de ellos recibía un paquete de proclamas que debía distribuir en una o varias calles. Terminada su distribución, debía dirigirse a un lugar convenido y declarar que su misión se había cumplido. De manera que el centro político tenía una visión neta de la situación, conocía los más pequeños detalles, sabía dónde la distribución había tenido éxito y dónde no se había podido hacer.

¿Quién publicaba las proclamas? ¿Qué organización las firmaba? Eso no interesaba. Me bastaba con saber que aquello era necesario al proletariado. Desde entonces podía correr el riesgo de la detención; todo lo que fuese necesario, desde el momento que la causa lo exigía.

Los años de 1899 y 1900 se pasaron en disputa entre los representantes del Bund y del PSP. El Bund tenía en su mano los sindicatos ilegales de obreros judíos (quizá él fuese quien los organizara). El PSP no estaba de acuerdo y le hacía una competencia encarnizada al Bund.

Las tácticas que los sindicatos adoptaban, por lo que toca a los patronos, no daban resultado. Durante algunos años, los obreros no consiguieron obtener la más pequeña mejora. La explicación que daban los sindicatos era que, durante el período del trabajo, los patronos hacían concesiones a los obreros, que al llegar la época de paro forzoso las retiraban. Evidentemente, los obreros estaban descontentos.

Ya antes de mi primera detención (marzo de 1902) me hacía cargo de que el trabajo que sólo se hacía en determinaba época del año no era la única razón que hacía fracasar los sindicatos. Las causas eran más profundas. Entre los obreros judíos, habiéndose organizado antes que nosotros, la propaganda era más fácil que entre los letones, polacos y rusos. De hecho, la organización del Bund no actuaba ni quería actuar con obreros que no fuesen judíos. Por ejemplo: después de mi fuga de la cárcel, en agosto de 1902, me oculté en Jitomir, en casa de un camarada líder del Bund (en el partido se llamaba Úrchik). Iba con él a las reuniones del Comité del Bund. Los obreros rusos de Jitomir obstaculizaban, por su falta de conciencia, la lucha económica de los obreros judíos cuyos puestos ocupaban durante las huelgas. Se decidió escoger a algunos obreros rusos para que militasen entre sus camaradas. Por aquella época, en Vilna –lo mismo que en otras ciudades del Oeste– no había sindicato que englobase todos los obreros de una misma profesión sin distinción de nacionalidad. La lucha contra los patronos se hacía con dificultad. Casi todas las organizaciones políticas –el Partido Socialdemócrata del Reino de Polonia y Lituania [PSRPL], el PSP– tenían sus sindicatos. Hasta las manifestaciones del Primero de Mayo eran organizadas por diferentes organizaciones y en fechas diversas. El Bund no era el menos responsable de esta situación. En el momento de su fundación, era muy fácil militar simultáneamente en todos los partidos obreros del Oeste. De ahí que yo recuerde que, en 1903, encontré en Berlín a uno de los dirigentes de un círculo de estudios de Vilna cuyos cursos había seguido. Le pregunté por qué el Bund se aislaba de los obreros de otras nacionalidades, sobre todo cuando los obreros judíos no lo deseaban. Me dio esta respuesta: «La *Iskra* no pregunta a los obreros qué es lo que quieren; hace la política que le parece justa y necesaria a los obreros. El Bund hace lo mismo».

El PSP, con su programa de lucha política contra Rusia y de separación de Polonia, se impuso en el momento de su aparición. Pero nosotros habíamos recibido en los círculos de estudio una educación internacionalista, y de ahí que el PSP no podía atraernos.

Por aquella época, el cerrajero Faívchik se instaló en Vilna (su apellido, como los de otros camaradas, no los conocíamos y permanecieron ignotos). Venía de París, en donde había formado parte del grupo Emancipación del Trabajo. Faívchik me expuso el programa de aquel grupo y me volví su ardiente partidario. A fines de 1900 o principios de 1901, Faívchik me presentó al hermano de [Yuli] Mártov –Serguéi Tsederbaum (Yejov)–, que estaba encargado de un grupo de la *Iskra* con el cual se había fusionado el grupo Emancipación del Trabajo. Me volví iskrista.

Sin dejar el taller, manejando las relaciones que me quedaban del tiempo en que yo frecuentaba los círculos de estudio y las que yo tenía en el Bund, ayudé a organizar el transporte de la literatura revolucionaria que llegaba a Rusia y a facilitar el paso de camaradas al extranjero (para la *Iskra*, el transporte de la literatura publicada en el extranjero y la unión con Rusia era lo más urgente en aquella época).

Poco tiempo después empezaron a indicar a Yejov, desde el extranjero, a qué lugares era dirigida la literatura revolucionaria; me encargó de irla a retirar de la frontera. Tuve que ausentarme con frecuencia del taller y, como esto coincidía con la época de mayor trabajo, fui despedido varias veces. Entonces era para mí la época de miseria y de hambre.

A mi regreso de Kovno entré, por contrato de un año, en casa de un patrono que se comprometió a darme un salario de cinco rublos por semana. Por Navidad, el patrón despidió a un obrero. Al ver esto, todos dejamos el trabajo en plena época de prisas. Pero al llegar la época mala el patrón esperaba una ocasión para separarme, por «agitador» de la huelga. En verano (1899 o 1900) me enviaron con frecuencia a Kovno a buscar literatura revolucionaria. El patrón lo aprovechó para despedirme. Estábamos de lleno en la mala época y estuve mucho tiempo sin trabajo. Tuve que privarme de comida y de habitación (mejor dicho, no me las daban). Declaro que mi situación no era muy buena.

Por el contrario, en el sindicato tenía exceso de trabajo (como secretario del sindicato debía leer y explicar los estatutos del sindicato a los nuevos adheridos, combatir la agravación de las condiciones de trabajo en los talleres y hacer diferentes labores). Para colmo de mis males me sobrevino un contratiempo que empeoró mi situación. Los miembros del Bund proyectaron celebrar el aniversario del nacimiento de Gutenberg (organizaban frecuentemente fiestas de esta clase, que daban excelentes resultados desde el punto de vista de la cohesión y de la solidaridad). Los delegados de varios sindicatos en que yo estaba se dirigieron en ferrocarril a un lugar cercano al sitio donde debía celebrarse la fiesta. Nos alojamos en una casa de campo con el objeto de estar en el bosque temprano y tener todo preparado para la fiesta. Nos acompañaba una mujer. Le cedimos la habitación que se encontraba en el interior de la casa. Después de desnudarnos en el gabinete nos instalamos en la terraza. Nos levantamos muy temprano, pero fue inútil: unos rateros se habían burlado de nosotros con gran astucia. Nos habían desvalijado: ¡desde los calcetines hasta los sombreros se llevaron! Nuestra situación era verdaderamente cómica; no teníamos nada que ponernos para ir hasta la casa más próxima. Para colmo de nuestra desgracia, nadie venía a buscarnos; todos los nuestros estaban ocupados en preparar la fiesta. Estuvimos así hasta el mediodía, en que una obrera conocida vino a averiguar qué nos pasaba. Cuando la pusimos al corriente fue por las casas de los alrededores pidiendo algo con qué vestirnos. Me tocó un traje con el cual me era imposible salir a la calle. La chaqueta estaba pasadera, lo mismo que los pantalones, que eran los pantalones de trabajo de un pintor. En cuanto al calzado, una bota era de hombre y la otra de mujer. El equipo de los otros no era mejor. Además de mi traje me robaron mis papeles de identidad y cincuenta cópecs que me habían prestado con gran dificultad. Denunciarlos no podíamos, puesto que casi todos llevábamos proclamas, folletos y otros objetos ilegales. Este suceso fue para mí un gran contratiempo y agravó seriamente mi situación material. Me llené de deudas que no pude pagar hasta el final del invierno.

Pero las miserias y privaciones no pudieron obligarme a abandonar la acción revolucionaria y el trabajo del partido. En otoño tuve trabajo. En marzo, el delegado de la *Iskra* me envió al extranjero para acompañar, creo yo, al camarada Kopp, y al mismo tiempo para examinar la posibilidad de poder recibir la literatura revolucionaria editada por la *Iskra*. En cuanto llegué a Vilkovichki (cerca de la frontera), camaradas del Bund, a quienes conocía personalmente, me pidieron que les ayudase a transportar una gran cantidad de literatura revolucionaria a Vilna o a Dvinsk [Daugavpils]. Acepté. Era una forma de no regresar con las manos vacías. Pero los paquetes fueron detenidos bastante tiempo en alguna parte, tanto que tuvimos que esperar cerca de tres semanas varios camaradas y yo en la pequeña ciudad de Mariampol [Marijampolé]. Por fin, todo estuvo listo y salimos en ferrocarril hacia Vilna. En la estación de Pilvishki [Pilviškiai] debían llevarnos la literatura al vagón. En el andén vimos las valijas y al camarada que debía entregárnoslas. Pero el tren arrancó sin que nadie tocase las valijas. Después nos enteramos que el envío había sido descubierto y que los gendarmes esperaban que alguien se aproximase a las valijas para detenerlo.

De regreso a Vilna, de nuevo perdí la colocación, y mis tribulaciones volvieron a empezar.

Conseguí pasar camaradas al extranjero e incluso recibir personalmente dos grandes envíos de literatura de la *Iskra*, de los cuales el uno pesaba 50 y el otro 160 kilos.

Debo llamar la atención respecto a las dificultades que había en aquel tiempo para recibir literatura revolucionaria. En otoño de 1901 recibí un primer envío de literatura de la *Iskra* en la pequeña localidad de Kibarta –situada en la frontera alemana–. Pesaba tres 50 kilos. Allí tenía camaradas del sindicato que habían pasado la literatura desde Alemania. Desde Kibarta me era imposible transportar la literatura en ferrocarril, ya que en las estaciones próximas a la frontera los equipajes eran inspeccionados minuciosamente. De manera que no había otro recurso que los coches de alquiler que hacían el servicio entre Kibarta, Mariampol y Kovno. Los cocheros sospechaban que transportábamos «contrabando»; en todos los kilómetros se detenían y aumentaban el precio del transporte. Conseguimos llegar a Kovno. En el puente por el cual se entra a Kovno estaban de guardia los consumeros. Éramos dos los que transportábamos la literatura. Pero en el caso en que fuera descubierta, habíamos convenido que sólo yo asumiría la responsabilidad mientras que mi compañero debía hacer como que no me conocía. En el puente nos detuvieron. El coche continuó su camino, lo mismo que mi compañero. Quedé yo solo con el paquete. Al abrir el cesto descubrieron la *Iskra* (hasta el séptimo número) y diversos folletos, especialmente *Las luchas de clases en Francia*, de Karl Marx. «¿Qué clase de contrabando es éste?», preguntó el aduanero, que no se hacía cargo de lo que era aquello. No se ocupaba más que de sus conservas, del té, etc. No sabía qué hacer con aquella «mercancía», pero no me dejaba ir. Intentó leer el título del periódico y los libros encendiendo cerillas (esto sucedía de noche), pero el viento que soplaba del Niemen las apagaba inmediatamente. Cansados de estos manejos deslicé en su mano todo el dinero que me quedaba (una moneda de oro de cinco rublos) y le pedí que me dejase partir inmediatamente; si no, sería responsable del perjuicio que me causaba: estos periódicos debían estar en Kovno a la mañana para venderlos en un quiosco. El aduanero, que veía estos periódicos por primera vez, quería detenerme hasta la mañana; pero precipitando las cosas le dije que me ayudase a poner el cesto sobre el hombro, cosa que hizo; pero antes me pidió que le dejase un número del periódico y un folleto. Le di un folleto, pero me negué a darle un periódico (era conveniente que no se supiese que la *Iskra* se recibía por aquel camino). El cesto pesaba, no había coche en las proximidades y yo me había quedado sin dinero porque se lo había dado todo al cochero y al aduanero. Me eché el cesto al hombro, tambaleé y me caí. No pudiendo colocarlo sobre mi hombro, conseguí con gran dificultad hacerlo rodar hasta el muelle, donde, por quince cópecs (que por casualidad encontré en un bolsillo, y era todo mi capital) alquilé un coche y pude llegar a mi casa. En la puerta encontré a mi compañero, de quien me había tenido que separar en el puente. Estábamos los dos tan nerviosos por lo que acababa de sucedernos que en toda la noche no pudimos dormir. De pronto llamaron a la puerta. Nos quedamos helados. ¡Me han descubierto! Pero eso no podía ser, dado que yo había venido directamente a mi casa. Me dirigí primeramente a un pequeño hotel, donde no conseguí que me abriesen, y después de haberme asegurado que no había nadie por los alrededores me decidí a ir al alojamiento convenido. Viví unos momentos angustiosos oyendo llamar, puesto que al ser descubierto no sólo nos detendrían a mí y a mi camarada, sino también a los dueños de la casa, que ignoraban en absoluto lo que yo llevaba: estábamos en la casa por ser antiguos conocidos de mis padres. Afortunadamente eran mujeres que, estando próximas las fiestas, venían a limpiar la casa.

Tenía miedo de estar en la ciudad y aventurarme en ella. ¿Quién sabía si el aduanero había tenido la genial idea de enseñarle a su jefe la «mercancía», *Las luchas de clases en Francia*, que había dejado pasar? Además, no me quedaba ni un cópec para ir desde Kovno a Vilkomir.

Finamente, la competencia entre propietarios de los coches que hacían el servicio de pasajeros entre dichas ciudades me sacó del apuro. Les exigí una fianza para asegurarme que nos reservarían unas buenas plazas. Con este dinero aún pudimos hacer algunas compras. De este modo, llegamos sin obstáculo primero a Vilkomir y después a Vilma, desde donde la literatura fue expedida por toda Rusia. Esto ocurría en agosto o septiembre de 1901.

De regreso a Vilna, volví a mí trabajo. Yejov me presentó a muchos intelectuales que orbitaban alrededor del delegado de la

Iskra. Conocí a [Aaron Aleksádrovich] Soltz, a casa del cual fui algunas veces.

No pude trabajar mucho tiempo en el taller; tuve que salir con Yejov a Kovno y preparar un alojamiento para recibir un importante envío de literatura. Yejov se instaló también en Kovno. Poco más tarde, unos campesinos vinieron a decirnos que tenían para nosotros paquetes de literatura. Me fui con ellos a recogerlos. Esto ocurría en diciembre de 1901.

Una violenta tempestad de nieve nos obligó a detenernos en casa de unos aldeanos para pasar la noche. Viajamos varios días sin que yo supiese adónde íbamos; la comarca me era desconocida y los campesinos nada decían. Hasta que nos acercamos al final no me di cuenta de dónde estábamos; era cerca de la frontera ruso-alemana, en Jurbarkas. Llegamos de noche a una gran isba, llena de suciedad, teniendo por todo mobiliario bancos instalados a lo largo de las paredes. El ganado y la gente dormían allí, ésta sobre el fogón. Experimenté una sensación lúgubre y no pude cerrar los ojos.

Por la mañana nos pusimos en camino con los paquetes de literatura. Sin incidentes –sin contar las paradas que hicimos en todas las tabernas que encontramos, donde los cocheros bebieron a mi cuenta todo lo que pudieron– llegamos a Kovno.

La literatura fue transportada sin obstáculo al alojamiento preparado a tal efecto (esto sucedía un viernes por la mañana). Yo tenía que pagar a los aldeanos; pero como no tenía dinero, corrí al hotel donde Yejov debía esperarme. En su ventana estaba la señal convenida y yo entré decidido en el hotel (una choza). Me detuvo un criado del hotel, que me dijo: «¿Usted qué viene a hacer aquí? Váyase enseguida, que lo están esperando». Sucedía que a Yejov lo habían detenido y la policía había armado una especie de ratonera en su cuarto. Salí del hotel sin que se diesen cuenta; pero me quedé sin dinero y sin enlace.

Los «militares»[8] debían venir a Vilna a buscar esta literatura. Esto me inquietaba seriamente, porque temía que se presentasen en el hotel donde estaba la ratonera y yo no tenía posibilidad de prevenirlos. Habiendo conseguido que me prestasen dinero, pagué a los aldeanos. Ignoraba la buena pesca que la policía acababa de hacer. Con dos compatriotas –el fundidor Solomon Rogut y Saul Katzenellenbogen, con quienes me encontraba frecuentemente en la bolsa de trabajo de Kovno y de Vilkomir–, el mismo día envié con ellos la literatura a la aldea de Jonava para que desde allí la transportasen a casa de mis padres, a Vilkomir. Mis compatriotas consiguieron llegar a Jonava sin incidentes. Pero en la mañana del domingo, cuando llegaron a Vilkomir, el jefe de policía salió de la iglesia, acompañado de los pisaverdes de la ciudad. El caballo del coche que transportaba a mis compañeros llevaba un gran cascabel que llamó la atención del jefe de policía, quien dio orden de detener el coche. Con arreglo a una de sus disposiciones, sólo él y los bomberos podían llevar cascabeles en sus coches.

Uno de los camaradas que iban en el coche, Katzenellenbogen, cogió un paquete y desapareció; pero Solomon Rogut tuvo que acompañar al cochero a la comisaría de policía, donde los paquetes fueron abiertos y se descubrió su contenido. Toda la policía se puso en movimiento para encontrar al segundo camarada que se había fugado. Solomon Rogut fue molido a palos hasta dejarlo sin sentido; lo arrastraron desnudo por la comisaría, se le exigió que entregase a sus camaradas y que dijese de dónde procedía la literatura. Después de aquello lo enviaron a Kovno. Cuando me enteré de la detención de Solomon Rogut me abatí completamente. Me consideraba responsable de la detención de un camarada, que no formaba parte del grupo de la

---

[8] Existía en Vilna, en esa época, una Organización Militar de *Iskra* que tenía al frente al camarada Gusárov, médico militar, la cual difundía la literatura ilegal por toda Rusia.

Iskra ni de nuestra organización. Mi conciencia me ordenaba que me entregase inmediatamente a la policía y declarara que era yo quien le había confiado esta misión. Comuniqué mis intenciones a mis camaradas del PSP, cuyos nombres no recuerdo, excepto el de una obrera: Bluma. Ellos asintieron. Pero en mí todavía luchaba otra cosa: el presentimiento de que si yo hacía recaer en mí la falta me detendrían, sin que por ello pusiesen en libertad a Solomon Rogut. Resolví continuar buscando partidarios de la *Iskra* y continuar el trabajo del partido.[9]

El cochero fue detenido y enviado a Petersburgo[10], donde estaban encerrados Yejov y me parece que también Soltz. En cuanto a Solomon Rogut, lo enviaron a la prisión de Kovno. Algunos meses después nos enteramos de que se había ahorcado. (No se pudo esclarecer si se había suicidado o si le habían golpeado hasta la muerte.) En 1908 fui encerrado en la misma prisión y los guardianes me enseñaron su celda. Me contaban que después de los interrogatorios en la dirección de la gendarmería lo llevaron en tal estado que sería posible que se hubiera ahorcado para evitar las torturas que le hacían pasar. La muerte de este camarada, de la que me hacía responsable, me causó profunda impresión. Resolví firmemente que a partir de ese momento mi vida sólo pertenecía a la revolución.

Hoy, después de la lucha titánica que la clase obrera sostuvo contra el capitalismo, y después de todos los sacrificios que el proletariado ha tenido que sufrir, esta manera de reaccionar ante la pérdida de un camarada puede parecer extraña; pero en aquella época la idea de que yo había causado la muerte de un camarada me impresionaba profundamente.

---

[9] Para ello fui a Vilna, donde me puse en contacto con aquellos miembros de *Iskra* que quedaron tras la última redada contra las organizaciones.

[10] Según descubrí después, estuvo allí casi un año. La policía intentó sacarle qué ruta habían tomado las personas que transportaban la *Iskra* y cuáles eran sus nombres; pero, aunque hubiera querido, no habría podido satisfacer su curiosidad, porque realmente no tuvo nada que ver con el asunto.

II

Mi primera detención.
La cárcel de Kiev y mi evasión (1902)

Después de enterarme de la muerte en prisión del camarada Rogut, dejé el establecimiento donde trabajaba desde mi regreso de Kovno (tras el descubrimiento de la literatura por la policía), me fui a Vilkomir a buscar el paquete de literatura que quedaba y a enterarme en qué circunstancias había sido detenido Rogut. Allí, con la ayuda de la organización local del Bund, publicamos una proclama dirigida al pueblo para ponerlo al corriente de la detención y asesinato de Rogut y desmentir ciertos rumores que circulaban sobre su detención.

Días después me enteré de que la policía y los gendarmes de la localidad interrogaban a la gente sobre mí y trataban de saber dónde vivía. Tuve que abandonar Vilkomir y regresar a Vilna. Allí me di cuenta de que me seguían. Esta circunstancia me obligó a pedir a los camaradas, con los cuales Serguéi Tsederbaum (Yejov) me había puesto en relación antes de que fuese detenido, que me enviasen lo más pronto posible un sustituto con el objeto de que pudiese llevarme mis cosas a otro sitio. A primeros de marzo de 1902 llegó mi sustituto y se presentó con el seudónimo «Marx»; Vasili Artsybáshev (no supe su nombre hasta después de la revolución de 1917).[11]

---

[11] Conocido también como «el Marx de los Urales», apodo que debió recibir por su parecido físico con Karl Marx. Murió en mayo de 1917, sin llegar a ver la Revolución de Octubre. El Comité bolchevique de Ufá resolvió erigir un monumento en su tumba. | *Nota de Ediciones Mnemosyne.*

Al comienzo de marzo de 1902, «Marx» y yo fuimos a la estación para ir a Kovno, de donde debíamos partir para la frontera, con el fin de que yo pudiese entregar personalmente a «Marx» todos los enlaces que yo tenía entonces. Nos instalamos en el mismo vagón, pero en diferentes departamentos; antes del tercer golpe de campana vi subir un policía de paisano que hacía tiempo me seguía, seguido de un gendarme. Éste vino directamente a mí y me pidió el pasaporte y el billete. Le entregué los dos. «¿Dónde está su equipaje?», me preguntó. Le respondí que no tenía. Me ordenó que le acompañase. Descendimos, y el tren se fue. El hecho es que no se habían fijado en mi compañero, lo que me causó una gran alegría. Me llevaron ante el jefe de la gendarmería encargada de la estación y empezó el interrogatorio. «¿Cómo se llama usted?»; «Jigrin», contesté (yo llevaba un pasaporte falso a nombre de Jigrin; viendo que me seguían, había escondido mi verdadero pasaporte), a lo que el gendarme respondió: «Usted se llama... (y dijo mi verdadero nombre)»; el interrogatorio continuó en este diapasón. Me contó todo, hasta el sitio donde vivían mis padres. Por lo que a mí respecta, me sostuve en el pasaporte falso, inventando el nombre de mis padres. En el cuarto adonde me habían llevado y en que tuvo lugar el interrogatorio estaba también otro oficial que propuso que se me enviase a cierto comisario de policía que me obligaría a decir todo (en aquella época, en las comisarías de Vilna se pegaba ferozmente a los militantes detenidos), a lo que respondió el que me interrogaba: «Usted se engaña; allí tampoco dirá nada; pertenece a la organización de la *Iskra*». Gracias a esta frase comprendí la relación que había entre mi detención y la del hermano de Mártov, Serguéi Tsederbaum, que estaba encerrado en la fortaleza de Pedro y Pablo. Yo esperaba que me enviasen allí, pero no fue así. De la estación me llevaron a la dirección de la gendarmería de la gobernación. Como era completamente inútil conservar mi falso pasaporte, tanto más cuanto conocían mi verdadero nombre, confirmé en la dirección de la gendarmería que en efecto no me llamaba Jigrin. No me tuvieron mucho tiempo. Algunos días más tarde me enviaron a la fortaleza de Vilna (no sé por qué llamaban a esta fortaleza la «número 14»), donde me encerraron unas semanas. Después me enviaron en dirección desconocida, escoltado por dos gendarmes (no obstante mis reiteradas súplicas, no quisieron decirme adónde me llevaban). Por primera vez estaba en la cárcel. El régimen de la fortaleza era riguroso. La guardia se componía de soldados o de gendarmes que en grupos de dos o tres venían a la celda varias veces al día. Tan pronto me encerraron, se empezaron a sentir golpes en las paredes de la celda; pero no pude responder a los llamamientos: ignoraba el código que empleaban los presos para comunicarse entre ellos. Como yo no respondía, lanzaron pedazos de pan desde el patio a mi ventana. Me puse a reflexionar sobre el medio de subir hasta la ventana (que estaba muy alta, casi a ras del techo). De repente descubrí una inscripción en varias lenguas indicando la manera de conseguirlo. Cogí una especie de silla, la coloqué sobre la mesa y llegué a la altura de la ventana. Apenas había comenzado a entablar relación con mis vecinos cuando el comandante de la fortaleza entró en mi celda. Vino tan silenciosamente y tan aprisa que apenas tuve tiempo de saltar de mi andamio. Afortunadamente pocos días más tarde me enviaron más lejos, lo que me salvó del calabozo.

Llegando a mi destino me di cuenta de que estaba en Kiev. Me extrañó que me llevasen a Kiev, cuando yo no había estado nunca en esta ciudad. No tardé en conocer el motivo, como se verá enseguida.

Los gendarmes que me escoltaban me entregaron al director de la gendarmería de Kiev, quien, después de haberme tenido más de una semana en una cueva casi oscura y maloliente, me mandó a la prisión de Lukianivska. Cuando llegué a la oficina de la prisión, oí gritos, cánticos revolucionarios, y de repente pedazos de barro inundaron la oficina. No concebía que ocurriera cosa semejante en el interior de una prisión. Y menos aún cuando en la fortaleza de Vilna, como en las tinieblas de la cueva de la comisaria del viejo Kiev (donde estaba el director de la gendarmería y yo había estado encerrado antes de ir a parar a la escribanía de la prisión), el silencio era tan grande que se podía imaginar que no había nadie. Yo me pregunté si no sería aquello una revuelta que iba a liberarme. Pero descarté esta idea enseguida al ver al director de la prisión completamente tranquilo continuar su trabajo. No tardaría en conocer el misterio. Cuando todas las formalidades fueron cumplidas, me entregaron al guardián de la sección política, Saiganov, que me llevó al corredor del edificio. Apenas habíamos llegado a la puerta cuando numerosos estudiantes me rodearon y empezaron a preguntarme quién era, de dónde venía, dónde había sido detenido, cómo me habían cogido y a preguntarme cosas parecidas. Esta muchedumbre era para mí una sorpresa: se componía casi exclusivamente de estudiantes. Me di cuenta que eran ellos los que, cantando, armaban aquel escándalo; llevaban banderas y banderines en los que inscribían divisas; iban de un lado a otro del patio gritando como endemoniados. Esta especie de manifestación se repetía diariamente durante el paseo.

En 1902 hubo en Rusia desórdenes estudiantiles. El 2 y 3 de marzo se celebraron manifestaciones de estudiantes y obreros. La policía hizo detenciones de estudiantes en masa. Por haber tomado parte en esas manifestaciones, algunos fueron condenados por el gobernador de la ciudad hasta a tres meses de prisión gubernativa. Otros tuvieron que esperar que tuviera a bien decidir sobre su suerte.

Los estudiantes estaban encerrados en el tercer piso del edificio, reservado a los condenados por delitos comunes. Al anochecer, las puertas del corredor se cerraban; pero después de las requisas de las celdas éstas se dejaban abiertas hasta medianoche. La libertad que había para los estudiantes y presos políticos tenía que revertir también en los condenados por delitos comunes, y su régimen se había dulcificado algo. El nuevo director de la prisión, que había sido nombrado en abril de 1902, no fue partidario del reglamento que se introdujo en sus dominios, y empezó la guerra contra las libertades de que gozaban los delincuentes comunes. Requisadas las celdas de éstos, les echaba el cerrojo. Los estudiantes y los presos políticos del segundo piso se dieron cuenta perfectamente que, si el director conseguía quebrantar la resistencia de los delincuentes comunes, no tardaría en seguir con ellos. De ahí que, encerrados en el mismo edificio que estos condenados, tomamos parte en la obstrucción, que duró varios días. Hicimos tal ruido que atrajo a las cercanías de la prisión mucha gente, por más que la prisión de Lukianivska se encontrase bastante lejos de la ciudad.

Mientras se hacía la requisa a los delincuentes comunes, cuyas celdas se encontraban en los pisos superiores, éstos nos echaban, por medio de una cuerda, todo lo que a ellos les estaba prohibido. Los soldados que hacían la guardia en el patio se dieron cuenta. Tanto, que las requisas comenzaron también en nuestro corredor. Esto provocó tal protesta (los soldados fueron pura y simplemente a las celdas a una voz de orden, siéndoles imposible requisarnos) por parte de los detenidos y de sus familiares de fuera, que el gobernador, Trépov, me parece, suspendió la requisa. Después de aquello el director de la prisión tuvo que capitular.

Ahora se comprende por qué se estaba tan libre en Lukianivska. Esta libertad permitió realizar un gran proyecto de evasión largamente premeditado y minuciosamente preparado, de que daré cuenta más adelante.

Como puede verse, las relaciones con los delincuentes comunes eran buenas; pero esto no era obstáculo para que ejerciesen su oficio para no olvidarlo, sin duda alguna, sobre los detenidos políticos. Así, una vez, los delincuentes comunes que trabajaban, me parece, en el taller de hilados, que se encontraba en los sótanos del patio en que los estudiantes paseaban, llamaron, si la memoria no me engaña, al camarada Silvino y se pusieron a hacerle preguntas sobre una cuestión cualquiera; cuando los dejó, se dio cuenta de que había desaparecido su reloj (los jefes de los delincuentes comunes consiguieron encontrarlo, pero ya estaba completamente desmontado y no servía).

Fui encerrado con los estudiantes en el edificio de los delincuentes comunes, en la celda número 5, adonde iban a parar las personas detenidas por casualidad. Como yo no tenía equipaje conmigo en el momento de mi detención, y de otra parte carecía de dinero, no estaba nada a gusto. Nadie reparaba en mí.

Algunos días después de mi llegada a la prisión, el estudiante Knijnik dio a algunos obreros que allí se encontraban una conferencia sobre el absolutismo ruso, en la cual le serví de principal argumento contra el absolutismo. Gritaba con énfasis: «Han encerrado a este muchacho que iba en busca de trabajo. Le obligaron a descender del tren, lo zarandearon por toda Rusia para traerlo al fin del mundo, a Kiev, donde él no había venido nunca ni conoce a nadie». Yo no decía ni palabra; pero en mi interior me reía de la ingenuidad del estudiante Knijnik. Por cierto, la característica que hacía del absolutismo era justa; pero tomándome a mí como ejemplo, fallaba. Con gran sorpresa suya, pronto se iba a dar cuenta.

Una tarde, después de la llamada, la tristeza se apoderó de los estudiantes. Empezaron a llamar a las puertas y pidieron que fuese el fiscal. No tuvieron necesidad de fatigarse para que llegase el sustituto del fiscal del tribunal de Kiev, Kórsakov. Todos regresaron a sus celdas, que Kórsakov debía recorrer una por una. Los detenidos le preguntaron cómo estaba su asunto (me admiré de la memoria prodigiosa de Kórsakov; se limitó a preguntar el nombre del interesado, después de lo cual, sin consultar su agenda ni ver ningún papel, le decía a cada uno lo que le interesaba). Por último, le correspondió el turno a mi celda. Kórsakov avanzó por entre todos los detenidos del corredor. Todos mis compañeros de celda le preguntaron por su suerte. Yo no decía ni palabra. Knijnik tomó la palabra, y con aire acusador preguntó: «¿Por qué tiene en prisión a este muchacho?»; «¿Cómo se llama?», preguntó Kórsakov. Knijnik le dijo mi nombre. Dirigiéndose a Knijnik, Kórsakov dijo: «Este muchacho estará más tiempo que usted en prisión; se le acusa de ser afiliado a la organización que se llama *Iskra*. Se le acusa de haber organizado el transporte de literatura revolucionaria de esta organización, de hacer pasar la frontera a los agentes de ésta, de haber montado una imprenta clandestina, etcétera». Parecía que todos habían caído de las nubes. Knijnik se sorprendió de tal manera, que tan pronto se fue Kórsakov me preguntó si era cierto lo que había dicho el sustituto del fiscal. Excuso decir que tranquilicé a Knijnik diciendo que se habían confundido, que seguramente me confundían con otro. Pero aquella noche no me divertí. Kórsakov había dicho casi la verdad. Así que me puse a reflexionar cómo podían saber todo aquello y por qué me habían llevado a Kiev y no a San Petersburgo.

Desde aquella tarde mi suerte mejoró sensiblemente. Me trasladaron a otra celda, me dieron una almohada y ropa, me prepararon un baño, etc. Pero no estuve mucho tiempo con los estudiantes, futuros revolucionarios, demócratas burgueses y burgueses simplemente (entre ellos también había adeptos a la *Iskra*, pero esto lo supe más tarde).

Una tarde trajeron a un camarada. Como de costumbre, empezamos por preguntarle dónde lo habían detenido, etc. Declaró haber sido detenido en la frontera y que en sus maletas de doble fondo habían descubierto la *Iskra*. Después de haberlo examinado, decidí preguntarle de qué manera había conseguido la *Iskra*, si estaba afiliado a la organización, qué miembros conocía en el extranjero, etc. A su vez me preguntó de dónde era, a quién conocía en las regiones donde había militado, y durante la conversación nombró mi seudónimo.

Dirigía la organización del transporte de la literatura de la *Iskra* del extranjero a Rusia, y de ahí que él supiese de mi existencia. Su seudónimo también me era conocido. Gracias al nuevo alojado, que no era otro que Iósif Blumenfeld, establecí el enlace con los iskristas encerrados en nuestra prisión. Blumenfeld conocía a los adeptos de la *Iskra* en Rusia, y como en la prisión de Lukianivska no eran muchos, se puso fácilmente en contacto con el departamento político, donde muchos iskristas estaban detenidos. De repente fui trasladado allí. En el departamento político la vida era diferente.

En Kiev, el general de la gendarmería, Novitski, había conseguido descubrir las huellas de la conferencia panrusa de los iskristas. Novitski creía entonces que el principal iskrista era Krojmal, que vivía en Kiev, y que verdaderamente había convocado a los miembros de la organización de esta ciudad. Pero no era yo solo el vigilado. La dirección de la gendarmería interceptaba la correspondencia de Rusia y del extranjero, la descifraba y enseguida hacía llegar las cartas a los destinatarios, que las entregaban a Krojmal. De ahí que el general de la gendarmería, Novitski, estaba muy bien informado (como lo he sabido por los documentos del departamento de policía publicados después de 1905, mi dirección había sido encontrada en casa de Krojmal). Que yo recuerde, la Conferencia de los iskristas se dispersó antes de abrirse. (Todos los que habían de participar pudieron, con toda libertad y sin riesgo, con todas las comodidades deseables, celebrar en la Lukianivska la Conferencia de los iskristas, lo que hicieron probablemente.)

A esta Conferencia se dirigían delegados de todos los puntos de Rusia. Habiéndose dado cuenta de que los seguían, se dispersaron. Detenidos en el camino, fueron llevados a Kiev (otros fueron detenidos en el mismo Kiev).

El finado Nikolái Bauman estaba ya en el tren cuando se dio cuenta de que lo seguían. Descendió en una pequeña estación, saltando del tren en marcha. Como no conocía el país, se dirigió a un médico de la localidad, rogándole que le diese asilo. El médico lo dejó entrar, pero enseguida avisó a la policía, y Bauman vino a parar a la Lukianivska.

El general Novitski se había hecho célebre; le encargaron la instrucción del asunto de los iskristas. Ahí el por qué concentraron en Kiev a todos los miembros de la organización detenidos en las diferentes ciudades de la inmensa Rusia. La Ojrana[12] no se contentó sólo con llevar a Kiev a Novitski, sino a todos los militantes de la *Iskra*; llevó también a las personas que simplemente habían ayudado prestando su habitación para dirigir las cartas u organizar entrevistas. Así se explica mi traslado a Kiev.

El departamento político y el de mujeres estaban llenos de detenidos implicados en el proceso de la *Iskra*.

El pequeño departamento político estaba ocupado por los adeptos de la *Iskra* y los socialistas-revolucionarios. Los otros partidos tenían allí pocos adeptos. Aunque las celdas estuviesen abiertas de la mañana a la noche, lo mismo que las puertas del edificio que daban acceso al patio, los detenidos estudiaban seriamente y con gran actividad. Allí se daban conferencias sobre los puntos más diversos y se leía en común la nueva literatura revolucionaria: La *Iskra*, la *Revolutsiónaya Rossíya* (*La Rusia Revolucionaria*), etc., y se discutía lo que se acababa de leer.

Fui a parar a la misma celda que [Lev] Galperin (su seudónimo era Koniaguin). Emprendieron enseguida la tarea de formarme. Iósif Blumenfeld se encargó de mí. Me enseñó los principios del marxismo. Bajo su dirección me puse a leer libros serios. Como ya he dicho, antes de ser encerrado en la prisión de Kiev, trabajaba en el taller doce horas diarias o más. Terminada la jornada, estaba ocupado constantemente por el trabajo práctico del sindicato y por diversos asuntos de los grupos y de las organizaciones que existían en aquella época en la región del Oeste. Por esto había tenido que consagrar mucho tiempo a la organización de la *Iskra*. De ahí que yo leyera relativamente poco y sin método. La prisión fue mi universidad. Empecé a estudiar según un método determinado, bajo la dirección de un marxista

[12] La policía [secreta] rusa.

culto, versado en la literatura revolucionaria. Antes de ser detenido, Blumenfeld era el compositor tipógrafo del grupo de la Emancipación del Trabajo. Además de esos conocimientos teóricos, Blumenfeld estaba al corriente del movimiento obrero de Occidente, y llevaba muchos años de acción militante. Tendría entonces de 30 a 35 años. Aunque la mitad más joven que él, fuimos muy amigos, y hoy –aunque nos encontramos en campos diferentes del movimiento obrero ruso– le estoy sinceramente agradecido de la atención cordial que me demostró, y sobre todo de ese fundamento de justa comprensión del marxismo que depositó en mí.

Para mí el tiempo de la prisión transcurría sin que me diese cuenta; pero para los militantes activos de la organización de la *Iskra* la prisión era insoportable. Era la época en que las huelgas obreras, las manifestaciones de estudiantes y los alzamientos de aldeanos (en la provincia de Járkov, de Poltava y en otras provincias) eran fenómenos cotidianos. Y los organizadores de la *Iskra* tenían que estar en prisión y cruzarse de brazos, en la imposibilidad de tomar una parte activa en esta lucha.

A mediados del verano de 1902, el sustituto del fiscal, Kórsakov, se presentó de nuevo y dijo –a un grupo de doce a quince detenidos del departamento político– que podíamos tomar nuestras medidas para el invierno, puesto que entonces nuestro proceso tendría lugar con toda seguridad. A partir de este momento, muchos camaradas pensaron en la evasión. Se hizo una lista de camaradas que debían participar en la evasión. Yo estaba incluido, y once camaradas inscritos en la lista aceptaron evadirse. Se reunieron para concertar el plan de evasión y determinar el papel de cada uno en el momento de la salida. Se decidió que la evasión se haría por el muro del recinto donde paseábamos. Con este objeto era necesario explorar el campo situado enfrente de la prisión, encontrar direcciones en Kiev y organizar la salida de los evadidos, procurarse pasaportes, narcóticos y vino, un ancla, cuerda para fabricar la escalera y dinero; esto en el exterior de la prisión. En el interior era necesario prolongar los paseos hasta una hora avanzada de la noche y guardar en la prisión todos los objetos necesarios una vez que fuesen recibidos. Pero lo esencial era conservar el plan secreto, cosa que no era fácil, ya que lo conocía mucha gente, tanto en la prisión como fuera.

En la prisión, como ya he dicho, había bastante libertad; tanto porque encerraba más gente que la que podía, como a causa de los estudiantes, que aprovechaban todas las ocasiones para armar escándalo. Gracias a esta libertad, los detenidos tenían su «decano» (en la persona del habitante más antiguo de la prisión, el camarada Gurski); no sé si había sido designado por la dirección de la prisión o si había sido elegido por los detenidos, puesto que este régimen existía antes de mi llegada. La comida de los presos políticos era preparada aparte; en cuanto a los paquetes que éstos recibían, los enviaban al almacén y los repartían entre todos, en la comida de la noche. También mandaban los víveres que ellos compraban. El jefe de almacén era el camarada Litvínov (también viejo pensionista de la prisión). Todas estas circunstancias favorecían la evasión. Gurski podía circular libremente por el interior de la prisión y comunicarse con el exterior.

Antes de que se recibiese todo lo que he enumerado, se hacían prácticas durante los paseos; se formaba una pirámide de varios hombres (Gurski guiaba) de la altura del muro exterior; se organizaban bailes con acompañamiento del sonido de una especie de bidón que hacía de tamboril (Nikolái Bauman dirigía); esto era necesario para que el centinela que hacía la guardia en el patio se acostumbrase al sonido que se podía oír en el momento en que pasásemos por el techo del muro recubierto de cinc. En el almacén de víveres se ejercitaban en sujetar al supuesto centinela y en amordazarlo sin asfixiarlo (Silvino ordenaba).

Los preparativos necesitaban mucho tiempo; temíamos que los camaradas cogiesen frío por pasear tan tarde por el patio y tuviesen que cesar en los paseos. La dirección de la prisión seguramente se hubiera aprovechado para encerrarnos antes de que fuese relevado el centinela que hacía la guardia cerca del muro que daba al campo y que teníamos que franquear (este relevo se hacía al anochecer). Por último, recibimos el narcótico pedido (para echarlo en el vino) y se probó en el camarada Maltsman, que debía escaparse con nosotros. El efecto fue sorprendente. Durmió mucho más de lo necesario. Empezábamos a inquietarnos por que alguien se diese cuenta de que Maltsman dormía demasiado. Es más: era de temer que lo interrogasen, y las sospechas podían sobrevenir. Pero todo resultó bien.

Para que los guardias se habituasen a beber con los detenidos, nos pusimos a festejar con frecuencia los aniversarios y otras cosas. Se recibieron de Vilna (yo había facilitado los contactos) doce o quince pasaportes, que fueron cubiertos con el texto adecuado. Por otro lado, no había que temer retraso por el dinero y, por último, se había conseguido explorar el campo vecino y establecer un sistema de señales entre una de las ventanas del piso superior y el campo. Desde esta ventana se debía preguntar si se podía atravesar o no el campo. Se encontró alojamiento en la ciudad; se estableció un itinerario para que los evadidos pudiesen salir de Kiev la misma tarde de la evasión; se decidió quién iría a los alojamientos y con quién saldría cada uno. Sólo faltaba hacerse con un ancla y fabricar una escala, cosa que se hizo enseguida.

Gurski recibía ordinariamente sus visitas en el locutorio y no las registraban. En una de estas entrevistas me llevaron un inmenso ramo de flores, en el que habían ocultado un ancla pequeña; en cuanto a la escala, se fabricó con la tela gruesa que se nos daba como sábana. Me parece que fue Litvínov quien tejió las tiras de tela que nos sirvieron de cuerda. Los dos extremos de esta cuerda se sujetaron al ancla. Como barrotes se utilizaron sólidos pedazos de madera cortos y no muy gruesos. La prolongación de la escalera era una cuerda también sujeta al ancla; se le habían hecho varios nudos para que fuera más fácil descender al otro lado del muro. Cuando todo estuvo preparado, se ensayó la maniobra. Todos se presentaron en el patio llevando los objetos enumerados (yo aparecí con una almohada, en la cual llevaba la escalera de cuerda), y a la primera señal cada uno estuvo en su puesto.

Los guardias de los corredores del departamento de [presos] políticos no eran de temer gracias al vino que les ofrecíamos y a las propinas que les dábamos para que nos proporcionasen periódicos y nos dejasen mandar cartas; algunos fueron convencidos por nuestra propaganda. Sólo uno fue la excepción, un exgendarme, el viejo Izmailov, que nos inspiraba mucha desconfianza. Ante todo, se había resuelto no realizar la evasión cuando él estuviese de servicio. Pero como ya estábamos a mediados de agosto y los días fríos y lluviosos iban a aparecer, decidimos ponernos en camino aun cuando estuviese de guardia. A este fin, era necesario distraer su atención y obligarle a que se quedase en el comedor. Se tomaron medidas en ese sentido, pero entonces surgió un obstáculo inesperado: el guardia de servicio, que estaba de centinela cerca del muro interior por donde debía efectuarse la evasión, llegó borracho y sin poderse tener de pie. Por más que tratamos de disimularlo para que no le viese Izmailov, éste se dio cuenta y, después de sustituirlo en el muro, dio cuenta a la dirección, que designó otro vigilante.

La agitación que aquella tarde dominaba a una parte de los prisioneros no se le había escapado al antiguo gendarme (nos enteramos más tarde de que, efectivamente, había informado a la dirección). De todas maneras, el golpe había fallado. Era necesario ocultar todo en previsión de una requisa, ¡y no había escondrijos! Cada uno tenía en sus manos cien rublos y un pasaporte; en mi celda guardaba la escala de cuerda, sobre la que dormía, como si fuera una almohada. En caso de requisa, seguramente la hubieran descubierto.

Nuestra tensión nerviosa llegaba al límite. Habíamos resuelto que si se intentaban registrarnos nos opondríamos por la fuerza, hasta destruir los pasaportes, a fin de que no se pudiese saber quiénes eran los que querían escaparse.

Entre los camaradas se trató de la cuestión de retirarme la escalera ante el peligro de que, si me la encontraban, toda la responsabilidad recayese sobre mí y que los gendarmes recurriesen a la tortura para conocer los nombres de los que querían escaparse conmigo. No obstante, se decidió dejármela, ya que a nadie se le podía ocurrir que yo la tuviese, ya que yo era un pobre joven, mientras que a mi lado se encontraban los *leaders* iskristas.

En la madrugada de uno de aquellos días de angustia se oyó de repente el chirrido de una puerta que se abría en el corredor de abajo. Enseguida se oyeron gritos de: «¡Camaradas, cuidado con el registro!». Afortunadamente, enseguida nos dimos cuenta de que no se trataba de esto, sino de un preso al que se llevaban. Nadie había tenido tiempo de destruir nada.

El compañero Banin, que se acababan de llevar, había sido detenido en la frontera y se había dado orden de aislarlo de los otros detenidos. Tanto, que lo habían metido en una celda que estaba siempre cerrada con candado, mientras que nosotros podíamos pasear todo el día y nuestras celdas sólo estaban cerradas durante la noche. Decidimos no protestar contra el hecho de que el detenido estaba constantemente encerrado ante el temor de que nos retirasen el derecho de pasearnos tan tarde. Yo no sé por qué, el nuevo director adjunto, Sulima, que administraba el departamento político, la tomó con el detenido recién llegado. Empezó a frecuentar la celda de este camarada, unas veces para jugar al ajedrez, otras para charlar con Banin. En una de estas conversaciones, el adjunto dijo a Banin que la víspera, toda la noche, había estado rondando la prisión a causa de confidencias que había recibido de que los prisioneros políticos se disponían a escapar aquella noche.

El problema de la evasión se presentaba de una manera difícil. O nos escapábamos enseguida o, por el contrario, había que abandonar completamente la idea. Decidimos escaparnos costase lo que costase. Acordamos evitar efusión de sangre; pero una vez dada la señal, si alguien de la justicia quisiese entrar en el patio del departamento político, se debía proceder sin piedad. Ante esta eventualidad, se había encargado a varios hombres que llevaban largos capotes de dejar sin sentido inmediatamente al intruso, después de haberle arrojado un capote sobre la cabeza.

Se señaló el día de la evasión; pero en el último momento un nuevo obstáculo surgió. No podíamos pasarnos sin el concurso de una parte de los camaradas que debían quedar en la prisión, y algunos de ellos estaban al corriente de la evasión. Nos habíamos dirigido a los representantes de otros partidos, sobre los que pesaba la amenaza de una larga detención, invitándoles a unirse en la evasión, pero todos rehusaron fugarse. El último día, los socialistas-revolucionarios ucranianos, cuyo concurso nos era necesario, exigieron que llevásemos con nosotros a uno de los suyos, Pleskov. Por cierto que nosotros éramos opuestos a que toda la prisión se fuese con nosotros; era necesario proveer a Pleskov de un pasaporte, dinero, un escondrijo clandestino, etc., y esto no se podía conseguir en un día. Sin embargo, esta cuestión fue arreglada; cada uno le dimos diez rublos, se le hizo un pasaporte a toda prisa, se le indicó un escondrijo y se le arregló la cuestión. El caso es que, en lugar de once adeptos de la *Iskra*, eran doce los hombres que debían fugarse.

Al atardecer del 18 de agosto, antes de que fuese dada la señal de partida, el director adjunto llegó. Se dirigió a la celda de Banin y empezó una partida de ajedrez. A pesar de todo, se dio la señal.

Empezó el concierto. Mientras Bauman golpeaba con toda su fuerza en su tamboril, se elevaba una pirámide, en cuya cima se alzaba el camarada Gurski. Al mismo tiempo, el centinela fue agarrotado, amordazado, mientras en el corredor los guardias dormían el sueño de los justos... Pasé la escalera a Gurski, me desembaracé de la túnica de preso y subí por la escalera, que Gurski había sujetado con el ancla a la cornisa exterior del muro.

Para descender me deslicé por la cuerda, que, dicho sea de paso, me peló las palmas de las dos manos, experimentando un dolor insoportable; Gurski sujetaba la cuerda para que el ancla no se soltase. Me pasó la cuerda y desapareció en la oscuridad (había oscurecido completamente). Después de mí se dejó caer Basovski, el cual tenía una pierna enferma (se la había roto en la cárcel y esto había contribuido bastante al retraso, ya que no queríamos dejarlo en la prisión). No le pasé la cuerda, y yo mismo esperé al cuarto compañero. Todo iba bien. Pasé la cuerda a este último y me puse a correr; pero me caí cuan largo era en un foso muy profundo cuya existencia ignorábamos. En el fondo encontré a Basovski. A tientas buscaba él su sombrero, que había perdido en la caída. Yo estaba en el mismo sitio, pero era inútil buscar un sombrero en aquellas tinieblas. Habiendo cogido a Basovski por debajo del brazo, llegamos al campo; lo atravesamos rápidamente y nos encontramos en la calle. Allí comprendimos que sin sombrero no podíamos exhibirnos en las calles de Kiev. Además, ningún cochero quiso servirnos, con el pretexto de que muy probablemente nos habíamos gastado todo el dinero en beber y ya no nos quedaba para pagar el coche. Al final, pagamos por adelantado a un cochero y tomamos la dirección del alojamiento donde Basovski y yo debíamos refugiarnos. Después de haber dejado el coche, nos dirigimos hacia la calle del Observatorio. Buscamos el número 10 sin poderlo encontrar; la última casa tenía el número 8. Más allá empezaba otra calle. Después de reflexionar un momento resolvimos dirigirnos al número 8. Llamamos, preguntamos por la persona que buscábamos; pero los que nos abrieron, sorprendidos de nuestra traza, dijeron que la persona que nosotros preguntábamos ni habitaba ni vivió nunca allí. ¡Magnífico! No lejos del número 8 había un pequeño prado. Allí nos dirigimos. Basovski gemía con el dolor y murmuraba: «Si llego a saber que el de "fuera" no era capaz de encontrarnos un escondrijo, no me hubiera escapado».

También yo estaba fastidiado: tenía una sed espantosa y las manos me dolían intensamente.

De pronto vimos que alguien se dirigía rápidamente al número 8 y con no menos rapidez se alejaba de la puerta. Enseguida reconocimos a Gurski. Tampoco había tenido suerte. En el alojamiento adonde se había dirigido, los dueños habían marchado o se habían muerto, no lo sé exactamente. Como sabía la dirección del sitio en que nosotros debíamos refugiarnos, había venido a reunirse con nosotros. Los tres nos pusimos a examinar lo que debíamos hacer. Dándose cuenta de que no teníamos sombrero, Gurski fue a alguna parte (conocía muy bien Kiev), y pocos momentos después regresó con una chistera que Basovski se colocó en su cabeza.

Gurski propuso dirigirnos a un barrio, a casa de unos parientes, lo que aceptamos de buen grado. Gurski subió el solo a un coche. Basovski y yo tomamos otro. Basovski, con su «clac», causaba una magnífica impresión; pero para dirigirse a un arrabal esta obra maestra no era adecuada. Afortunadamente, las calles estaban en tinieblas, caía una lluvia fina y nadie se fijó en la chistera. Cuando llegamos a nuestro destino nos encontramos en casa de un polaco muy hospitalario, que inmediatamente puso sobre la mesa vodka y alimentos y nos proporcionó un momento de reposo; pero nos invitó a marchar de su casa tan pronto oscureciese, con el objeto de que su vecino de piso, un gendarme, no se diese cuenta de la presencia de forasteros en la casa. No se podía hacer nada. Antes de marchar, el dueño de la casa me dio un sombrero de paja.

Después de salir de esta hospitalaria casa, Basovski y yo nos dirigimos a casa de unos conocidos suyos, que resultó que estaban fuera: se quedaban a dormir en la casa de campo. Ya no nos quedaba más que una solución: ir en coche de un lado a otro de la ciudad. Por fortuna, Basovski conocía, al menos de nombre, calles y barrios de Kiev. Sin él me hubiera sido imposible andar en coche. Así anduvimos toda la noche. Por la mañana cada uno se fue por su lado, con objeto de no ser detenidos los dos juntos.

Me encontré ante esta alternativa: aproximarme en la calle a un estudiante simpático y pedirle ayuda, dirigirme a la estación o al muelle para irme lo más lejos posible, o ponerme a buscar a un contratista, que había sido en Lukianivska uno de mis compañeros de celda. Opté por el contratista. Sólo sabía su nombre, el oficio de su padre y el nombre de la calle. En cuanto al número de la calle, lo ignoraba. De todas maneras, me dirigí hacia el barrio de Andréyev. Con gran alegría vi un rótulo de contratista que tenía el nombre del que yo buscaba. Continué mi camino, pagué el coche y retrocedí a pie hasta la casa de mi compañero. Estaba en casa y me recibió cariñosamente.

Más tarde me enteré de que el número 10 que buscábamos se encontraba en la calle que era prolongación de la del Observatorio, que nos esperaban y que todo estaba dispuesto para recibirnos. En cuanto al resto de los camaradas, también hubo confusión. Respecto a Galperin, y me parece que también de Maltsman, había que tener preparados unos caballos: los esperaron en vano. Tuvieron que irse a pie, caminar durante la noche y por el día ocultarse en el heno. Pero los descubrieron y los llevaron a casa del comisario de policía rural. Por tres rublos consiguieron arreglarlo. Blumenfeld y no sé quién más debían coger una barca, pero tampoco llegó. De los otros camaradas no recuerdo si encontraron los escondrijos.

Le dije al compañero en cuya casa me había presentado que me habían puesto en libertad después de haberme comprometido por escrito de salir inmediatamente de Kiev, por lo que me era necesario ver enseguida a alguien del Comité del partido. Me llevó a su cuarto y salió en busca de un miembro del Comité. Regresó rápidamente. Todo soliviantado, me comunicó que, en el seno del partido, como entre la población, acababa de extenderse la noticia de que toda la prisión se había escapado y el pánico reinaba en la ciudad. Yo no pude decirle cuántos y cuáles eran los detenidos que se habían fugado. Me dijo, con bastante razón por cierto, que desde el momento que la policía hacía pesquisas en la ciudad a consecuencia de esta evasión, era mejor para mí no quedarme en su casa e ir a otro alojamiento que él me buscó. Allí me invitó a esperar a que me pusiese en relación con el Comité. Al venir la noche nos dirigimos juntos a una panadería, donde pasé la noche y el día.

Al día siguiente vino a buscarme y me llevó a un alojamiento clandestino, en el cual encontré un estudiante que conocí en la prisión. Este estudiante era delegado del Comité. Como él sabía que yo era uno de los fugados, no tuvimos que darnos grandes explicaciones; me indicó un escondite adonde debía ir acompañado de un camarada con quien había estado encerrado también. Por este delegado del Comité me enteré de que once personas habían conseguido escaparse, entre ellas el socialista-revolucionario. Resultaba, por consiguiente, que un iskrista había quedado; pero exactamente no sabía quién. En consecuencia, supe que todo había salido como se había fijado antes de la evasión. Solamente, si no me engañó, el camarada Silvino (apodado Brodiaga[13]), que se ocupó del centinela, oyendo ruido que le pareció alarmante, corrió a su celda, destruyó su pasaporte, ocultó el dinero y volvió al patio. Todavía no se había dado la alarma; pero ya era demasiado tarde: ya no tenía documento de identidad ni dinero. Con los otros presos volvió a tomar el camino de su celda. El adjunto del director, que jugaba al ajedrez en la celda de Banin, terminada su partida, quiso salir. Se puso a llamar para que le abriesen (estaba encerrado en la celda). Pero nadie podía hacerlo: todos los guardianes estaban bajo los efectos del narcótico. Él dio la alarma (creo que disparó el revólver), y se descubrió la evasión. A propósito, la primera información resultó que la evasión había tenido lugar por el ventanillo, que el portero nos había dejado pasar y que la escalera de cuerda, los guardianes

[13] Vagabundo.

dormidos y el centinela agarrotado no era más que una pantomima.

Marché a la dirección que me había dado el delegado del Comité y fui a parar a un alojamiento que se encontraba al otro lado del puente del Dniéper, en la provincia de Chernígov. Me instalé en una habitación y pasé junto a un externo que estudiaba día y noche para los exámenes, y que por esta razón no salía de su cuarto. Ocho días más tarde se me informó de que debía dirigirme a Jitomir en la diligencia, pero que en el camino debía descender en una pequeña localidad donde habitaba un *tsádek*[14]. En la sinagoga debía encontrar a Basovski.

Cuando llegué a la localidad fui a una casa judía, donde me enteré que había dos *tsádek* y dos sinagogas, y que por el momento los dos estaban ausentes. Fui por la noche a una de las sinagogas, pero no encontré a Basovski. Por el contrario, desperté las sospechas del dueño de la casa en que me había detenido (los oí hablar entre ellos: «¿No será un fugado, ya que las personas que van a casa del *tsádek* saben cuándo está en casa y cuándo de viaje?»).

Después de haber pasado un día desagradable, me puse en camino de Jitomir. Me pareció que el sustituto del fiscal, Kórsakov, viajaba en la misma diligencia que yo. Me asusté terriblemente; pero como no sabía dónde ocultarme, decidí continuar mi destino. Llegado a Jitomir me presenté a un miembro del Bund; nuestra organización no tenía todavía una sección en esta ciudad. Allí fui a parar al alojamiento de un bundista en ciernes, apodado Úrchik, que yo conociera bastante bien por haber militado con él en la región del Oeste. Como los bundistas tenían pocos alojamientos, tuve que habitar algún tiempo en un local clandestino, en donde se había instalado un depósito de literatura y una imprenta desmontada.

[14] Sabio religioso judío.

Teniendo que esperar bastante tiempo a que me proporcionasen los enlaces necesarios para pasar la frontera y presentarme a la organización de la *Iskra* en el extranjero (todo eso lo tenía Basovski, al cual no pude encontrar), me alisté como sastre. Hice conocimiento con un camarada de taller y fui a vivir a su casa. Un día en que nos habíamos dirigido al mercado para comprar un traje, me di en las narices con el guardia Voitov, al que habíamos adormecido el día de la evasión y era el encargado de la vigilancia del corredor en el cual estaba encerrado. Sobra decir que salí corriendo, dejando allí a mi vecino pasmado. Tomé las medidas necesarias para dejar la ciudad lo antes posible.

Días después, el estudiante Blinov, con quien había estado en prisión, vino a buscarme y me informó de que Galperin se encontraba en Jitomir y deseaba verme. La entrevista la señalamos en un bosque. Galperin me entregó las direcciones necesarias y poco después, en compañía de un camarada del Bund, me dirigí a Kamianets-Podolski. Desde allí conseguí llegar a una aldea de la frontera. Acompañado de un aldeano, salimos de noche para pasar la frontera, teniendo que atravesar por vados algunos riachuelos. Habiendo conseguido evitar a los gendarmes austriacos, llegamos a Austria.

Camino de Berlín, fuimos detenidos en la frontera austro-alemana; pero nos soltaron el mismo día. Llegamos a Berlín sin contratiempo. Allí supe que nueve iskristas estaban ya en el extranjero y que yo era el último cuya llegada se esperaba. En cuanto al undécimo –Pleskov, socialista-revolucionario originario de Kiev–, se había dirigido hacia Kremenchuk y allí había sido detenido por casualidad. El nombre del *starosta* que figuraba en su pasaporte estaba escrito con lápiz; era necesario rehacerlo con tinta y se había olvidado. Llegó a un hotel y entregó su pasaporte para las formalidades de costumbre, y allí se dieron cuenta de esta falta. Lo llevaron a la comisaría; ante el comisario, estupefacto, declaró ser Pleskov, fugado de la prisión de Kiev. Al menos ésta es la versión que de su detención me dieron en Berlín.

Esta audaz evasión, lograda con éxito, suscitó muchos comentarios, tanto entre los revolucionarios rusos como en la «Sociedad»[15].

[15] En el antiguo régimen así se llamaban los centros políticos burgueses de «La oposición».

III

Mi actividad revolucionaria en el extranjero (1902-1905)

En Berlín me enteré de que la redacción de la *Iskra* me había designado, lo mismo que a Galperin, aquella ciudad como residencia. Se nos confió la misión de organizar la expedición de la literatura revolucionaria y el paso de los militantes a Rusia. Apenas había tenido tiempo de regresar cuando tuve que dirigirme a la frontera germano-rusa para restablecer nuestras antiguas conexiones y al mismo tiempo procurar el paso del camarada [Iván] Bábushkin a Rusia. Este viaje salió bien y regresé enseguida.

Berlín, esta ciudad gigante, con sus tranvías, sus ferrocarriles urbanos, sus almacenes monstruosos, sus luces deslumbradoras –una ciudad como yo no había visto–, me causó una impresión extraordinaria. La Casa del Pueblo de Berlín, llamada la «Casa de los Sindicatos», la imprenta, la librería y la redacción del *Vörwarts*, y sobre todo los sobreros alemanes, no me impresionaron menos. Cuando en la primera asamblea a la que yo asistí vi gentes bien vestidas, verdaderos caballeros sentados en pequeñas mesas, saboreando su tercio de cerveza, creí estar en una reunión de burgueses, puesto que en Rusia nunca vi obreros de esta clase.

En un principio, Galperin y yo sufrimos bastante por falta de habitación y de documentos de identidad. Nos habían alojado en una especie de sótano, donde Galperin, debido probablemente a su agotamiento físico y a sus peregrinaciones de Kiev a Berlín, cayó seriamente enfermo. Tuve que multiplicarme: cuidarlo y trabajar por los dos sin conocer el idioma (Galperin sabía el alemán). Más tarde, cuando me fui aclimatando a Berlín, conocí a camaradas alemanes; de una vez me procuré habitaciones para veinte o treinta camaradas; cuando nosotros llegamos, el delegado de la *Iskra*, Mijaíl Vecheslov, no consiguió encontrar para dos.

En aquella época, además de Vecheslov, trabajaban activamente en Berlín el camarada Piotr Smidóvich, que lo pasaba bastante mal en un taller alemán para lograr grabar sobre una placa de cinc pulida, con una tinta especial, una composición tipográfica. Creía poder obtener buenos resultados, que permitiesen imprimir la *Iskra* en Rusia simplemente por medio de placas, sin tener necesidad de composición tipográfica y de clisé estereotipado. Con frecuencia acompañé a Smidóvich al taller donde practicaba sus experimentos.

Los iskristas berlineses –miembros del Grupo de Apoyo de Berlín a la Socialdemocracia Revolucionaria de Rusia, que eran bastantes– se reunían frecuentemente en casa de las Bach (madre e hija). Yo iba también. Para no llamar la atención de la policía, los concurrentes a casa de las Bach me habían bautizado con el nombre de Michael Freitag (Viernes), que Smidóvich tradujo al ruso, con lo que me convertí en Piátnitsa (seudónimo que usé constantemente).

A fines de febrero de 1903 llegaron a Berlín V. Noskov, cuyos seudónimos eran Boris Nikoláyevich y Glébov. En el II Congreso del Partido fue el único de los presentes elegido para el Comité Central. Con él, provisto del pasaporte de Piotr Smidóvich (llamado «Matena» en el partido), me dirigí a Londres, donde me encontré con los fundadores de la *Iskra*, convertida, desde este momento, en el centro de unión de los elementos revolucionarios dispersos de la clase obrera rusa. Allí encontré a Blumenfeld, que era el compositor tipógrafo de la *Iskra*. Conocí a Mártov, a [Vera] Zasúlich y a [Lev] Deutsch. Vivían todos juntos. Pronto conocí a Lenin y a Nadezhda Konstantínovna Krúpskaya, que vivían solos. Pasé todo el tiempo con Blumenfeld, Mártov y Zasúlich, con los que intimé grandemente. Veía con menos frecuencia a Lenin y a Nadezhda Konstantínovna. Varias veces comimos juntos Mártov, Zasúlich, Noskov, Lenin y Nadezhda Konstantínovna.

Las conversaciones entre los redactores de la *Iskra* y Noskov versaban principalmente sobre el estado de la Liga del Norte[16] (puede que me equivoque, pero el nombre de Liga del Norte, de donde creo que venía Noskov, se quedó grabado en mi memoria) y sobre la convocatoria del II Congreso del partido. Conmigo se trataba la cuestión de extender el enlace con la frontera y con Rusia, con el fin de poder pasar la *Iskra* y la revista *Zariá* (*Amanecer*), conseguir que llegasen a su destino y fuesen difundidas. Es más; era necesario organizar juntos el paso para los militantes.

Yo pasaba mucho tiempo en la imprenta en donde se imprimía la *Iskra*. Esta imprenta pertenecía Federación Socialdemócrata británica. Yo quedé asombrado de que esa organización poseyese una imprenta tan pobre, y que publicase un pequeño semanario, cuya tirada no sobrepasaba la de la *Iskra*. ¡A millares de kilómetros de su patria, en pleno país extranjero, los socialdemócratas rusos encontraban manera de publicar un diario que no estaba por debajo del que publicaba la Federación Socialdemócrata británica! Esto me parecía inconcebible, sobre todo después de haber visto las imprentas, las tiradas de los diarios, los edificios y las librerías de los socialdemócratas alemanes.

---

16 *Séverni Soyuz*: un temprano grupo de círculos de obreros conscientes, organizado en 1879 en San Petersburgo con el fin de alcanzar la emancipación política de la clase obrera.

Unos días después de nuestra llegada hubo una asamblea de rusos; se dio lectura a un manuscrito de Deutsch, en el cual describía sus evasiones. Allí conocí a varios camaradas que había visto en Kovno, en Vilna (en la prisión) y, cuando salí, en Kiev. Yo los conocía de Rusia como bundistas y socialdemócratas, y algunos como adheridos a la organización de la *Iskra*. Habían venido a Londres, unos, para evitar ser detenidos; otros, después de haberse escapado. Me impresionó grandemente el oírlos a casi todos decir que en Londres se habían convertido en anarquistas individualistas; la causa de este fenómeno, en la medida que yo pude observarlo, era que los refugiados políticos, cayendo en Londres, se encontraban al principio en la misma situación que un pedazo de paja en medio de un mar agitado: sin amigos, sin socorro, sin dinero, sin conocer el idioma y sin trabajo. La organización política de la clase obrera era débil; los sindicatos, aunque aceptasen a todo el mundo, no concedían socorros hasta después de nueve o diez semanas de pertenecer al sindicato; en cuanto a los antiguos amigos, bastante hacían si conseguían vivir ellos; por tanto, no podían venir en ayuda de los otros. ¡Durante varias veladas discutí con ellos sobre la anarquía, la socialdemocracia y el parlamentarismo! El SPD –precursores de Scheidemann– se preparaban entonces para las elecciones al Reichstag, y, por la naturaleza de mi trabajo, yo estaba en contacto estrecho con ellos.

La ciudad de Londres me causaba una impresión penosa: las casas eran negras, mugrientas por el humo; hacía un tiempo de perros; durante toda mi estancia no paró de caer una lluvia fina y la niebla no cesó de envolvernos. Es probable que yo no viera el verdadero Londres; pero lo que vi me desagradó extraordinariamente.

Diez días más tarde nos embarcamos para Berlín. De allí tuve que partir para la frontera, con objeto de extender nuestra red de enlaces, ya que habría una gran cantidad de literatura para expedir a Rusia y militantes que venían a asistir al II Congreso del partido, para hacerlos pasar al extranjero. Salí para la frontera con Noskov y Povar (llamado también Diadia [«tío»]: Fiódor Shchekoldin), que se dirigía a Rusia. Llegados a Schwirndt o a Neustadt, situados sobre la misma frontera de la Prusia Oriental, empecé por mandar a Povar. Desde el alojamiento en que nos hospedábamos se le veía avanzar y dirigirse hacia el cementerio que se encontraba ya en territorio ruso. Estábamos persuadidos de que pasaría sin obstáculo, puesto que los soldados que guardaban la frontera estaban sobornados. Cuán grande no sería nuestra sorpresa al oír un tiro en el momento en que Povar llegaba al cementerio.

Nos enteramos enseguida que Povar había sido detenido porque el oficial que mandaba la guardia frontera había tenido la ocurrencia de ir a pasear al cementerio. A la vista del oficial, el soldado no tuvo más remedio que dar la alarma. Dos días más tarde, Povar recibió todos los documentos concernientes a su detención. Pero en el momento de ponerse en camino para dirigirse a la cabeza del distrito donde debían encarcelarlo, subió a un coche y tomó el camino de Vilna, donde se había convenido que esperaría a Noskov. Se había conseguido liberarlo gracias a quince rublos.

Mientras esperábamos que Povar saliese de la pequeña ciudad de la frontera, llegó de Rusia, a mediados de marzo de 1903, un adepto de la *Iskra*, Kostia (Rozalia Galbershtadt), miembro del Comité de Organización para la convocatoria del II Congreso (después de la escisión se volvió menchevique, y después de 1905 se reunió con los liquidadores). Después de haberse entrevistado con Noskov, marchó a la redacción de la *Iskra*. En cuanto a Noskov, pasó la frontera sin obstáculo y llegó a Vilna. De este modo el enlace que organicé en la frontera a fines de 1902, después de mi llegada a Berlín, fue aprovechado en los dos sentidos.

Faltaba establecer buenos puntos de paso para los envíos de literatura. Con este objeto me dirigí a Tilsit y alrededores; de allí regresé a Berlín.

El trabajo marchaba muy bien. Pero me sucedió un pequeño incidente. Antes de salir para Londres había alquilado una habitación y me había inscrito sirviéndome del pasaporte de un ciudadano americano. Pero después tuve que devolvérselo a su dueño, que salía para América.

Cuando regresé de mi visita de inspección a la frontera volví a mi habitación. Entonces la dueña de la casa me informó de que la policía había venido varias veces a averiguar por qué bajo un mismo nombre, correspondiente a la misma filiación, dos personas habían prestado declaración. La suerte que tuve fue el estar de viaje; si no, no hubiera dejado de saborear los encantos de Moabit[17]. Resultó que el americano que me había prestado el pasaporte había regresado durante mi ausencia y, como si nada, se había inscrito con el mismo carné de identidad. Tuve que dejar el sitio y vivir de nuevo sin estar inscrito, hasta que un camarada de la infancia me trajo de América su pasaporte.

En esta época, en todas las ciudades de Rusia aumentaban las organizaciones socialdemócratas, en el seno de las cuales se entablaba una lucha ideológica entre los partidarios de la *Iskra* y de la Unión de los Socialdemócratas Rusos en el Extranjero. En muchas ciudades importantes había dos comités socialdemócratas que se disputaban con encarnizamiento la influencia sobre el proletariado. Lo esencial de la literatura revolucionaria de las dos corrientes mencionadas del POSDR se publicaba en el extranjero (el grupo de la *Iskra* publicaba, además del periódico, la revista *Zariá* y folletos). La Unión de los Socialdemócratas Rusos en el Extranjero publicaba la *Rabócheye Delo* (*La Causa Obrera*). El pedido de la literatura de la *Iskra* era tan grande en Rusia que no se podía pensar en satisfacer al extranjero; esto obligaba al grupo de la *Iskra* a dirigir todas sus fuerzas a hacer entrar en Rusia por todos los medios posibles su literatura. Las organizaciones en Rusia de la Unión se veían obligadas, para sostener su influencia

---

[17] Prisión de Berlín.

sobre los obreros, a procurarse literatura de la *Iskra*. Sus delegados venían a buscarla al extranjero.

La segunda o tercera vez que estuve en Tilsit encontré el rastro de una gran organización lituana que pasaba a Rusia libros religiosos escritos en lituano.[18]

Nos pusimos en relación con esta organización, y por su mediación empezamos a expedir al otro lado de la frontera decenas y centenares de kilos de la *Iskra*, de la *Zariá* y folletos. Para recibir y difundir en Rusia esta literatura, Noskov había nombrado varios militantes: Povar (Shchekoldin), Sanin (cuyo seudónimo no recuerdo), Gusárov, médico militar (éste trabajaba en la organización de Vilna), etc. En Tilsit, por recomendación de Haase, el zapatero Martens, miembro del SPD, nos ayudaba activamente. Estos envíos en gran cantidad tenían un lado bueno (se hacía pasar de una vez mucha literatura) y un aspecto malo (de Berlín a Riga, Vilna y San Petersburgo, cada envío necesitaba varios meses; para la literatura religiosa de los lituanos, el espacio de tiempo no era demasiado, pero para la *Iskra* era un retraso considerable). Se nos exigió que redujésemos el plazo que se necesitaba para el transporte de la literatura de Berlín a Rusia. Con este objeto, Galperin vino a instalarse en Tilsit; yo quedé en Berlín. Esto ocurría en el verano de 1903. En aquel tiempo la redacción de la *Iskra* estaba ya en Ginebra. De allí era de donde recibíamos la literatura, que era dirigida al *Vörwarts*. Nuestro depósito de literatura se hallaba en los sótanos de este diario. Yo pasaba bastantes horas al día colocando la literatura recibida y empaquetándola para expedirla a la frontera. El embalaje no era fácil; todos los paquetes tenían que llevar la misma literatura. En el caso de que un paquete cayese en manos de la policía, era necesario que se pudiese encontrar en los otros los mismos números

---

[18] Bajo el zarismo estaban prohibidos en Rusia incluso los libros religiosos en lengua lituana. Grandes imprentas en el distrito de Tilsit estaban ocupadas imprimiendo esta literatura «ilegal».

del periódico o los mismos libros. Además, en los grandes paquetes era necesario poner cinco o seis paquetes pequeños con el mismo contenido de libros y de diarios, con el fin de que, una vez llegados a Rusia, pudiesen ser embalados y expedidos en todas las direcciones, sin necesidad de hacer una nueva separación y un nuevo embalaje. Además, era necesario que el volumen, el peso y embalaje de esos paquetes fuesen los mismos que los lituanos habían adoptado para su literatura religiosa, y que fuesen recubiertos de una tela impermeable para que no se mojasen con la lluvia.

Para activar los envíos de literatura en Rusia, aun en pequeñas cantidades, también se empleaban maletas de doble fondo. Antes de que yo llegase a Berlín, una casa nos había fabricado una cantidad de maletas de esta clase. Pero en la frontera los aduaneros no tardaron en tener sospechas, y algunos camaradas fueron descubiertos de esta manera (es seguro que los aduaneros conocían las maletas, ya que todas eran del mismo modelo). En vista de ello, nosotros mismos nos pusimos a confeccionar un doble fondo de cartón duro que colocábamos en las maletas ordinarias después de haber metido de cien a ciento cincuenta números recientes de la *Iskra*. Una vez pegado el papel interior, era imposible darse cuenta que la maleta encerraba literatura. Es más: su peso no había aumentado gran cosa. Hicimos realizar esta operación en todas las maletas de estudiantes y estudiantas que regresaban a Rusia y que simpatizaban con el grupo de la *Iskra*, lo mismo que a las maletas de los camaradas que se dirigían a Rusia por camino legal o ilegal; pero esto no era bastante.

Las necesidades de literatura reciente eran muy grandes. Fue entonces cuando inventamos una coraza: para los hombres se confeccionaba una especie de chaleco, en el que se metían doscientos o trescientos ejemplares de *Iskra* y pequeños folletos; a las mujeres se les hacían corsés especiales y se les transformaban las faldas.

Las mujeres podían llevar de trescientos a cuatrocientos ejemplares de la *Iskra*. Llamábamos a esto «servicio exprés». Colocábamos estas corazas a todos los que nos caían en la mano; desde militantes hasta los simples mortales. Me acuerdo todavía de algunos de estos camaradas, especialmente de Filipp (Goloshchokín). ¡Lo que maldijo de mí por culpa de esta coraza! De Lev (Vladímirov), de Baturin y de otros. En efecto, aquello era una crueldad: estar en verano cinco días con esta coraza era espantoso; pero, en cambio, ¡qué alegría cuando la literatura llegaba a las organizaciones! Sin embargo, debo decir que no todos se incomodaban conmigo; había quien se separaba con pena de su trabajo; las mujeres se acostumbraban a ello; las corazas las hacían un hermoso busto, dándoles aire imponente y una gran estatura. Cuando conseguía expedir en «servicio exprés» toda la literatura recibida de la *Iskra*, era para mí una verdadera fiesta. Para no tener que volver sobre esto, añadiré que, no obstante todos nuestros esfuerzos y que casi toda la literatura que se recibía del extranjero llegaba a Rusia, no conseguíamos contentar a las organizaciones interiores. En Rusia, en Bakú, en Odesa y en Moscú, se habían organizado grandes imprentas ilegales que reimprimían la *Iskra* sirviéndose de matrices que les mandábamos del extranjero; de esta suerte se componía directamente en Rusia desde su recepción.

Mi trabajo en Berlín no consistía solamente en expedir la literatura a Rusia. Yo recibía a todos los camaradas que venían de Rusia al extranjero por cuestiones que interesaban a la *Iskra*, y todos los que del extranjero se dirigían a Rusia. Estas entradas y salidas me ocupaban tiempo y fuerzas, puesto que los camaradas llegaban con los vestidos destrozados, cansados y sin conocer el idioma.

La correspondencia con Rusia se hacía igualmente por Berlín. Yo debía centralizar las cartas, descifrarlas y hacerlas llegar a su destino.

Antes del II Congreso del partido estábamos en Berlín varios camaradas. Sólo yo me ocupaba de una manera especial y completa de los trabajos que he mencionado. Después del II Congreso, asumí todas las funciones que era necesario realizar en Berlín. Comparando la forma en que se trabajaba entonces con la manera en la que se trabaja hoy, saco en conclusión que para desempeñar las funciones que yo asumía en aquella época sería necesario ahora un jefe, un adjunto, una sección de cifrado, empleados, secretarios, etc. En aquel momento a nadie se le ocurría llamar para este trabajo a personal retribuido. Y, no obstante, el trabajo no se hacía peor que se hace hoy con todo el personal citado.

Tengo que añadir que, en Berlín, del mismo modo que en Francia y en Suiza, existía un grupo de apoyo de la *Iskra*, del cual yo también formaba parte. En aquella época, antes de la escisión del partido, el grupo de Berlín lo integraban: P. Smidóvich, Vecheslov, Nikitin (que luego fue, bajo Kérenski, gobernador de Moscú, y más tarde ministro de comunicaciones), Sanin, Okúlova, Rubinstein, Chergov, Koniaguin (Galperin), Liádov, N. Bach, Zhitomirski (un provocador), etc. El grupo de Berlín reunía fondos, organizaba espectáculos, conferencias, discusiones, etc.

Aunque muy ocupado por los asuntos rusos, entré poco a poco en el movimiento obrero berlinés. Me encontré, por cierto, con muchos militantes activos del partido, de los sindicatos y del movimiento cooperativo. Sin darme cuenta y sin ayuda de un profesor alemán, empecé a leer los diarios del SPD y de los sindicatos.

La mitad del verano se me pasó en este trabajo. En el transcurso de junio de 1906, los delegados para el II Congreso del partido empezaban a llegar a Berlín. Allí se detenían algunos días, y se iban más lejos. Entre ellos me recuerdo del camarada Kartachev, de la Liga del Norte (fallecido hace poco) y de

Kostrov (Jordania)[19], convertido hoy en lacayo de los ministros burgueses y excitándolos contra la Unión Soviética proletaria; hasta aquella época yo no lo conocía.

No conservo en la memoria las medidas preliminares que se tomaron en Berlín para la convocatoria del Congreso. Tampoco recuerdo si las reuniones tuvieron lugar en Berlín para discutir el orden del día. Estuvimos algún tiempo sin recibir informaciones sobre los trabajos del Congreso. Con ansiedad esperábamos noticias. Recogíamos con avidez todos los rumores que circulaban. Estábamos convencidos que la tendencia de la *Iskra* se impondría. Pero de la facilidad con que se haría la unión de los grupos y de las organizaciones dispersas en un partido único no teníamos la menor idea, aunque todos reconociésemos la urgente necesidad de esta unión. Por último, corrieron rumores anunciando divergencias entre los mismos iskristas. Estos rumores me parecieron increíbles. Habíamos supuesto que habría en el Congreso grandes divergencias con los obreristas [economistas] y sus partidarios; pero que estas divergencias hubiesen estallado entre los adeptos de la *Iskra*, que yo estaba acostumbrado a considerar como un todo homogéneo, era para mí algo inesperado. Pasé días de ansiedad.

Por fin los delegados regresaron a Berlín. Los representantes de las dos secciones nos pusieron al corriente sobre el Congreso. Y la agitación empezó inmediatamente en favor de una u otra tendencia.

Yo estaba indeciso. De un lado sentía que hubiese causado disgusto a Zasúlich, a Potrésov (a los que conocía de Londres) y a Axelrod el expulsarlos de la redacción de la *Iskra*. ¡Ésta no estaba bien redactada! Yo ignoraba entonces quiénes eran los redactores que escribían y los que no escribían; qué divergencias

---

19 Menchevique. Expresidente de la República Democrática de Georgia. Emigrado, no cesó de ser uno de los más activos enemigos del poder soviético.

dividían la redacción y qué artículos, que tenían carácter doctrinal, debían pasar por manos de todos los miembros de la redacción dispersos en los diferentes países antes de ser insertados en la *Iskra*. Es más: los camaradas a quienes estaba muy próximo (como Blumenfeld y otros) se encontraban en el campo menchevique. De otra parte, yo aprobaba enteramente la estructura de la organización del partido que proponía Lenin. Mi lógica estaba con la mayoría; mis sentimientos (si así podemos decirlo) estaban con la minoría. La conducta de Kostrov me había dejado estupefacto; había ido siempre con la mayoría (Lenin y Plejánov), pero cuando el Congreso decidió cerrar todos los periódicos locales y sólo conservar la *Iskra* como Órgano Central del partido, se ofendió porque se suprimiese el periódico georgiano del que era redactor, y pasó a la minoría del Congreso. Yo no podía comprender que un delegado pudiese cambiar de opinión porque una decisión del Congreso afectase al periódico de su organización. Además, Jordania, después de haber defendido a los bolcheviques en el II Congreso, se convirtió en feroz adversario de la mayoría.

Era necesario hacer pasar a los delegados del Congreso a Rusia. Con este objeto salí para la frontera con algunos de ellos. En compañía de la camarada Zemliachka [Rozalia] me dirigí a Prusia, a una aldea situada en la frontera rusa, en la región de Ortelsburg [Szczytno] (en las cercanías de Ostrołęka, que se encontraba entonces dentro de Rusia). Por primera vez veía a Zemliachka. Tuvimos que esperar un día entero a que un suboficial de los guardias fronterizos rusos viniese a buscarla para llevarla al otro lado a través del bosque. El mismo día supe que había franqueado la frontera sin incidentes y que se dirigía hacia la estación para tomar el tren. Después fui a otros puntos de la frontera, donde otros camaradas me esperaban.

Cuando regresé a Berlín, la escisión estaba ya consumada entre los adeptos berlineses de la *Iskra*: Vecheslov era menchevique, P. Smidóvich se columpiaba, Galperin era bolchevique. Los amigos y correligionarios de ayer dejaban de entenderse y se volvían enemigos. Con dificultad me orientaba. Es más: yo no llegaba a entender cómo pequeñas divergencias pudiesen impedir que trabajaran juntos, tanto más que después del Congreso un vasto campo de acción se abría ante nosotros.

En octubre de 1903, nosotros, los miembros de la Unión de los Socialdemócratas Rusos en el Extranjero fuimos convocados en Ginebra. Acudimos Galperin, yo y me parece que Vecheslov. En el extranjero existían grupos de apoyo de la *Iskra* (anteriormente creo que se llamaban Comités de Apoyo del Grupo para la Emancipación del Trabajo), donde tomaban parte los emigrados –miembros del partido y la juventud universitaria– y estudiantes. La Unión de los Socialdemócratas Rusos en el Extranjero estaba formada con antiguos miembros del partido (emigrados o de paso en el extranjero), miembros de los Comités de Apoyo del Grupo para la Emancipación del Trabajo. En cuanto los iskristas que habían tomado parte en la evasión de Kiev llegaron al extranjero se convirtieron automáticamente en miembros de la Unión (cuando llegué a Berlín me enteré de que la Unión ya me había admitido). La Unión no se manifestó en manera alguna antes del II Congreso del partido, por más que toda la redacción de la *Iskra* formaba parte de la Unión. El Comité de Redacción de la *Iskra* era el único que determinaba, lo mismo en Rusia que en el extranjero, la política y la línea de organización del partido. Si no me engaño, la Unión publicó algunos folletos. A esto se limitaba su actividad.

Cuando Mártov, Zasúlich, Potrésov y Axelrod quedaron en minoría en el II Congreso del partido, decididos a no resignarse, tuvieron la idea de no convocar un Congreso de la Unión, que querían, con toda evidencia, oponer al Congreso del partido. A este Congreso también fuimos convocados. He dicho ya que yo dudaba; colaboraba con la mayoría, pero no había roto mis relaciones personales con la minoría; en sus filas estaban varios camaradas presos al mismo tiempo que yo en Kiev, con los cuales me había evadido.

En Ginebra me dirigí a casa del camarada Blumenfeld. Allí encontré a Mártov, Dan y muchos camaradas a quienes ya conocía. Blumenfeld enseguida quiso convertirme. En aquella época, Nikolái Bauman vivía en Ginebra. Antes de abrirse el Congreso de la Unión yo iba con frecuencia a su casa (fue allí donde conocí al camarada Orlovski (Voróvski). Un día me enseñaron una protesta dirigida al buró de la Unión, firmada por Bauman, Galperin y otros, motivada por el hecho de que intencionalmente los partidarios de la mayoría [bolcheviques] no habían sido convocados por la Unión, mientras que elementos conocidos como partidarios de la minoría [mencheviques] habían sido llamados hasta de Inglaterra (este motivo que había dado lugar a la protesta se me quedó grabado en la memoria). Esta protesta exigía que todos los miembros de la Unión fuesen convocados. Yo también firmé. Después de todo, ¿por qué no la había de firmar? No era necesario ser bolchevique para firmar, puesto que las dos partes estaban interesadas en conocer la opinión de los miembros de la Unión sobre las resoluciones del Congreso del partido. Por otra parte, no había razón para autoconstituirse artificialmente en mayoría. Fue lo que yo pensé al firmar la protesta. Pero Blumenfeld, Dan y Mártov tenían otra opinión. Dan vino hacia mí y me preguntó en tono de reproche a qué se debía que yo me hubiese vuelto tan rápidamente a favor de la mayoría. Le respondí que los métodos de organización de la mayoría del Congreso eran más justos que los de la minoría, y que yo todavía no me había adherido a ninguna tendencia. A este propósito, le pregunté por qué me reprochaba una gran precipitación de decisión, en lo que respecta a mi adhesión a una de las dos partes antagónicas, cuando él, que había llegado de Rusia después del Congreso del partido, ya se había pronunciado. (Dan llegó a Berlín poco tiempo antes del Congreso de la Unión. Allí tuve largas conversaciones con él y fui yo quien le dio las primeras informaciones sobre el Congreso y sobre las divergencias que se habían manifestado.) Su respuesta fue que, habiendo aplicado un plan determinado de organización del partido en Rusia, le era suficiente saber quién, si Mártov o Lenin, había defendido este plan en el II Congreso del partido. Siendo Mártov quien lo había defendido, él se pasaba a la minoría. Blumenfeld llegó a asegurarme que yo no había entendido o comprendido lo que había firmado, que me habían engañado, y él me exigía –ni más ni menos– que retirase mi firma. Sobra decir que me negué.

Por más que muchos miembros de la Unión se dirigiesen a Ginebra, la fecha de apertura del Congreso era constantemente aplazada. Yo ignoraba la causa. He aquí cómo la supe: una tarde, Blumenfeld me invitó a dar un paseo. Esa tarde y ese paseo se me han quedado grabados en la memoria. Íbamos por la orilla del lago de Ginebra. El atardecer era magnífico, claro; pero algo me oprimía el corazón. Mi viejo camarada Blumenfeld, el que me había ayudado a ser marxista, quería aquella tarde romper todos nuestros lazos. Lo que pasaba era que en el Congreso de la Unión aparecieron tantos partidarios de la mayoría como de la minoría. Por lo tanto, yo podía inclinar la balanza en favor de unos o de otros (en el momento del Congreso llegó de Londres un menchevique, si no me engaño, con su mujer, ella también miembro de la Unión, y los mencheviques eran la mayoría). Blumenfeld exigía que, en el caso de que yo no quisiese apoyarlos, no asistiese al Congreso. Fundaba su exigencia pretendiendo que yo no comprendía lo que pasaba a mi alrededor; en opinión suya, la mayoría, por su táctica, llevaría al partido a la ruina; desde entonces era necesario permitir a la minoría tener su prensa, que prevendría al partido de las peligrosas desviaciones de la mayoría. Si –añadía– en el Congreso de la Unión los bolcheviques tienen mayoría, los miembros de la redacción de la *Iskra* (Mártov, Potrésov, Zasúlich y Axelrod) no podrían publicar nada, y eso sería para ellos la muerte política (me acuerdo con gran precisión de las reflexiones de Blumenfeld). Viendo que sus argumentos no me convencían y que yo no me decidía a renunciar a mi participación en el Congreso de la Unión, me dijo que tal actitud por mi parte era un crimen, y me invitaba a ir algunos años a América, esperando que yo pudiese orientarme en los desacuerdos en cuestión. Rechacé su oferta, y aquí terminó nuestra conversación.

El Congreso se abrió. En un lado se sentaban los mencheviques; en el otro, los bolcheviques. Yo me preguntaba dónde debía sentarme. Era el único que todavía no se había afiliado de una manera neta a una de las dos fracciones. Por último, tomé asiento entre los bolcheviques y voté por ellos. Plejánov los dirigía. El mismo día, creo, los bolcheviques, con Plejánov, salieron del Congreso. En cuanto a mí, yo me quedé en el Congreso. Estaba claro que la salida de los bolcheviques –que eran la mayoría– de la *Iskra* y del Consejo del partido obligaría a la minoría a someterse a las resoluciones del II Congreso o a producir la escisión. ¿Qué iba a hacer yo? Tanto de un lado como de otra había *leaders* del partido, y ellos sabían lo que hacían.

Cuando los bolcheviques salieron del Congreso, decidí ponerme resueltamente a su lado, y a mi vez dejé la sala. Sabiendo que los bolcheviques debían reunirse, me dirigí inmediatamente al restaurante o al café Landot. En efecto, allí había una reunión de los que habían abandonado el Congreso. En el momento en que yo entré, Plejánov exponía el plan de guerra a muerte que era necesario emprender contra los mencheviques. Pero, algunos días después, me enteré que Plejánov se había pasado a los mencheviques, y poco tiempo después elegía a los antiguos redactores de la *Iskra*.

El 7 de noviembre de 1903, Plejánov publicó el número 57 de la *Iskra* conteniendo su artículo *Qué no hacer*, en el cual trataba a los bolcheviques de escisionistas, etc. Yo me preguntaba cómo el fundador de la socialdemocracia rusa había podido arrastrar a la mayoría del Congreso tras un plan determinado de organización de un partido, dirigir en el Congreso de la Unión la acción de los bolcheviques, presentar resoluciones, etc., contra los mencheviques, y enseguida hacer causa común con éstos.

Los actos de Plejánov, Kostrov, Blumenfeld y otros me eran inconcebibles. Reflexioné mucho sobre su actitud en la mala habitación que ocupaba en Ginebra, antes de regresar a Berlín, donde tuve que trabajar por dos: Galperin había salido para Rusia, designado por el Comité Central. Al mismo tiempo, yo debía trabajar enérgicamente en el grupo de apoyo berlinés, puesto que muchos de sus miembros se habían pasado a los mencheviques y formaban un grupo de apoyo a éstos.

La situación (por la proporción de las fuerzas) en los organismos centrales y locales del partido era, después del Congreso de la Unión (comienzo de 1904), la siguiente: el Comité Central en Rusia (Noskov, Kurtz [Lengnik] y Kler [Krzhizhanovski], elegidos por el II Congreso del partido al Comité Central, y los otros camaradas que éstos habían cooptado) debía aplicar la línea política del Congreso, que fue lo que se hizo al principio. La redacción del Órgano Central del partido –a causa del paso de Plejánov a los mencheviques, después de la designación de los antiguos redactores de la *Iskra*, no elegidos por el Congreso, y la salida de Lenin de la redacción– cayó en manos de los mencheviques. En cuanto al Consejo del partido, que se componía de dos miembros del Comité Central, dos miembros de la redacción de la *Iskra* y un quinto (Plejánov) elegido por el Congreso, resultó igualmente menchevique.

Después del II Congreso, todos los Comités y grupos socialdemócratas se fusionaron en una sola organización en las ciudades de la Rusia Central. Todas las organizaciones adoptaron por unanimidad las resoluciones votadas por el Congreso. En Rusia Central casi todas las organizaciones pasaron a los bolcheviques; en el Sur y en el Cáucaso, las organizaciones aprobaron la posición de la minoría [menchevique] del Congreso.

El centro berlinés de expedición de literatura revolucionaria del partido quedó, después del Congreso, en lo que era antes, con la diferencia que ya no estaban subordinados a la redacción de la *Iskra*, sino al Comité Central de Rusia. A la cabeza del centro berlinés (se puede decir alemán), en la práctica, estaba yo solo. En resumen, el centro de expedición continuaba funcionando como en el pasado. Solo que la *Iskra* que yo debía mandar a Rusia no era por su contenido la de antes del Congreso, sino una *Iskra* de nueva clase. Ya no era la temible campana que tocando a rebato unía todos los elementos revolucionarios bajo la bandera del POSDR, sino un periódico corriente que no se diferenciaba gran cosa por su contenido de los órganos ilegales que existían antes y durante la aparición de la *Iskra* en su primera fase.

Poco a poco, la posición del Comité Central ruso fue clara. Después de las detenciones ejecutadas entre los miembros del Comité Central y la designación por los que quedaban en libertad de nuevos camaradas al Comité Central (los camaradas designados fueron: Krasin [Nikítich], Liubímov [Mark], Zemliachka, Rosenberg [Zver], Koniaguin [Galperin], Kárpov, etc.), este último adoptó una posición conciliadora respecto a los mencheviques y hostil a los bolcheviques (es decir, a las organizaciones que en Rusia y en el extranjero se pronunciaron en favor de las resoluciones del II Congreso). Tal es la suerte fatal de todos los conciliadores que quieren a la vez complacer a unos y a otros. El Comité Central en Rusia quería reconciliar a bolcheviques y mencheviques, pero en la práctica tomó partido por éstos. Sin embargo, debo decir que ciertos miembros del Comité Central (Zemliachka y aun otro) presentaron su dimisión, no pudiendo aprobar la posición de éste. Para representarlo en el extranjero, el Comité Central designó a Noskov que, regresando a Rusia, dejó en su puesto a Surtuk (Kopp). Los dos quisieron hacerse los censores de los artículos y de los folletos de los partidarios de la mayoría. Noskov me impuso un adjunto para trabajar conmigo en el centro de expedición, con idea de que pudiese reemplazar al bolchevique «duro»[20] que era yo, pero no tuvo resultado: el «adjunto» no tardó en convencerse de que no conseguiría poner mano sobre el aparato de enlace del centro de expedición alemán, y se fue.

El conciliacionismo del Comité Central, que no encontró simpatía en Rusia, obtuvo en el extranjero el completo apoyo de los grupos estudiantiles del partido. Antes de que el Comité Central hubiese pasado prácticamente a la minoría, había en el extranjero, por así decirlo, en cada ciudad, incluida Berlín, grupos de apoyo en la corriente mayoritaria y minoritaria. El grupo de apoyo berlinés de la mayoría del partido se entendía, en julio-agosto de 1904, con el grupo de mencheviques para unificar los dos grupos. Esto ocurría en el momento en que los estudiantes miembros del grupo se iban de vacaciones. En la asamblea que se decidió esta unificación, el camarada [Vladímir] Gorin –enfermo– y yo (que estaba ese día muy ocupado) estábamos ausentes. Cuando conocimos la decisión de unificarse con los mencheviques, Gorin y yo exigimos que el grupo fuese convocado de nuevo para revisar esta decisión. En lugar de esto, fuimos invitados a asistir a una reunión común de los dos grupos. Habiendo asistido, exigimos que los mencheviques presentes se retirasen, cosa que se hizo. Pero fue inútil querer demostrar a la mayoría del grupo que los Comités del partido eran en su mayor parte opuestos a la redacción de la *Iskra* y al Comité Central conciliador; por tres votos contra dos fue adoptada la decisión de unirse con el grupo menchevique. Nosotros nos retiramos. Por el momento no conseguimos organizar un grupo de apoyo de la mayoría, porque prácticamente estaba yo solo (Gorin padecía una enfermedad nerviosa).

---

20 En el momento del II Congreso de Londres, la redacción de la *Iskra* se dividía en «duros» y «blandos». Lenin estaba a la cabeza de los «duros», Mártov a la cabeza de los «blandos».

Para que pudiésemos conservar la sucesión del grupo de la mayoría, que se unió con los mencheviques, hubiera sido necesario que fuésemos tres por lo menos, y no éramos más que dos. Por último, me enteré de que dos camaradas bolcheviques seguían sus estudios en Berlín: el búlgaro Abramov, que pertenecía a los «estrechos»[21], y el camarada [Stepan] Schaumian. Los busqué, y habiéndolos encontrado, conseguí con gran dificultad convencerlos de que se afiliasen al grupo. De esta manera, ya éramos cuatro, pero en el trabajo ellos no podían secundarnos. En otoño volvieron los estudiantes y estudiantas que antes de su marcha habían formado parte de nuestro grupo o que simpatizaban con él. El grupo fue fuerte y enérgico. Hizo mucho por los bolcheviques después del 9 de enero de 1905. El provocador Zhitomirski también era miembro del grupo de apoyo berlinés de la mayoría del partido, antes de la unificación de los dos grupos. A su regreso a Berlín, después de las vacaciones, tardó bastante el decidirse por uno de los dos grupos. Aparentemente esperaba las instrucciones de la Ojrana.

Al final, se afilió a nuestro grupo. Desde aquella época la Ojrana comprendió que los bolcheviques eran y serían en el porvenir más peligrosos para el absolutismo que los mencheviques. De ahí que ella enviase estos soplones a los bolcheviques. Cuando nuestro grupo tuvo fuerza, nos enteramos de que el grupo unificado hacía imprimir una proclama dirigida a los estudiantes y los centros políticos rusos de Berlín respecto al gran acontecimiento: la unificación de los dos grupos de Berlín. El mismo día imprimimos una respuesta en la cual desmentíamos esta unificación, al mismo tiempo que explicábamos a los estudiantes, en todo lo posible, lo que pasaba en el partido. Esta proclama fue redactada o quizá simplemente revisada por el camarada [Serguéi] Gúsev,

---

[21] Fracción de izquierda del Partido Obrero Social-Demócrata de Bulgaria. Esta fracción aprobaba el punto de vista de los bolcheviques rusos, en tanto que los «amplios» apoyaban a los mencheviques.

que en aquella época pasó algunos días en Berlín antes de regresar a Rusia. Distribuimos esta proclama el mismo día que el grupo unificado distribuía la suya, en la misma reunión de la colonia rusa. Causó furor y aumentó nuestro prestigio en los sin partido de la colonia rusa. En general, la lucha entre los grupos de apoyo berlinés de las dos fracciones del POSDR fue muy violenta. Pero nuestro grupo, más organizado y más enérgico, salió vencedor en esta lucha.

Después del paso de una parte de sus miembros a los mencheviques, durante el período conciliador de 1904, el grupo de apoyo bolchevique comprendía a los camaradas Gorin, Schaumian, Abramov, Liádov, Liádova, Pozner, Anna Nezhéntsova, Kviatkovski, Zhitomirski, Tarásov, Lévinson, Galina, Lemberk y yo.

Además, fue constituido, próximo al grupo, un subgrupo, compuesto sobre todo de estudiantes y estudiantas, del que formaban parte los camaradas S. Itin, Nikolski, Kataúrov, Anna Milman, Lydia Feidberg, Marshak, Brichkina, Neusijín y otros, que estaban en relación con los centros rusos de Berlín.

A mediados de verano de 1904 hubo una pequeña detención en la expedición de literatura revolucionaria. Desde Berlín enviábamos los paquetes de literatura en cajones dirigidos a Martens, zapatero de Tilsit, como artículos de zapatería. Un día la policía prusiana abrió una de las cajas y en lugar de las mercancías mencionadas en las facturas encontró nuestra literatura. Se registró la casa de Martens, por lo que lo inculparon con algunos más. Los diarios burgueses empezaron a atacar a los rusos; el *Vörwarts* y los socialdemócratas alemanes acusaban a éstos de sostener a los anarquistas rusos. Un buen día la administración de *Vörwarts* me invitó a marcharme con mi depósito de literatura que, como ya he dicho, se encontraba en un sótano. Cuando pregunté: «¿Dónde meto esa literatura?», se me respondió que eso era mi problema, pero que la administración no podía prestarme el más pequeño socorro por temor a un registro. Pedí ayuda al finado Singer; pero también él me respondió que en tanto no se supiese cómo procedería la justicia en este asunto, no se me podía ayudar. Viendo esto, me dirigí a Karl Liebknecht, quien me dio una carta dirigida a un socialdemócrata, dueño de una casa. Allí alquilé un pequeño piso e instalé mi depósito.

Conseguí procurarme direcciones en donde yo pudiese recibir la literatura que se me enviaba de Ginebra. Después salía para Tilsit. Con el concurso de Martens, allí encontré rápidamente un jefe de servicio en una gran imprenta, a quien pudimos desde entonces expedir la literatura abiertamente. Tengo que decir que Martens fue perseguido y tuvo, comparado con la administración del *Vörwarts*, una actitud digna de elogio. Y aun después de ser condenado de tres a seis meses de prisión no dejó de colaborar con nosotros.[22]

De este modo, la interrupción en la expedición de la literatura fue rápidamente superada, y esta vez no volvió a depender nuestra organización de la buena disposición de los dirigentes del *Vörwarts*.

En otoño fui llamado a Ginebra por Nadezhda Krúpskaya. Los centros que estaban dentro del terreno de las resoluciones de la mayoría del II Congreso preveían la necesidad de tener un órgano propio, ya que desde ese momento era evidente que el Comité Central no aplicaba las resoluciones del Congreso, que no se apoyaba en la mayoría de los comités del partido, y el periódico (la *Iskra* de nuevo cuño [menchevique]) se separaba de los bolcheviques no solamente en la cuestión de organización, sino

---

[22] El caso fue juzgado en Königsberg en julio de 1904. El gobierno prusiano esperaba hacer de él un juicio importante, pero resultó ser un juicio contra el gobierno. El acusado fue defendido por Liebknecht y, creo, Kurt Rosenfeld. En el juicio pudieron probar que los fiscales habían usado testimonios falsificados y, como consecuencia, se habían comprometido enormemente a ellos mismos ante los ojos del proletariado y de la «Sociedad». Esto, por supuesto, no impidió a los jueces prusianos condenar al acusado, pero la sentencia fue muy leve; de hecho, muy poco prusiana.

en las cuestiones de táctica. Por todo eso, era claro que en estas condiciones no se podía dejar a la *Iskra* ejercer una influencia exclusiva sobre los comités locales.

Algunos días después de mi llegada a Ginebra se convocó a una asamblea de bolcheviques. Lenin hizo una exposición de la situación en el partido y en el país, y dedujo la necesidad de hacer salir un diario bolchevique. El estado de espíritu de los presentes, aunque afectados por la perspectiva de una escisión, no era menos resuelto o decidido. Cada uno se daba cuenta de que la publicación de un periódico de fracción podía arrastrar a la escisión del partido, pero no había otra salida. No hubo grandes debates ni grandes objeciones. El camarada Rogan, llegado de Rusia, fue el único en proponerla. Así, la proposición de publicar un periódico fue adoptada, y poco después aparecía nuestro órgano bolchevique, *Vperiod*, que vio la luz el día anterior al III Congreso del partido.

Me dediqué enérgicamente a expedir el nuevo órgano a Rusia. Y, como los camaradas que se ocupaban de este trabajo en Rusia eran partidarios de los bolcheviques, el periódico tuvo una difusión completa en todo el país. Ya antes de la aparición del órgano de la mayoría, *Vperiod* (el primer número apareció el 22 de diciembre de 1904, según el viejo calendario), los bolcheviques habían publicado varios folletos sobre las divergencias con los mencheviques: *Un paso adelante, dos pasos atrás*, N. Lenin; *La lucha por el Congreso*, de Shákova (Malilin [Tsetsilia Bobróvskaya]); *El Consejo contra el Partido*, de Orlovski (Voróvski); *Abajo el Bonapartismo*, de Galerka (Olminski), y otros. Expedí todas estas publicaciones a Rusia al mismo tiempo que la nueva *Iskra*, folletos tratando del programa, de la táctica del movimiento obrero internacional, las obras de Marx, de Engels, de Kautsky, traducidas al ruso, y folletos sobre el movimiento obrero ruso.

Después de la aparición de nuestro órgano *Vperiod* y el buró de los Comités de la mayoría para la convocatoria del III Congreso, cesé de expedir a Rusia la nueva *Iskra*. En aquel momento me habían llegado noticias del Comité Central de Rusia de que la mayor parte de los Comités del partido estaban contra el Comité Central, la *Iskra* y el Consejo del partido, y por la convocatoria del III Congreso. Yo había recibido, para descifrarla, una carta, dirigida a Glébov-Noskov, que contenía estas noticias. Envié el duplicado de la carta a Noskov y el original a Lenin. Esta carta fue insertada en la publicación *Declaración y documentos sobre la ruptura de los organismos centrales con el partido*, publicada por Lenin el 23 de diciembre de 1904.

Como la organización del transporte de la literatura estaba en Rusia en manos de los partidarios de la mayoría (en la región de Riga este trabajo estaba controlado por el camarada Papacha: [Litvínov]), mientras que el centro de expedición alemán no vivía en aquella época sino gracias a los subsidios que procuraba el grupo de apoyo berlinés, la suspensión de la expedición de la nueva *Iskra* estaba perfectamente legitimada desde el punto de vista de partido; es más, el movimiento revolucionario no sufría perjuicio.

El trabajo se hacía con más energía y rapidez que anteriormente: en el presente expedíamos a Rusia nuestro órgano, que daba respuestas claras y netas a todas las cuestiones que surgían en la vida. Y la vida estaba en plena acción. Estábamos entonces en el período de huelgas que precedió al Domingo Sangriento.[23] Tan pronto recibíamos un nuevo número de *Vperiod*, lo expedíamos a todos los rincones de Rusia por correo, bajo sobre (cortábamos los márgenes del periódico para que pesase menos, se metía en la prensa para que fuese más duro y menos holgado, se imprimía en un papel muy fino), lo intercalábamos en los cuadros, en la encuadernación de los libros, revestíamos a los

---

[23] El domingo 9 (22) de enero, los trabajadores de San Petersburgo, dirigidos por el cura Gapón, se dirigieron hacia el Palacio de Invierno para entregar una petición al zar. Las tropas situadas delante del Palacio hicieron juego sobre la muchedumbre. Esta carnicería de los manifestantes pacíficos y sin defensa provocó en toda Rusia una explosión de horror.

camaradas que se dirigían a Rusia y, en fin, lo hacíamos pasar a través de la frontera en grandes cantidades.

La literatura revolucionaria llegaba a los Comités del partido, y por ellos a los obreros de las fábricas. Así continuó el trabajo hasta el 9 (22) de enero de 1905.

Temprano, en la mañana del 23 de enero (nuevo calendario), en el tranvía, leí en los periódicos alemanes la noticia anunciando el asesinato de los obreros de Petersburgo. Un gran sentimiento de odio y repugnancia contra el régimen zarista me sublevó el corazón. Casi todos los rusos que habitaban en Berlín fueron presa de una agitación y de una emoción indescriptible. Los estudiantes y estudiantas de las escuelas de Berlín organizaron inmediatamente un mitin. Se llevó a la picota a los verdugos zaristas, se acordó la resolución por la cual los oyentes se comprometían a dirigirse a Rusia para luchar contra el absolutismo.

El mismo día 10 (23) de enero se reunió nuestro grupo bolchevique. Importaba saber cómo debía obrar el grupo en vista de los acontecimientos del 9 de enero. Se decidió publicar una proclama, dirigida a los rusos que habitaban en Berlín, para explicarles la significación de los fusilamientos de enero, y de reunir fondos para la revolución rusa, pasando por los cafés que frecuentaban los rusos y organizando mítines de pago.

Cosa asombrosa: al contrario de lo que sucediera al día siguiente del pogromo de Kichinev[24], ni un ruso estaba abatido moralmente. Por el contrario, la moral de los rusos, aun la de aquellos políticos indiferentes, era buena y elevada. Todo el mundo se dio cuenta de que el 9 de enero sería la señal de la lucha victoriosa. Nuestros mítines, a los cuales asistieron muchos alemanes, fueron muy animados.

---

[24] Un ataque al barrio judío de Kichinev en 1903, instigado por la policía zarista y llevado a cabo por los Cien Negros [o Centurias Negras], en el que un gran número de hombres, mujeres y niños judíos fueron brutalmente linchados hasta la muerte y mutilados.

En pocos días nuestro grupo recaudó importantes sumas. El dinero llegaba de todos lados, aun de los mismos centros alemanes. Los camaradas que andaban por los cafés me contaban que no solamente los rusos, sino los alemanes, los ingleses, los escandinavos, los americanos daban su óbolo de todo corazón. Los fondos recaudados llegaron al punto designado. De Ginebra y de otros sitios afluyeron rusos; los emigrados voluntariamente regresaban a Rusia. A cada uno el centro bolchevique asignaba su tarea. En el espacio de un mes, de sesenta a setenta camaradas pasaron por mis manos. Fue necesario darle a cada uno subsidios para el camino, vestirlos más o menos correctamente y ponerlos en contacto con las organizaciones rusas.

Excuso decir que cada camarada que salía para Rusia llevaba consigo en las «corazas», hoy maletas de doble fondo, literatura revolucionaria.

Las organizaciones del partido se reanimaron. Reclamaron con más frecuencia, con mucha más insistencia, literatura. Aunque el trabajo aumentó considerablemente, todo iba sobre ruedas.

Durante estas semanas agitadas de enero, Karl Kautsky convocó en su casa a los representantes de los grupos socialdemócratas de Berlín. Fueron convocados los bolcheviques, los mencheviques, el Bund, los socialdemócratas polacos y lituanos y los letones. Nuestro grupo me designó para representarlo, junto a Abramov; los mencheviques delegaron a Surtuk (Kopp). No recuerdo quiénes representaban los otros grupos.

Antes de empezar la reunión, Karl Kautsky me llamó a su despacho y me dijo que el Comité Central del SPD se había dirigido a los bolcheviques y mencheviques proponiéndoles confiar el arreglo de sus divergencias y de sus conflictos a una comisión arbitral. Por los términos de esta proposición, el tercer árbitro debía ser designado por el Comité Central alemán (este último había designado a August Bebel, entonces presidente del SPD). Kautsky se quejaba de que Lenin hubiese rehusado el arbitraje, por más que las tentativas de rehacer una unión actualmente tan necesaria eran desmedidas y sin resultado. Kautsky echaba fuego contra Lenin a causa de su negativa a comparecer con los mencheviques ante una comisión arbitral. Le dije a Kautsky que esta cuestión no era sólo de la competencia de Lenin, sino de todo el partido y que, si Lenin hubiese aceptado presentarse ante una comisión de arbitraje, se hubiera quedado solo; la inmensa mayoría de las organizaciones locales del partido en Rusia estaban en contra de los mencheviques, contra la *Iskra*, contra el Consejo del partido y, por lo tanto, contra el Comité Central conciliador. Le indiqué que existía hacía tiempo un profundo desacuerdo, no solamente sobre las cuestiones de organización, sino también sobre las de táctica, y que la mayor parte de los comités rusos eran partidarios de la convocatoria del III Congreso del partido, el único que podía resolver la cuestión de los asuntos que dividían nuestro partido.

Kautsky terminó diciendo que, al rehusar aceptar la mediación del Comité Central alemán, los bolcheviques habíamos perdido mucho, y todo por culpa de Lenin, ya que, si no fuese por su obstinación, el POSDR hubiera recuperado su unidad. A mediados de verano, cuando ya había tenido lugar el III Congreso de nuestro partido, me encontré en Königsberg, en casa de un militante del SPD, el abogado Haase (que fue, después de la muerte de Bebel, uno de los dos presidentes del Comité Central de este partido). Me contó que el Comité Central, al proponer la mediación, había dado por directriz a Bebel la de sostener el punto de vista de los bolcheviques, basándose simplemente en el hecho de que los bolcheviques habían tenido la mayoría en el II Congreso del partido. Después de las confidencias de Haase fue cuando yo comprendí la última frase de Kautsky, a saber: que los bolcheviques habíamos perdido mucho rehusando el arbitraje.

Terminada nuestra entrevista, Kautsky abrió la sesión. Anunció que se habían hecho tentativas para restablecer la unidad de los socialdemócratas rusos, pero que desgraciadamente habían fracasado. Ante este resultado, proponía formar la unidad de todos los grupos socialdemócratas rusos de Berlín. Pero ni uno solo de los cinco grupos aceptó esta proposición. Por mi parte, declaré que nos negábamos a formar esta unidad en tanto que el organismo central competente del partido hubiera tomado una decisión respecto a este punto. En cuanto a aceptar una acción común permanente de todos los grupos de la colonia rusa, no podíamos, a causa de las profundas divergencias que teníamos con los mencheviques y los partidarios del Bund. Sin embargo, añadí, yo no podía oponerme a que los grupos examinen conjuntamente la posibilidad de una acción común de todos los grupos socialdemócratas de Berlín antes de toda manifestación. Bien entendido, la reunión se terminó sin resultado. Antes de levantar la sesión, Kautsky nos informó de que el Comité Central había resuelto repartir y remitirnos, como delegados de nuestras organizaciones centrales, las cantidades que la prensa socialdemócrata había recaudado para la revolución rusa y los fondos que el SPD había decidido adjudicamos para este fin. No me acuerdo del alcance de la suma ni de la manera como fue repartida entre las cinco fracciones del movimiento socialdemócrata ruso (el Bund, los socialdemócratas polacos y lituanos, los letones, los mencheviques y los bolcheviques), pero sí me acuerdo muy bien que nosotros recibimos una parte de estos fondos.

En marzo o abril de 1905 llegaron a Berlín los camaradas Bur (A. Essen) e Insarova «Mish» [«Ratona»] (Praskovia Lalayants), delegados del Comité de Organización para la convocatoria del III Congreso del Partido (este Comité se componía de delegados del buró de los Comités de la mayoría y de delegados del Comité Central del partido). Tenían el encargo de preparar en el extranjero la organización del III Congreso del partido. Hacía tiempo que yo había tomado las disposiciones necesarias para asegurar el paso por la frontera de los delegados. El Comité de Organización también tenía las direcciones para enviar las cartas y el dinero a Berlín. No quedaba más que encontrar un escondrijo para los delegados que iban a llegar y designar el país y la ciudad donde se celebraría el Congreso.

Cuando los delegados del III Congreso empezaron a llegar, se redobló la vigilancia que se ejercía en los alrededores de la casa en que yo vivía. Sólo había algunos camaradas que conociesen mi dirección. Ello me obligaba a que cada mañana, antes de dirigirme al sitio secreto donde se debían presentar los delegados del Congreso, yo tuviese que hacer toda clase de escamoteos para desembarazarme de los espías. Lo conseguía fácilmente, ya que yo conocía bien Berlín. Por otra parte, eran verdaderos zopencos fáciles de reconocer por su manera de andar torpe y sus ojos inquietos. Algunos días después, ciertos individuos se presentaron en casa de la dueña del piso donde yo tenía mi habitación, y le pidieron informes sobre mí. La policía prusiana también entró en la partida y fui constantemente llamado a la comisaría. Se me preguntó cuáles eran mis ocupaciones y mis medios de vida. Para desembarazarme de la policía tuve que hacer un certificado acreditativo de trabajar en casa de un dentista socialdemócrata, mediante pago.

Una mañana recibí, del miembro del Comité de Organización «Papacha» (Litvínov), un neumático, en que me daba una cita para el mismo día, a las dos de la tarde, en un restaurante.

Con el fin de desembarazarme más rápida y seguramente de los detectives, fui a recoger a un camarada y juntos nos dirigimos a la Galería Nacional de pintura. Cuando salimos me fijé en un individuo alto que se ocultaba detrás de un árbol y que nos espiaba atentamente. Mi camarada y yo tomamos la avenida de los Tilos; pero el tipo venía ya en nuestra persecución. En cuanto llegamos al jardín zoológico subimos en el primer tranvía que llegó; pero el tipo subió en marcha sobre la plataforma delantera. Aproveché la ocasión en que pagaba su billete para saltar del tranvía a toda velocidad, y eché a correr todo lo que permitían mis piernas recorriendo las calles menos frecuentadas. Estaba convencido de haberme desembarazado de mi hombre, pero me engañaba; viéndome saltar del tranvía, me había seguido, sus piernas habían resultado tan ágiles como las mías, y no tardó en alcanzarme o ir a mi lado. El agente era mucho más alto que yo e iba a mi lado como si fuese mi mejor amigo, y no cesaba de mirarme atentamente y de burlarse...; continué marchando aprisa, pero él no me dejaba ni un segundo. Al ver esto resolví entrar en el restaurante. Pero él me siguió. Por último, decidí, aunque estuviese muy lejos, ir a casa de mi dentista. Todo el largo del camino le tuve conmigo. Hube de explotar de rabia. Me acompañó hasta la misma casa del dentista; al llegar conté a éste la astucia del agente y le pedí que me ayudase a salir del apuro, puesto que ese día tenía muchas cosas que hacer. Del patio vecino salí a una puerta de escape, por donde pude salir y dirigirme libremente adonde yo debía ir; pero llegué demasiado tarde a la cita que tenía con «Papacha». Yo me había paseado con mi agente hasta las cinco de la tarde.

Avanzada la noche, conseguí dar con «Papacha». Me enteré de que a una de mis direcciones habían enviado de Petersburgo una gran cantidad de dinero para organizar el Congreso, y sin mí era imposible recogerla.

Como era del todo necesario preparar el regreso de los delegados a Rusia, y como en vista de la persecución de que yo era objeto era imposible proceder sin ser descubierto, se decidió que yo fuera a Ginebra, y que de allí regresara a Berlín o a otra ciudad alemana. Aun hoy estoy viendo aquel rostro amarillo mirarme y burlarse insolentemente...

Al III Congreso del partido casi todas las organizaciones locales de Rusia enviaron sus delegados. Varios Comités del partido, principalmente los Comités de las ciudades del Sur y el grupo menchevique de Moscú, que existía paralelamente al grupo bolchevique, pasaron a la minoría del II Congreso. En el III Congreso se reunieron separadamente y legalizaron así la escisión del POSDR.

Basta echar una ojeada sobre las resoluciones del III Congreso del partido y las resoluciones de las Conferencias mencheviques, que fueron realizadas al mismo tiempo sobre las mismas cuestiones, para ver que entre los bolcheviques, es decir, la aplastante mayoría del partido, y los mencheviques, que ya en aquella época eran una ínfima minoría, había grandes desacuerdos de principio sobre cuestiones como el papel del proletariado, de la burguesía liberal y de los campesinos en la revolución democrática, el gobierno provisional revolucionario, la insurrección armada, etcétera. (Las resoluciones del III Congreso y de la Conferencia menchevique de 1905 son analizadas por Lenin en el folleto *Dos tácticas de la socialdemocracia en la revolución democrática*.)

Antes de terminar el III Congreso me dirigí de Ginebra a Leipzig, desde donde pasé los delegados del Congreso a Rusia. Después regresé a Berlín.

Después del Congreso, los bolcheviques partidarios de la reconciliación del partido, afiliados a los grupos de apoyo mencheviques, se unieron con los bolcheviques. En general, nuestros grupos de apoyo bolchevique del partido que funcionaban en el extranjero estaban en esta época en plena actividad. Muchos de sus adheridos se dirigieron a Rusia para actuar. Yo también me dispuse a hacer mis preparativos de regreso.

Durante mi estancia en Leipzig, Krasin (Nikítich), que venía de Berlín, se detuvo. El Comité Central le había confiado la dirección de los asuntos técnicos del partido en Rusia. Varios bolcheviques conciliadores, con Surtuk a la cabeza (Kopp), se presentaron a él y le propusieron, en calidad de grupo autónomo, encargarse de la expedición de nuestra literatura a Rusia mediante ciertas condiciones (antes del Congreso, Krasin formaba parte del Comité Central conciliador; por eso ignoraba completamente en qué estado se encontraba nuestra organización técnica en el extranjero), estipulando principalmente que nosotros debíamos entregar al centro de expedición autónoma nuestra red de enlace. El acuerdo había sido firmado cuando yo regresé a Berlín. Yo estaba indignado. Krasin, no estando en el extranjero, dirigió una protesta al Comité Central, que anuló el acuerdo.

En previsión de mi próxima salida para Rusia, me dediqué a transmitir las instrucciones que yo seguía en Berlín a Zhitomirski y al camarada Guétsov (en esta época era estudiante: hoy es director de la cuenca minera de Moscú) y a enseñarles la manera de empaquetar la literatura y de confeccionar las «corazas». Mientras, noté que una activa vigilancia se ejercía sobre mí. Decidí no salir de casa antes de haber transmitido todo. Pasaron cinco días antes de que yo estuviese preparado para dejar Alemania.

Un día, al abrir la ventana del cuarto en que yo habitaba provisionalmente, vi con gran espanto mío al mismo agente que me había obligado antes del Congreso a dejar Berlín; me pregunté entonces cómo este policía habría podido encontrar mi dirección. Sólo la conocía Zhitomirski. No obstante, los organismos del partido en el extranjero, lo mismo que yo, teníamos en él absoluta confianza. La víspera de mi salida para Rusia, Zhitomirski llevó a mi casa al camarada M. Liádov, por más que yo estuviese vigilado y que Liádov no tuviese derecho a residir en Prusia, de donde había sido expulsado.

Liádov consiguió escapar sin incidentes después de haber pasado la noche en mi casa. También yo conseguí salir de mi habitación; después, de Berlín y de Alemania. Pasé la frontera por Ostrołęka, por donde yo había hecho pasar muchos camaradas. A mediados de julio desembarqué en Odesa, de acuerdo con las instrucciones que me había dado el Comité Central, designado por el III Congreso del partido.

IV

Mi acción revolucionaria en Odesa.
Detención y prisión
(1905-1906)

Llegué a Odesa después de las jornadas del [Acorazado] Potemkin. Las organizaciones de todos los partidos, incluida la nuestra, habían sufrido mucho y se encontraban muy debilitadas a causa de las detenciones y de la salida de muchos militantes, que habían tenido que dejar Odesa.

Desde el sitio secreto adonde yo había ido a presentarme fui directamente a la reunión del Comité del partido de Odesa. Me enteré de que el Comité Central había informado al Comité de Odesa de mi llegada, y este último me había encuadrado sin esperarme, al mismo tiempo que me designó como organizador del sector urbano.

A la reunión del Comité asistían los camaradas Gúsev (hoy secretario de la Comisión Central de Control del Partido Comunista de la U.R.S.S.), Kirill (Pravdin), comisario del pueblo adjunto al Comisariado de Vías y Comunicaciones; Daniel (Shotman), actualmente miembro de la Comisión Central de Control, y Shapoválov, miembro también de la Comisión Central de Control; este último, algunos días después de mi llegada, dejó Odesa.

Las funciones en el Comité del partido estaban distribuidas de la manera siguiente: Gúsev, secretario (estaba en contacto con la organización de estudiantes bolcheviques y la sección técnica de la Comisión de Organización); Kirill, organizador del sector del Peresypky; Daniel, organizador del sector de Dalnytski, y yo, organizador del sector urbano de Odesa. Así, de este modo, después de las jornadas de octubre de 1905, la organización bolchevique de Odesa comprendía tres sectores. El sector de Dalnytski tenía dos secciones: la sección del Fontán y la sección de la Estación; el organizador de esta última era el camarada Misha Vokzalny (M. Zembluiter), miembro del colegio del Comisariado del Pueblo de Asuntos Internos. Que yo recuerde, los otros dos sectores no tenían organizaciones constituidas. Algunos días después de mi llegada a Odesa, Anatol (Gotlober) fue igualmente asignado al Comité del partido y se le confió la dirección de la sección de agitación. El Comité quedó tal cual era hasta las jornadas que siguieron al 17 de octubre de 1905. Entré en relación estrecha, en este período, con los camaradas L. Knipovich (Diadenka), Natacha (Samóilova, militante activa, muerta recientemente), A. Samoilov, A. Axelrod (Sacha) y el camarada Víctor (ignoraba su nombre y no lo volví a ver).

En aquella época, en Odesa, como en toda Rusia, la organización del partido estaba basada en el principio de la designación en las fábricas y en los talleres. Los bolcheviques que allí militaban designaban los obreros y obreras que ellos juzgaban dignos, teniendo en cuenta su conciencia y sus afectos a la causa obrera. Los comités de sector de las grandes ciudades distribuían entre sus miembros la agrupación por secciones, las células de las diferentes partes del sector, y las organizaban allí donde no las había. Los organizadores de las secciones llevaban a los mejores elementos de las células a los comités de las secciones. Cuando la plaza de un miembro del Comité de sección vacaba a causa de la detención o de la partida de uno de los miembros del Comité, los restantes designaban otro de acuerdo con el Comité del sector. En cuanto a los comités de sector, estaban formados por los mejores elementos de los comités de sección. En fin, los comités de ciudad estaban constituidos por los grupos y células de una ciudad determinada, y debían estar admitidos por el Comité Central; todo lo más, los comités de la ciudad tenían el derecho de designar nuevos miembros. Cuando todo un Comité de ciudad era detenido, el Comité Central del partido designaba a alguien para el Comité, y él o los camaradas designados indicaban los camaradas que reunían las cualidades necesarias entre los militantes de los sectores hasta llegar al número necesario.

He creído útil detenerme sobre la estructura de nuestras organizaciones de entonces, porque un gran número de miembros de nuestro partido no han tomado parte de ellas y no está de más que sepan en qué consistían aquéllas.

Por otro lado, nuestros Partidos hermanos en el extranjero tienen bastante dificultad de encontrar formas adecuadas para edificar sus organizaciones locales en la ilegalidad. Bajo este aspecto, el conocimiento de nuestra antigua organización ilegal puede serles de cierta utilidad.

¿En qué consistía la organización del Comité de Odesa y en qué se traducía su actividad ante de las jornadas de octubre de 1905? El Comité tenía conductos secretos para comunicarse con el mundo exterior (con el Comité Central y el Órgano Central del partido, y con los Comités del partido de las ciudades vecinas: Nicolaiev, Jersón, etc.).

Los camaradas que llegaban a Odesa se presentaban al secretario del Comité de Odesa, Gúsev. Este camarada tenía todos los días, excepto en los que el Comité se reunía, su permanencia con nosotros: los miembros del Comité podíamos encontrarlo a horas fijas (las reuniones tenían lugar en los cafés, en los domicilios particulares, etc.). El Comité se reunía frecuentemente; una vez, al menos, por semana. Tenía sus reuniones en casa de particulares, con preferencia en las de los intelectuales que simpatizaban con nosotros. En las reuniones del Comité se examinaban las directrices del Comité Central, la situación política y la manera de llevar tal o cual campaña. Frecuentemente se disertaba sobre cuestiones relacionadas con la agitación y con la propaganda, lo mismo que la actitud a adoptar respecto a los otros partidos que existían en Odesa, y con los cuales el Comité de ésta estaba obligado a entrar en relaciones.

Las resoluciones que adoptaba el Comité de Odesa eran llevadas por los organizadores de sector ante el Comité del mismo, que examinaba esas resoluciones y los medios de ponerlas en práctica.

El Comité publicaba manifiestos cada vez que los acontecimientos políticos lo exigían (había en Odesa una imprenta clandestina del Comité Central, donde imprimíamos nuestros manifiestos), difundía la literatura revolucionaria que se recibía del Comité Central o del extranjero, enviaba oradores a las reuniones organizadas a las salidas de las fábricas o a los mítines, y designaba los dirigentes de los grupos de estudio del sector. No recuerdo las cuestiones que fueron debatidas en la primera reunión del Comité, a la cual asistí el día de mi llegada a Odesa; sé que después de la reunión me puse en contacto con los camaradas del sector urbano y comencé la obra.

El Comité de sector funcionaba cuando yo llegué. Se componía de los camaradas Sapojnik (Volodia Movshóvich), hoy miembro de la Comisión de los Trust; Anna (Strizhénaya), costurera, a la que perdí de vista; el obrero del ramo de edificación Alexandre Katsap (Poliakov), que se averiguó después de la revolución de 1917 que estaba al servicio de la Ojrana desde 1911; Yákov (I. Shtulbaum); Pedro, un búlgaro cuyo nombre no recuerdo, empleado en la manufactura de tabacos; Popov, un obrero tipógrafo, y algunos camaradas más cuyo nombre no recuerdo. Cada miembro del Comité de sector estaba unido con los grupos y las células de su profesión, y por los miembros de los grupos y de las células estaba en contacto con las obreras y obreros de las ramas en que él trabajaba. De esta manera se realizaba la unión del

Comité de Odesa con los talleres. El organizador del sector unía el Comité de Odesa al Comité de sector; los miembros del Comité de sector estaban unidos a los grupos y a las células, cuyos miembros aplicaban las directrices del Comité de Odesa y del Comité de sector entre los obreros, y, en cambio, ponía al corriente al Comité de sector y al Comité de Odesa del estado de espíritu en las fábricas. Yo no puedo decir, ya que no trabajé con ellos, si los otros dos sectores estaban organizados de la misma manera, pero creo que sus formas de organización no diferían sensiblemente de las formas de organización del sector urbano. Este comprendía, sobre todo, grupos y células de pequeñas empresas: talleres de zapatería y confección, imprentas y oficinas de construcción, escritorios y almacenes, algunas manufacturas de tabacos (la más importante era la manufactura de Popov) y el depósito de té de Visotski.

El Comité de sector se reunía una vez al menos por semana, y a veces con más frecuencia. Todas las cuestiones eran objeto de una discusión minuciosa y profunda. Como organizador, debía frecuentar los grupos y las células del sector (como organizador del sector urbano, tenía una adjunta: S. Brichkina), pero yo consagré la mayor parte de mi atención al trabajo entre los obreros y obreras de las manufacturas de tabaco. Frecuentemente organizábamos reuniones que llegaban a tener de cincuenta a sesenta oyentes, ante los cuales yo tomaba la palabra sobre los temas más diversos.

Así fue y se desenvolvió el trabajo hasta mediados de septiembre. Todos los días establecíamos nuevos contactos con las ramas de industria que no habíamos tocado todavía.

En Odesa, los liberales se movían: tenían sesiones públicas en el Consejo Municipal, donde pronunciaban ruidosos discursos de oposición y organizaban banquetes donde se charlaba sin fin. Ya se respiraba más libremente. No recuerdo que se hubieran realizado detenciones desde mediados de septiembre en Odesa. En ciertos lugares, los mítines habían comenzado en las escuelas.

En Odesa, a mediados del verano de 1905, había, además del Comité bolchevique, el Comité de mencheviques, el del Bund, el de los socialistas-revolucionarios y de los *dashnaks*.[25] Al final de agosto o principios de septiembre se trató de celebrar una conferencia de representantes de los tres Comités: bolchevique, menchevique y bundista. No recuerdo exactamente cuál de los tres Comités fue el que propuso la celebración de esta reunión. Supongo que los organizadores no podían ser otros que los bundistas, ya que nuestras relaciones con los mencheviques estaban un poco enconadas. De tal modo que ni a ellos ni a nosotros nos era posible proponer una conferencia en común. La iniciativa procedía seguramente del Bund, que en la cuestión de organización estaba muy cerca de los mencheviques, pero que en muchas cuestiones tácticas se solidarizaba con nosotros. Nuestro Comité, después de haber deliberado, acordó participar en esta conferencia. Gúsev y yo fuimos designados delegados. El Comité redactó una serie de cuestiones que debían ser presentadas en la Conferencia (campaña de los *zemstvos*, elecciones a la Duma Bulíguin, etc.).

Que yo recuerde, sólo hubo una reunión de delegados de los tres Comités, que terminó sin resultado, habiendo querido los delegados del Bund que los tres Comités se pusieran de acuerdo para emprender prácticamente y en común tal o cual campaña, sobre la cual no hubiese divergencias, sin proceder a la discusión de cuestiones sobre las cuales estábamos en desacuerdo. Como en casi todas las cuestiones de táctica estábamos en desacuerdo

---

[25] Un partido armenio pequeñoburgués y nacional revolucionario. Fue organizado a principios del siglo XX y tenía como objetivo conquistar la independencia nacional de Armenia frente a Rusia y Turquía. Como el PSP, a fin de atraer a las masas, los *dashkans* usaban propaganda cuasisocialista. Más tarde se unieron a la II Internacional. Durante la monarquía zarista los *dashkans* eran aliados de los socialistas-revolucionarios; tras la Revolución de Octubre, los *dashkans* estuvieron en el poder de 1918 a 1920. Libraron la guerra contra turcos y georgianos. Una vez el gobierno soviético se estableció en Armenia los *dashkans* perdieron toda significación política.

con los mencheviques y nos combatíamos por todos lados, no podíamos aceptar el entregarnos automáticamente a una acción concertada sobre una cuestión cualquiera sin indicar las divergencias que nos separaban en las otras cuestiones. Sin embargo, esta tentativa de ponerse de acuerdo no fue letra muerta. Durante las jornadas de octubre [1905], no solamente los socialdemócratas, como se verá más adelante, sino todas las organizaciones revolucionarias obraron de acuerdo.

A fines de septiembre y a principios de octubre, los mítines empezaron en la universidad. Organizados primero por los estudiantes solos, no tardaron en transformarse poco a poco en mítines públicos y cotidianos. En apariencia, los mítines eran organizados por los estudiantes. Prácticamente, los oradores eran proporcionados por los partidos revolucionarios y socialistas. En estos mítines, además de los representantes de los partidos, tomaba la palabra quien quería. De ahí que tenía un aspecto bastante caótico. Me acuerdo de un incidente muy curioso: los partidarios del Bund exigían que se les dejase tomar la palabra en su idioma, ya que, según ellos, no había en el mitin obreras y obreros que no comprendiesen el yiddish. El presidente del mitin preguntó al auditorio quiénes comprendían el ruso y si había lugar para hablar en otro idioma. La inmensa mayoría del mitin se pronunció por que se hablase en ruso. Los partidarios del Bund se indignaron, so pretexto de que no se les trataba con igualdad respecto a los otros. Ante la insistencia de los representantes de los partidos socialistas presentes en el mitin, el auditorio consintió en escuchar a un orador en yiddish. Apenas había comenzado su discurso cuando nos dimos cuenta de que más de un 60% de las palabras que empleaba eran rusas. El auditorio se moría de risa con la confusión del orador, que tuvo que abandonar la tribuna.

Indico de pasada que los adeptos del Bund constituían sus organizaciones en Kiev, en Odesa, en Yekaterinoslav y en las otras ciudades rusas paralelamente a las organizaciones existentes del POSDR, aunque ellos se consideraban como una sección del partido. Uno de los motivos que invocaban para justificar su conducta era que en las ciudades citadas había obreros y obreras que no hablaban en ruso. ¡Singular motivo! ¡Como si los Comités locales del POSDR no pudieran militar igualmente los yiddish entre los obreros judíos!

La situación en Rusia era cada día más revolucionaria: en Petersburgo y en otras muchas ciudades de Rusia, Odesa incluida, estallaron sin cesar huelgas espontáneas pidiendo reivindicaciones de orden económico y político. Los sectores hacían llegar al Comité del partido las noticias que indicaban el estado de espíritu resuelto de los obreros. Los mítines de la universidad cada vez eran más agitados. Era fácil darse cuenta de que las masas buscaban métodos de lucha más revolucionarios que los mítines.

El 12 de octubre, el Comité bolchevique de Odesa examinó cuáles debían de ser estos métodos más activos de lucha: por unanimidad, el Comité decidió llamar al proletariado de Odesa a la huelga política bajo la divisa: «¡Abajo el absolutismo! ¡Que se convoque la Asamblea Constituyente!», y organizar el primer domingo de huelga una manifestación en la calle. El Comité invitó a todas las organizaciones revolucionarias a lanzar un común llamamiento a la huelga y a la manifestación. Los bundistas y los mencheviques aceptaron este ofrecimiento, pero no estuvieron de acuerdo sobre la fecha que nosotros queríamos fijar para declaración de huelga (proponíamos empezar la huelga en viernes), con el pretexto de que los obreros judíos, entre los cuales ellos militaban, eran pagados ese día, y que por esto ellos no responderían a nuestro llamamiento. Los mencheviques, que aprobaban los argumentos de los bundistas, agregaban a su vez que no era posible señalar la huelga para el sábado, día de pago para los obreros rusos. No recuerdo si los socialistas-revolucionarios estuvieron de acuerdo en empezar la huelga en sábado, y si las organizaciones revolucionarias citadas aprobaron la manifestación proyectada. El Comité bolchevique fijó la huelga para el sábado y la manifestación el domingo. Un manifiesto fue lanzado para anunciar la huelga; en cuanto a la manifestación, los obreros fueron informados en las fábricas, en los talleres y en los mítines. Más adelante hablaremos de la huelga y de la manifestación. Por el momento voy a detenerme en la forma en la cual las organizaciones del partido reaccionaron ante las decisiones del Comité relativas a la huelga y a la manifestación.

Enseguida, después de la reunión del Comité, convoqué al Comité del sector urbano. Las dos decisiones del Comité del partido –huelga y manifestación– fueron aprobadas; pero la cuestión de su ejecución dio lugar a interminables discusiones que se prolongaron durante seis horas. Es probable que estas discusiones no hubieran tenido fin tan pronto si los miembros del Comité de sector no se hubiesen dado cuenta, desde una ventana de la casa donde nos encontrábamos (la ventana daba sobre el patio de la comisaría de policía), de que los cosacos estaban preparados para intervenir, lo que indicaba que la calma estaba muy lejos de reinar en la ciudad. Cuando los miembros del Comité de sector empezaron a transmitir las instrucciones a los grupos y a las células, se enteraron de que en muchas empresas se había abandonado el trabajo en cuanto los obreros habían oído decir que la huelga estaba acordada, sin esperar a que se hubiese lanzado el llamamiento. Es una lástima que yo no pueda indicar en qué condiciones se procedió a la preparación de la huelga en los otros sectores. Solamente puedo decir que me sorprendió mucho que, después de la reunión del Comité de Odesa, corriendo a toda prisa por todo el sector, encontré a los organizadores de los otros dos sectores –los camaradas Kirill y Daniel–; y que, al preguntarles adónde iban, me respondieron que se dirigían al Consejo Municipal. No creo que en su sector la organización hubiese funcionado tan bien que ella pudiese, en su ausencia, aplicar las órdenes del Comité de Odesa. Aparentemente, en su sector la unión con las masas era muy débil.

El Comité de Odesa decidió llamar a la huelga a todas las ramas de la industria, a excepción del servicio de agua, panadería y personal de los hospitales.

En qué medida las órdenes del Comité fueron cumplidas y con qué cohesión fue ejecutada la huelga es ahora difícil decirlo; pero es seguro que se hizo sentir sensiblemente, aunque el suministro eléctrico no se interrumpiese en ningún momento. En muchas fábricas no trabajadas por la propaganda, con las cuales el Comité del partido no tenía unión, los obreros abandonaron el trabajo sin necesidad de ser llamados a ello; los talleres de los ferrocarriles de Odesa cesaron en el trabajo, y la circulación de trenes fue interrumpida por orden del congreso panruso de ferroviarios, que tenía su residencia en Petersburgo.

La manifestación, como he dicho, fue fijada para el domingo (el último domingo que precedió al manifiesto del 17 de octubre). La reunión debía realizarse en las esquinas de las calles Deribásovskaya y Preobrazhénskaya, enfrente de la plaza pública. Este lugar había sido escogido por el hecho de que el domingo debían tener lugar mítines en todas las salas de la universidad, y que desde allí era posible dirigirse directamente al lugar de la manifestación de Jersón.

El Comité del partido me había designado para dirigir la manifestación. Había designado igualmente para todos los mítines camaradas que debían desde la apertura tomar la palabra y proponer al auditorio el unirse a la manifestación. No había sido todo mal organizado, y la manifestación que resultó fue relativamente imponente. Apenas habían comenzado a desfilar los manifestantes, lanzando gritos revolucionarios (no recuerdo si hubo una bandera roja y cánticos revolucionarios), los cosacos cargaron sobre ellos a latigazos.

Los manifestantes no estaban armados (en el Comité del partido, la cuestión de los armamentos de los obreros ni siquiera se había tratado). De tal modo que, para escapar de los cosacos, los manifestantes tuvieron que volcar los tranvías, arrancar los adoquines y utilizarlos como proyectiles. En ciertos sitios, las verjas de las plazas también fueron rotas.

Por grupos, los manifestantes se extendieron por todo el centro de la ciudad, invitando a todo el mundo a descender a la calle y deteniendo los coches. Esto duró varias horas. Que yo recuerde, no hubo disparos durante la manifestación; tampoco hubo manifestantes golpeados seriamente por los látigos de los cosacos. Por tanto, en algunos lugares los manifestantes habían hecho de los tranvías volcados barricadas que los cosacos tuvieron que tomar por asalto.

Todos los organizadores del sector nos dirigimos a la residencia secreta del partido, donde estaba Gúsev, y cada uno relató lo que había visto. Después me fui a la residencia del sector urbano. Como se encontraba al otro extremo de la ciudad, tuve que atravesar todo el centro de Odesa. En las calles continuaba reinando gran animación, y eran las cuatro o las cinco de la tarde y la manifestación se había terminado hacia la una. No obstante esta animación, no se veían en las calles ni policías ni cosacos. En el momento en que yo llegaba a la residencia, un pelotón de policías a caballo desembocó en la calle revólver en mano. De pronto el pelotón hizo alto, y sin motivo ni advertencia alguna hizo fuego a quemarropa sobre los grupos de habitantes que estaban en los dos lados de la calle, y desapareció enseguida con la misma rapidez.

Como nos enteramos a la tarde, cuando nos reunimos de nuevo en la residencia del partido, los fusilamientos como el que yo había sido testigo se habían reproducido en todos los barrios de la ciudad. En la reunión del Comité del partido, que tuvimos inmediatamente en la residencia, estábamos todos indignados por la agresión de los bandidos de la policía. Gúsev era el único que no decía palabra, ocupado como estaba en escribir sin levantar cabeza. Cuando todos hubieron terminado de cambiar sus informaciones, Gúsev nos dio lectura del manifiesto lacónico que acababa de redactar a propósito de la jornada, manifiesto que indicaba la necesidad de seguir la huelga e invitar a los obreros a procurarse armas, cualesquiera que ellas fuesen, ya que en lo sucesivo la lucha era a mano armada. El manifiesto fue aprobado por unanimidad. Enseguida se decidió prepararse para los funerales de las víctimas. Con este objeto, Gúsev y yo fuimos encargados de ponernos en relación con todas las organizaciones revolucionarias de Odesa. Los muertos y los heridos fueron transportados al hospital judío de la Moldavanca. A fin de que la policía no se apoderase de los muertos, un servicio de guardia fue organizado, con el concurso de los representantes de todas las organizaciones revolucionarias. Un comité de acción, compuesto de estos últimos, dispuso el programa de los funerales. Hasta el 17 de octubre, la muchedumbre obrera no cesó de desfilar por el hospital donde reposaban los muertos y los heridos. Durante ese tiempo, los mítines continuaban en la universidad. En la mañana del 17 de octubre regresaba yo del hospital judío y me dirigí hacia el centro de la ciudad. Mi estado de espíritu distaba mucho de estar alegre. De repente, la muchedumbre se desplegó por todos lados: había allí, confundidos, obreros, estudiantes, alumnos de los liceos, mujeres, gentes del pueblo, intelectuales y chiquillos. La cara de todos reflejaba la alegría y el contento. En alta voz se leía el manifiesto del 17 de octubre, que se distribuía en aquel instante. Por un lado y por otro, cánticos revolucionarios salían, sin acuerdo, de la muchedumbre. Las gentes del pueblo se congratulaban mutuamente con ocasión de las libertades otorgadas. Finalmente, banderas rojas aparecieron y los manifestantes se interrogaron para saber adónde debían ir: si a la cárcel o al Ayuntamiento. Declaro que yo me incliné por el Ayuntamiento; me acordaba de que, en París, los sublevados tenían como prioridad apoderarse del Hôtel de Ville; pero aun opinando en ese sentido, yo no creía en el manifiesto, que me daba la impresión de ser una jugada destinada a hacer salir de la sombra a los elementos revolucionarios de Rusia, a fin de poder mejor desembarazarse de ellos. La muchedumbre se dividió en dos partes: una, con banderas rojas a la cabeza, se dirigió hacia la prisión, mientras que la otra parte, a la cual yo me había unido (yo no sé cómo había en mis manos una bandera), se dirigió por las grandes arterias hacia el Ayuntamiento. Los manifestantes obligaban a los oficiales a descubrirse ante las banderas rojas. En el momento en que la manifestación pasaba por la calle Deribásovskaya, donde habitaba toda la aristocracia de Odesa, los balcones se cubrieron de tapices rojos, de pañuelos, mientras que en algunos lugares las músicas tocaban la Marsellesa (veinticuatro horas más tarde, en esos mismos balcones colgaban las banderas y los retratos zaristas y la música entonaba *Dios protege al zar*).

La bandera roja flotaba sobre el Ayuntamiento. En las cercanías, un mitin empezaba. Una muchedumbre considerable se apelotonaba allí. Hubo raudales de palabras. Ante un pelotón de cosacos, al pasar por las proximidades, la muchedumbre se dispersó en un abrir y cerrar de ojos. Quedé solo, por así decirlo, con la campanilla presidencial en la mano. Desaparecidos los cosacos, la muchedumbre regresó al mitin, que volvió a comenzar y duró hasta la tarde. Entré en el Ayuntamiento. En algunos lugares, los retratos del zar estaban tirados y destrozados. La muchedumbre iba por todos lados sin que nadie la dirigiese. Me encaminé a la sala de sesiones, donde actuaba una parte de los consejeros municipales. Estos discutían la organización de una milicia municipal, ya que la policía había desaparecido completamente de las calles. Pregunté a quiénes se iban a tomar como milicianos y si había armas en el Ayuntamiento; se me respondió que se trataba de invitar a los inquilinos, por mediación de los propietarios, a designar entre ellos a los milicianos no armados, y que una insignia les distinguiría de los otros ciudadanos.

Propuse proceder al armamento de los obreros por mediación de las organizaciones revolucionarias. Fui apoyado por algunas personas que allí se encontraban como yo, enviadas, sin duda, por las organizaciones revolucionarias, y por Gúsev, que acababa de llegar. Pero nuestros consejeros municipales declararon que ellos no tenían armas ni dinero para procurarlas. Además, agregaron que, después del manifiesto, era poco probable que pudiese haber necesidad de armar al proletariado.

A la caída de la tarde se extendió el rumor de que en la Moldavanca un pogromo acababa de estallar. Mientras, algunos camaradas del Comité del partido se habían reunido con nosotros en el Ayuntamiento. Decidimos convocar para la noche una asamblea general de miembros del partido, y me mandaron a averiguar qué pasaba en la Moldavanca.

Allí había un grupo de veinticinco o treinta jóvenes mocetones, entre los cuales se habían deslizado algunos policías de paisano, que detenían a todos los que –hombres, mujeres y niños– parecían judíos, los desnudaban y los golpeaban de una manera salvaje. Por lo demás, no sólo eran los judíos los golpeados: los estudiantes, los de los liceos y toda persona que tenía una fisonomía de intelectual que cayese en las manos de estos ganapanes, sufría la misma suerte. Los granujas actuaban en la calle Treugólnaya. A alguna distancia de allí estaban numerosos espectadores que miraban la escena. Enseguida organizamos un grupo de camaradas armados de revólveres (después de la manifestación, el Comité del partido había recibido un pequeño número de revólveres de reglamento, uno de los cuales se me había reservado), y habiéndonos aproximado a la banda, abrimos fuego. Los canallas emprendieron la fuga. Pero de repente, entre ellos y nosotros surgió un cordón de tropas vueltas hacia nosotros y sólidamente armadas. Nos alejamos, los soldados hicieron lo mismo y los canallas reaparecieron. Este juego se reprodujo varias veces. Estaba claro que aquellos miserables obraban de acuerdo con las autoridades militares.

Me dirigí a la asamblea de la organización de Odesa de nuestro partido. Ya había comenzado cuando yo llegué. La asamblea me causó una triste impresión. Sobre la sala de la universidad donde se celebraba la asamblea del partido caía una luz pálida. La moral de los camaradas presentes estaba muy abatida. Me llamó la atención la composición de la asamblea; había bastante gente, pero las mujeres me parecía que dominaban. Había muy pocos obreros. Creía entonces que la ausencia de los obreros era debida a que los miembros del partido no habían podido ser informados a tiempo, ya que la reunión había sido convocada a última hora; pero las asambleas siguientes –la nuestra, la de los mencheviques y la de los socialistas-revolucionarios– dieron un porcentaje relativamente grande de obreros; la influencia de todas las organizaciones revolucionarias de Odesa, sobre los obreros de las fábricas y manufacturas, por lo tanto, era grande, como debían demostrarlo las huelgas de octubre y noviembre.

El manifiesto de 17 de octubre y su significación fue comentado en la asamblea. Ante la noticia del pogromo, habiendo llegado a su conocimiento, la asamblea decidió dar, de acuerdo con todas las organizaciones revolucionarias, una respuesta por las armas a los linchadores y llamar a la población a ponerse en estado de defensa.

Se constituyó un comité de acción, en el cual participaron todas las organizaciones revolucionarias de Odesa. Además de nosotros, de los mencheviques, de los bundistas y de los socialistas-revolucionarios, estaban también –me parece– los representantes de los *dashnaks* y del Poalei Sion[26] o de los *serpistas*[27]. El comité de acción se constituyó permanentemente en la universidad.

---

26 Poalei Sion, uno de los grupos de la pequeña burguesía sionista judía fundado en 1905, que aspiraba a realizar la unión imposible del marxismo y sionismo. Después de la Revolución de Octubre se produjo una escisión entre el Poalei Sion, y una fracción de éste se adhirió al Partido Comunista de la U.R.S.S.

27 Este nombre se deriva de las iniciales S.E.R.P, que significa Partido Obrero Sionista Socialista. El S.E.R.P. hizo su aparición en 1905 como un grupo pequeñoburgués con tendencias socialistas-revolucionarias. Tuvo por *leader* al doctor Jitlovski. Después de la Revolución de Octubre, el S.E.R.P. adoptó la posición de los socialistas-revolucionarios de derecha.

Toda la noche del 18 y la mañana del 19 de octubre hubo un verdadero desfile en la universidad: unos llevaban armas de todas clases; otros dinero y objetos preciosos, con cuyo producto se podían comprar armas. Desde por la mañana se constituyeron grupos que fueron enviados contra los pogromistas.

Durante dos días y tres noches, unos cuantos grupos armados se enviaron sobre los lugares del pogromo, pero no pudieron hacer gran cosa, ya que en todos los sitios donde operaban, la policía, los cosacos, la caballería, la infantería y hasta la misma artillería los protegía. Así, en el sector de Dalnitskaya, los ferroviarios organizaron un fuerte grupo, que el 19 los desalojó con éxito, pero que tuvo que batirse en retirada con grandes pérdidas ante la tropa, que hacía uso de sus armas contra los revolucionarios armados. En algunos lugares, allí donde no había tropa, la autodefensa y los grupos armados operaban con éxito contra los linchadores y, frecuentemente, después de haber saqueado las armerías, llevaron las armas a la residencia del comité de acción. Por parte de los grupos de autodefensa hubo muchas víctimas, sin hablar de las víctimas de la población judía.

Debo hacer constar el heroísmo de un grupo de estudiantes de la Escuela Naval, que sufrió grandes pérdidas en los combates que libró con los pogromistas.

Al segundo día de pogromo se vio claro que la lucha armada empezada por el comité de acción no daba resultados suficientes, ya que daría lugar, de continuar, a exponerse a grandes pérdidas. La lucha organizada fue detenida, y los grupos armados reunidos en la universidad; pero, en ciertos lugares, los grupos que no habían regresado, lo mismo que la muchedumbre, continuaron operando. La iniciativa de detener la lucha salió de Gúsev; me declaró que la lucha era ya inútil; las fuerzas de los combatientes eran desiguales, y nosotros teníamos necesidad de ahorrar nuestros cuadros para afrontar la lucha larga y tenaz que deberíamos librar todavía contra el absolutismo. Esta opinión era compartida por los otros miembros del comité de acción.

El pogromo comenzó y se terminó de acuerdo con el plan anteriormente establecido; a la expiración del plazo fijado por los sátrapas zaristas (este plazo era de tres días) el pogromo cesó instantáneamente. El rector de la universidad recibió de las autoridades un ultimátum conminándole a desembarazarse de las organizaciones revolucionarias en un plazo determinado (el plazo coincidió con el fin del pogromo); si no, la universidad sería ocupada por la fuerza.

Se decidió alejar a todo el mundo de la universidad, pero retirándoles con anterioridad todas sus armas (éstas no cayeron en manos de las autoridades). La universidad fue evacuada rápidamente. Ninguno de los que salieron fue detenido. Es más: en los alrededores de la universidad no había ni tropas ni policía; evidentemente, ésta tenía miedo a las bombas. Por el contrario, todas las calles de Odesa estaban ocupadas por patrullas de soldados, puestas bajo las órdenes de la policía. Con pretexto de buscar armas, los soldados borrachos robaban a los transeúntes.

Para dar una idea del orden legal que reinaba en Odesa desde el pogromo, relataré un simple episodio. Una noche me dirigí a casa de mis amigos, los Itin, para saber lo que les había pasado, ya que no los había visto en toda la semana. Tenían su domicilio en el centro de la ciudad, en las esquinas de las calles Ekaterínskaia y Uspénskaya. Estábamos hablando de los sucesos que habían ocurrido cuando de repente se oyeron disparos, al mismo tiempo que las balas se enterraban en el techo de la habitación, muy próximo al muro situado cerca de la ventana (la ventana daba sobre la calle y las habitaciones estaban en el tercer piso). Nos precipitamos a las ventanas y vimos que se trataba de una patrulla. La casa estaba cercada y nadie podía salir. Se llevaron ante el inmueble toda clase de armas de artillería, también ligera. Estábamos en la habitación en espera de lo que pudiera a pasar. Finalmente, un grupo de oficiales y policías irrumpió en la morada mientras que los soldados llenaban el corredor y la escalera. Enseguida, el jefe que mandaba el grupo se precipitó en la habitación donde estábamos, gritando: «¿Quién fue el que disparó sobre la patrulla?». Afortunadamente para nosotros, los marcos de la doble ventana estaban enmasillados[28], prueba de que no se habían abierto; como mucho, admitiendo que hubiésemos tirado por el ventanillo, las balas irían a dar en las ventanas de la casa de enfrente, de ninguna manera a la patrulla que se encontraba en la calle. Esto fue lo que le explicamos. No obstante, se nos encerró en una habitación que, con anterioridad, policías y soldados habían revuelto. Después fueron llamando uno a uno a todos los ocupantes, sirviéndose para ello de la lista de los inquilinos. Las personas conducidas eran inmediatamente registradas e interrogadas. Los policías preguntaban detalles sobre todo y se agarraban a la menor cosa. Me pregunté qué es lo que debía hacer. Yo no estaba domiciliado en la casa; por lo tanto, no se me llamaría, pero el soldado que estaba delante de la habitación en que nos hallábamos me había visto. Si ahora los policías llegaban a descubrirme, seguramente que me llevarían para comprobar mi identidad, y entonces sí que podía considerarme perdido, ya que en esos días se asesinaba corrientemente en las comisarías. Resolví ocultarme detrás de la puerta de la habitación. Allí estuve mucho tiempo. El registro y los interrogatorios se eternizaban. Tuve suerte: los policías no se dieron cuenta de mi presencia y me libré.

Pero cuando el grupo se alejó del piso, me sentí lleno de espanto. Recordé que en el bajo de esta casa había una fábrica de cajas, cuya puerta y ventanas daban sobre la calle. En este taller se encontraba y funcionaba la imprenta clandestina del Comité Central. Estaba convencido de que los policías iban a registrar toda la casa, y especialmente el bajo (si verdaderamente se había tirado desde nuestra casa sobre la patrulla, no podía ser sino desde abajo o desde el primer piso; se podía hacer fácilmente, pero no habíamos oído ningún disparo, fuera de las salvas tiradas

[28] En Rusia, los marcos de las ventanas se enmasillaban durante el invierno.

por la patrulla a nuestra ventana). Si ellos entraran en la imprenta, matarían inmediatamente a todos los camaradas. Toda la noche estuve inquieto por la suerte de nuestros impresores. No me atrevía a ir yo mismo a causa de mi situación delicada en la ciudad. Enviar a uno de los Itin a ver lo que pasaba abajo no podía, ya que hubiera tenido que declarar que allí había una imprenta, y ellos ignoraban que aquello fuese utilizado para imprimir y que el hombre y la mujer militaban en la organización de Odesa... No me acosté en toda la noche. Allí quedé, espiando cada ruido y cada grito de la casa. Por la mañana corrí a la calle para ver lo que se hacía en el taller; estaba abierto, como de costumbre. Allí me enteré de que sólo el primero y segundo piso habían sido registrados.

Ya puede imaginarse el lector qué emoción no pasarían los camaradas de la imprenta durante el registro.

En la primera reunión que hubo después del pogromo, el Comité de Odesa del partido aumentó el número de sus miembros; fueron designados un obrero tornero de los talleres de ferrocarriles, Iván Avdéiev, Stavski, Zeka (desenmascarado enseguida como un provocador) y algunos otros camaradas cuyos nombres y seudónimo se me han borrado de la memoria.

La primera reunión del Comité ampliado del Partido tuvo lugar en el domicilio del camarada Shklovski. Fue consagrada a las cuestiones de organización del partido. Era necesario establecer la organización de Odesa sobre la base del centralismo democrático, aunque se decidió no legalizar el partido. Hice una exposición sobre el sistema de las organizaciones locales del SPD, exposición que fue seguida de un cambio de impresiones bastante completo sobre la manera de proceder cuanto antes a la reconstitución de la organización de Odesa. Entretanto llegó de Petersburgo, enviado por el Comité Central, el bolchevique Leva (Vladímirov), portador de la orden de unirse a cualquier precio con los mencheviques sin esperar a que la unificación de las dos fracciones se hiciese por arriba. El bolchevique Baron (Eduardo

Essen), que había llegado a Odesa antes del pogromo, se unió a él. La consigna fue recibida por los miembros del partido, tanto mencheviques como bolcheviques, ardientemente. Era natural. Cada miembro del partido había podido darse cuenta durante el pogromo de la debilidad y dispersión de nuestras fuerzas. La asamblea general de la organización de Odesa se celebró. Gúsev hizo una exposición sobre las formas de organización que convenía adoptar al partido después del manifiesto del 17 de octubre. Enseguida los camaradas Leva y Baron tomaron la palabra para preconizar la unidad inmediata con los mencheviques. El Comité de Odesa no tenía qué objetar contra la unidad, pero estaba resueltamente opuesto a que la unificación se realizase por abajo. El Comité de Odesa era, ante todo, una fracción del Partido Bolchevique, a la cabeza del cual se encontraba el Comité Central y el Comité de Redacción del Órgano Central del partido, elegidos en el III Congreso. ¿Entonces cómo podía hacerse la unidad con los mencheviques en Odesa sin que el Comité Central de nuestro Partido fuese informado y hubiese dado su aprobación? Justamente. Leva y Baron insistían por que se hiciese la unidad sin el asentimiento del Comité Central, siendo un medio de ejercer sobre él una presión desde abajo. El Comité de Odesa se daba cuenta que la proposición de unidad sería votada con gran mayoría por la asamblea de los miembros del partido, fuesen ellos bolcheviques o mencheviques, ya que siempre que los partidarios de la unificación inmediata tomaban la palabra recogían la unanimidad de los votos. Por todo ello se le obligó a elaborar las condiciones en las cuales se debía hacer la unidad. Era necesario, si no la unidad se hubiese hecho sin condiciones. Se redactaron las siguientes:

I. Sería elegido un Comité paritario de 10 miembros: de este número, 5 miembros serían designados por la asamblea general bolchevique, y los otros 5 por los miembros del partido menchevique. Este Comité estaría encargado de realizar la unificación efectiva de todas las organizaciones, después de la cual la asamblea general de miembros de las dos organizaciones designaría un Comité permanente.

II. El Comité paritario de Odesa aseguraría el enlace entre el Comité Central bolchevique y el Comité de Organización menchevique.

III. La organización socialdemócrata unificada de Odesa enviaría delegados de las dos tendencias al Congreso y Conferencias de los bolcheviques y mencheviques, hasta el momento en que éstos hubieran realizado la unidad.

Estos tres puntos fueron los esenciales del proyecto sobre la base del cual se hizo prácticamente la unidad en Odesa.

La situación de los viejos bolcheviques en el Comité del partido era bastante delicada; nos habíamos opuesto a esta unidad y negociábamos por obtenerla. Es más: algunos viejos bolcheviques debían presentar su candidatura al Comité paritario, a fin de que hubiese en este Comité dirigente bolcheviques firmes y experimentados. Yo no comprendía la actitud de Leva y de Baron. Los había conocido anteriormente como bolcheviques militantes. ¿Cómo podían ellos perseguir la unidad de una manera tan caótica, sin esperar a que se realizase en el Congreso del partido? (Es cierto que desde 1909 a 1916 Leva se afirmó «unitario permanente».)

Del lado bolchevique fueron elegidos para el Comité paritario: Gúsev, Leva, Katsap (este último fue destinado únicamente porque durante el pogromo había dirigido la palabra en algunos lugares para invitar a los linchadores a poner fin al pogromo, y en respuesta éstos le habían golpeado; en el sector urbano donde yo militaba con él, se hacía notar por la extensión increíble de sus intervenciones), Roberto, un joven orador, gran partidario de la unidad (hasta ese momento no le había visto por ninguna parte); no recuerdo quién era el quinto, Baron o quizá Kirill. Del lado menchevique fueron elegidos para el Comité: Stolpner, Shavdia, S. Ivánovich, Frederic y P. Yushkévich.

El pogromo, con sus horrores; la parte que había tomado en el pillaje la porción retrasada de obreros y aldeanos rusos venidos especialmente de las ciudades vecinas; la impotencia de las organizaciones revolucionarias y la debilidad de los socialdemócratas de todas las tendencias: todo eso me había causado una impresión deprimente. Además, yo no veía claramente quién, a fin de cuentas, si la burguesía, el proletariado o la burocracia zarista, sacaría provecho de la lucha gigante de la semana precedente.

Mi estado de ánimo se resentía.

En cuanto al Sóviet de Diputados de Odesa, su organización me pasó inadvertida. No recuerdo la fecha en la cual se constituyó; muy probablemente fue después de la unificación de los bolcheviques y de los mencheviques, ya que la cuestión del Sóviet no fue propuesta al Comité bolchevique.

El Sóviet de Diputados Obreros de Petersburgo tenía una autoridad considerable a los ojos de obreros y campesinos. De tal modo que, al primer llamamiento del Comité socialdemócrata unificado, los obreros de las fábricas de Odesa eligieron sus representantes al Sóviet. El Sóviet de Odesa tenía sus sesiones en el refectorio de los estibadores o en el refectorio de una fábrica de las cercanías del puerto, no recuerdo exactamente. Todos los talleres, fábricas y manufacturas estaban representados en el Sóviet. La sesión del Sóviet a la cual yo asistí se desarrolló sin incidentes. Visiblemente, los miembros del Sóviet no se habían familiarizado todavía con esta clase de institución. La misma presidencia dirigió la sesión sin convicción. El estudiante menchevique Shavdia, miembro del Comité socialdemócrata unificado, había sido elegido presidente del Sóviet. Los obreros y obreras le conocían por haberle visto presidir varias veces los mítines de la universidad. En cuanto al Comité Ejecutivo y el buró del Sóviet, tenían su sede en los cafés y refectorios del Bund y otras organizaciones abiertas, donde de la mañana a la noche una activa muchedumbre de obreros y obreras se apelotonaban. Las reuniones del Comité Ejecutivo y del buró del Sóviet eran secretas. El

Comité Ejecutivo publicaba Las noticias [*Izvestia*] del Sóviet de Diputados Obreros, que aparecía casi todos los días. Este órgano se imprimía clandestinamente en varias imprentas, que fueron registradas. De allí se transportaba a casas particulares, desde donde se distribuían en Odesa. Se enviaban también a Nicoláiev [Mykoláiv] y a Jersón. Fuera de los socialdemócratas, la influencia de las otras organizaciones sobre el Sóviet era casi nula.

La huelga de diciembre, dirigida por las organizaciones revolucionarias del Sóviet, fue, en Odesa, la primera huelga general. Duró varios días. Hubiera podido transformarse en acción armada si el Sóviet y las organizaciones revolucionarias hubiesen lanzado un llamamiento en este sentido.

La ciudad estaba muerta. No había comercio ni electricidad; las farmacias también estaban cerradas. El paro era completo, por más que las autoridades militares hubiesen proclamado el estado de sitio y amenazado a todos los que tomasen parte en el movimiento con toda suerte de castigos. El día que la huelga fue declarada estaban en mi casa los camaradas que debían hacerla efectiva. ¡De todas partes venían a ver a los representantes del Sóviet para hacerse explicar los motivos de la huelga y obtener la autorización de participar en ella!

Se me envió a los empleados de farmacia, que tenían una reunión, a la cual asistían los farmacéuticos militares. La asamblea discutió la cuestión de la huelga. Los que eran adversarios tomaron también la palabra; pero después de nuestra intervención, la huelga fue votada por una inmensa mayoría. El acto transcurrió con una unión admirable. No terminó hasta después de la derrota de la insurrección de Moscú.

La actitud de la burguesía hacia las huelgas de octubre y diciembre fue muy diferente. En octubre, las jornadas de huelga habían sido pagadas íntegramente, sin que los obreros tuvieran necesidad de luchar. En diciembre, no obstante la presión del Sóviet, los fabricantes se negaron francamente a pagar. Al ver esto, los obreros de la manufactura de tabaco Popov abandonaron el trabajo. Los jefes del movimiento, especialmente el búlgaro Pedro, vinieron a verme. Por más que traté de persuadirles de entrar al trabajo sin esperar haber obtenido satisfacción, se negaron. Pero la asamblea de obreros y obreras militantes aprobó mi punto de vista. El resultado fue muy triste. No solamente Popov no pagó nada, sino que despidió a los jefes del movimiento. En otras fábricas, muchos obreros seguían la misma suerte. El Sóviet no podía hacer nada. Desapareció de la escena sin que nadie se diese cuenta. Ni el Sóviet ni el Comité Ejecutivo fueron detenidos.

Inmediatamente después de la huelga de diciembre, la crisis económica empezó en Odesa, arrojando a la calle un gran número de obreros.

Los mencheviques obtuvieron la mayoría en la organización unificada, lo mismo que en dos sectores de los tres que había antes. Un nuevo sector –el sector del puerto– fue constituido. En la Conferencia panrusa de los mencheviques, la organización unificada de Odesa delegó en Stolpner, me parece que por los mencheviques, y Aleksandr Katsap (el ser menos firme que hubo por los bolcheviques). El Comité del partido publicó, sin indicación de origen, un pequeño periódico: La *Kommércheskaya Rossíya* (*La Rusia Comercial*), cuya existencia terminó al mismo tiempo que la huelga de diciembre. El camarada Gúsev era secretario de la Redacción, compuesta en su mayoría de mencheviques. Desde ese momento, algunos bolcheviques, que anteriormente estaban en favor de una unificación inmediata, tuvieron serias dudas sobre las ventajas de una unidad local con los mencheviques no seguida de una unificación general de las fracciones del partido. En cuanto a mí, continué militando entre los obreros y obreras del tabaco; pero yo soñaba en transportar mis bártulos a la capital.

El 2 de enero de 1906 fui detenido en la reunión del Comité del sector urbano. A la reunión asistían los diez miembros del Comité, de los cuales cuatro eran bolcheviques (yo por las manufacturas de tabacos; Volodia [Movshóvich], por las células de calzado; un camarada de los obreros de la aguja, y Pedro Levit por los repasadores); los otros eran mencheviques. Además de los diez miembros del Comité, el organizador del sector urbano (un menchevique cuyo nombre olvidé) y dos miembros del Comité del partido (el menchevique Shavdia y otro) fueron igualmente detenidos. El Comité del partido estaba dividido sobre una cuestión. Había enviado a la reunión del Comité de sector a camaradas que debían defender los dos puntos de vista; pero no tuvimos tiempo para esperarlos.

Se nos detuvo con gran pompa (es probable que Shavdia estuviese vigilado, ya que era conocido como presidente del Sóviet); toda la calle estaba tomada por tropas. Gendarmes, oficiales, soldados y agentes irrumpieron en el alojamiento donde celebrábamos las sesiones, en la calle del Hospital. Estaban convencidos de que el Sóviet estaba reunido en las otras habitaciones, y que la nuestra era la del Comité Ejecutivo. De tal modo que, después de haber puesto soldados a nuestro lado, corrieron a registrar la casa. Cada uno de nosotros se aprovechó para tirar lo que había en sus bolsillos y romperlo en mil pedazos. Apenas terminada esta operación, los gendarmes regresaron a la habitación. Se pusieron furiosos contra los soldados que nos habían dejado destruir los papeles; pero los soldados respondieron no haber recibido órdenes a este respecto. Cuando los gendarmes preguntaron a los soldados que designasen quién los había destruido, respondieron: todos.

Hubo bastantes documentos destruidos. El suelo estaba cubierto de montones de papel. Los gendarmes los recogieron; pero fue trabajo perdido; no consiguieron reconstruir ni un solo documento. Hacia la mañana fuimos encarcelados; también el dueño de la casa, obrero repasador enfermo, y su mujer.

Una vez terminadas las formalidades de inscripción y registro, se me encerró en una celda nauseabunda, oscura, húmeda y fría, situada en una especie de sótano. Empezaba a amanecer.

Por la mañana temprano salí al paseo. Vi muchos conocidos. Los camaradas que habían entrado antes que yo me pusieron al corriente de las costumbres de la prisión y me dieron los nombres de los camaradas que estaban a punto de tomar un reposo forzado en el sanatorio zarista de Odesa, llamado prisión. Durante el día se me trasladó al segundo piso, y al siguiente hice el paseo con los detenidos de este corredor. Al cabo de algunos días ya conocía yo a todos los presos políticos de la prisión. Allí había de todo: mencheviques, bolcheviques, partidarios de los sindicatos de campesinos y ferroviarios, socialistas-revolucionarios, bundistas, anarquistas, caballeros de la sociedad secreta de los «Cuervos negros» y simples obreros y campesinos que no pertenecían a ninguna organización.

Los campesinos habían sido conducidos de las aldeas vecinas a Odesa. La variedad se encontraba igualmente en la edad de los detenidos: allí había viejos de cabellos blancos y muchachos imberbes. Había también lisiados, que se arrastraban a fuerza de grandes trabajos. El departamento de mujeres no se quedaba atrás (tampoco faltaba la variedad).

Los gendarmes habían detenido sin ton ni son a culpables e inocentes. Visiblemente, ellos querían desquitarse con usura de haber tenido que libertar a los detenidos amnistiados después de las jornadas de octubre.

Uno por uno empezó el interrogatorio de identidad. Mientras que un agente de la Ojrana, de uniforme, me interrogaba, policías de paisano andaban alrededor del locutorio.

En el momento de mi detención había dado el nombre bajo el cual me había inscrito, así como mi dirección exacta, aunque en mi cuarto hubiese un paquete de *Izvestia* (órgano del Sóviet), que uno de los camaradas había llevado a mi casa para enviarlo a Nicoláiev. Yo contaba con que mis amigos, con los cuales participaba del alojamiento, se darían cuenta de mi ausencia antes de la medianoche o la una de la madrugada, y que desalojarían la habitación. Resultó mejor de lo que yo esperaba: Gúsev había pasado por la calle del Hospital la misma tarde de mi detención. Viendo la calle transformada en campo militar, adivinó que nuestra reunión había sido descubierta. Consiguió rápidamente saber quiénes eran los miembros del Comité del sector urbano presentes en la reunión, e hizo prevenir por todos lados para que se limpiasen los cuartos de los camaradas detenidos de papeles comprometedores. Él mismo fue a mi casa.

Yo tenía un pasaporte de «hierro»[29]. Conocía todos los detalles necesarios para el interrogatorio: el nombre de la madre, el nombre patronímico del padre, etc. Según aquel pasaporte, yo era zapatero o sastre, no recuerdo bien. En cuanto al verdadero poseedor de este documento de identidad, nunca había sido inquietado por razones políticas. Así que yo me dirigí al interrogatorio, aunque un poco temeroso, por causa de una fotografía expuesta en la vitrina de un fotógrafo, fotografía que representaba el mitin improvisado alrededor del Ayuntamiento por la manifestación a que había dado lugar el manifiesto de 17 de octubre, y en la que se me reconocía. Después de haber anotado todas mis respuestas respecto de mis padres, etc., el agente de la Ojrana me dijo que nuestra reunión era la del Comité Ejecutivo del Sóviet y que seríamos llevados al Consejo de Guerra. Le respondí que habiendo en Odesa una gran cantidad de parados, en ayuda de los cuales no venía nadie, nos habíamos reunido para discutir la organización de los socorros. Agregué que no había tenido tiempo de aclarar cuáles eran las organizaciones representadas en esta reunión, dado que la policía llegó antes de que la reunión hubiese empezado (nos habíamos puesto de acuerdo, antes de que se nos interrogase, de la actitud que debíamos tomar). El

[29] Los camaradas del partido que se encontraban en una situación ilegal se servían de falsos pasaportes fabricados especialmente (con nombre, apellidos, direcciones ficticias, sellos falsos, etc.) o de copias de pasaportes auténticos, dados por las autoridades a personas existentes, o pasaportes pertenecientes a otras personas. Estos últimos eran considerados más seguros, y de ahí que se les llamase pasaportes de «hierro».

agente de la Ojrana declaró que nosotros éramos los miembros del Comité Ejecutivo y que él estaba en posesión de documentos seguros que nos identificaban. De las quince personas inculpadas en nuestro asunto, la policía no tenía pruebas más que contra Shavdia (había tomado la palabra abiertamente como presidente del Sóviet) y contra Movshóvich (se había descubierto en su casa mucha literatura socialdemócrata, aunque tan solo un ejemplar de cada publicación, y un libreto de recibos expedidos por el Comité de Odesa para recoger los fondos necesarios para la compra de armas); fuera de este interrogatorio, los gendarmes nos dejaron tranquilos durante más de cinco meses.

El régimen de la prisión era soportable. El paseo duraba bastante tiempo. En el patio se jugaba a la pelota, se improvisaban carreras y toda clase de juegos. Los detenidos tenían derecho a las visitas en presencia de los gendarmes, pero una sola vez por semana, no más de seis minutos. Uno podía ir a ver los detenidos del mismo corredor al que pertenecía. Por regla general, estábamos encerrados a razón de dos detenidos por celda. Recibíamos todos los días los periódicos, no obstante la prohibición del director de la cárcel. Cuando hacía buen tiempo, por la tarde, después de la llamada, se leían los periódicos en alta voz, y así pasaban los días, las semanas, los meses tristes y uniformes. Los periódicos anunciaban todos los días que la amnistía sería acordada el día de la apertura de la primera Duma del Imperio. Esta amnistía dio lugar a interminables discursos. Durante ese tiempo, los Consejos de Guerra de Odesa pronunciaban condenas ejemplares por el menor pecado. Era suficiente que cualquiera hubiese sido condenado ya por delito político para que cayese bajo la garra del Consejo de Guerra y se le condenase de cuatro a ocho años de trabajos forzados.

Como en 1905 ya se habían publicado muchas obras marxistas, me embebí en la lectura. En libertad tenía muy poco tiempo para leer estando absorbido constantemente por el trabajo corriente.

En aquel tiempo se preparaba en el partido el Congreso [de Unificación] de Estocolmo. Las tesis y los artículos bolcheviques y mencheviques llegaron hasta nosotros. Excuso decir que aun en la prisión se discutía el boicot a la primera Duma y otras cuestiones. En la misma época todo el Comité del partido de Odesa (Leva, Katsap, Mark [Liubímov] y otros) y la Conferencia preelectoral para el Congreso del partido cayeron en manos de la policía.

En la vida cotidiana de la prisión, dos acontecimientos se produjeron que la revolucionaron. En Odesa, después de las jornadas de diciembre, hicieron su aparición cierta clase de sujetos conocidos por los nombres más diversos: «Cuervos negros», etc. En ellos no había ideología alguna. Sucedía con frecuencia que elementos criminales se encubrían bajo el nombre de organizaciones para poder dedicarse mejor a la delincuencia. Los «Cuervos negros» obraban a plena luz del día y aterrorizaban totalmente a la burguesía por su audacia. A éstos hay que agregar a los anarquistas, que procedían a expropiaciones y arrojaban las bombas en los cafés donde la burguesía tenía costumbre de divertirse. Muchos elementos turbios vinieron a mezclarse con los anarquistas de ideas, que sincera e ingenuamente creyeron que arrojando bombas en los cafés luchaban contra la burguesía, ahorrando al proletariado la necesidad de combatir y mejorar la situación de éste. La burguesía estaba de tal modo aterrada que dirigió el aparato militar y policíaco contra los autores de los golpes de mano. Los Consejos de Guerra funcionaron sin descansar. Todos los que cayeron bajo sus manos fueron condenados implacablemente. De tal manera que el primer condenado a muerte hizo su aparición en la prisión. La prisión suspendió su vida. Durante algún tiempo vivimos interesándonos por el condenado.

Los detenidos aún no habían tenido tiempo de acostumbrarse a los condenados a muerte cuando la muerte violenta entró de lleno en la prisión. En la de Odesa, estando en estado de guerra, la guarda de los detenidos políticos durante el paseo estaba asegurada por la tropa. Un día –después del paseo de nuestro corredor y del reposo– un piquete de soldados mandados por el oficial Tarásov pasó por debajo de nuestras ventanas (ordinariamente, el relevo de los funcionarios era mandado por un cabo o un suboficial). Alguien del primer piso gritó: «¡Abajo el absolutismo!». El oficial detuvo a los soldados, y con aire amenazador preguntó quién había gritado. Todos los detenidos se abalanzaron a las ventanas para ver aquel fenómeno de oficial que se las daba de bravo. Alguno de abajo le respondió: «Y aunque hubiera gritado, ¿qué?». El oficial hizo colocarse a los soldados frente a la ventana del camarada que le había dirigido las palabras, y le dijo: «Si tú eres anarquista, socialdemócrata o simplemente un hombre honrado, ponte derecho y no te muevas». Los detenidos que desde las ventanas asistían a esta escena no sabían qué pensar; algunos se burlaban del oficial y otros le gritaban: «Si estamos en la prisión es por estar contra el absolutismo». Yo me encontraba en la celda vecina a la de los camaradas Levit y Movshóvich. También nosotros estábamos en la ventana contemplando esta escena penosa. Alguien gritó que aun en estado de sitio el jefe de la prisión era el director y no el oficial de guardia. En ese momento Tarásov dio orden a los soldados de cargar sus armas. Después invitó al compañero de celda del que había entablado esta conversación con Tarásov a bajarse de la ventana. Como no lo hiciese, el oficial dio la voz de «fuego». Una descarga respondió a la orden. En un abrir y cerrar de ojos todos se arrojaron sobre las puertas y un ruido infernal conmovió la prisión. Los delincuentes comunes vinieron en nuestro «socorro»[30], y con la ayuda de una ganzúa abrieron las celdas de los

[30] Pongo la palabra «socorro» entre comillas por la siguiente razón: durante la revolución de 1905, cuando había reuniones o manifestaciones, los trabajadores tomaban parte activa en ellas. Mientras los trabajadores estaban fuera, los ladrones vaciaban sus casas. Esto enfureció tanto a los trabajadores de Odesa y otras ciudades que solían ajustar sus cuentas con los rateros

detenidos políticos. Todos los detenidos políticos se lanzaron abajo con ímpetu. Los dos camaradas estaban gravemente heridos (algunos días después murió uno de ellos; en cuanto al segundo, no recuerdo, pero me parece que también murió).

Momentos después, el fiscal general y el prefecto, seguidos de las autoridades, llegaban a la prisión. Los detenidos políticos exigieron que Tarásov fuese arrestado y que los soldados fuesen alejados de la prisión. La noticia de los disparos se había extendido por la ciudad. La plaza que rodeaba la prisión fue invadida por la muchedumbre, que exigió que se le informase de lo que acababa de pasar. La muchedumbre no quiso creer lo que le decían las autoridades. Entonces éstas consintieron en que fuese un detenido político, que informó a la concurrencia y dio datos precisos sobre las víctimas.

Se arrestó a Tarásov y se alejó a los soldados del patio (más tarde nos enteramos que Tarásov había recibido una gratificación y un ascenso por su bravura). Después de este drama, la tensión de los detenidos fue en aumento. En esta atmósfera caldeada, resolvimos (los trece que habíamos sido arrestados juntos el 2 de enero) empezar una enérgica campaña para activar nuestro asunto. Después de cinco meses que llevábamos encarcelados, no se nos había interrogado ni una sola vez (sólo nos habían hecho el interrogatorio de identidad). Teníamos la seguridad completa que nuestro asunto no avanzaba un paso. Había entre

---

sin la ayuda de la policía o la «justicia». Los presos comunes reconocieron a un trabajador que había ajustado sus cuentas con ellos de esa manera durante las jornadas de octubre [1905] y estuvieron a punto de despacharlo allí mismo [en la cárcel], pero los presos políticos se lo impidieron. Por esto las relaciones eran bastante tensas entre los presos políticos y los presos comunes. Los delincuentes, sabiendo que los presos políticos no se quejarían ante las autoridades de la cárcel, solían robar cualquier cosa de valor que tuviéramos cuando estábamos haciendo ejercicio fuera. Durante el *affaire* Tarásov, cuando los presos políticos corrieron escaleras abajo, los delincuentes robaron no sólo a los presos políticos, sino a cualquiera que tuviera algo digno de sustracción.

nosotros camaradas que tenían pasaportes falsos: bastaba con preguntar a las autoridades que los habían dado para que los gendarmes descubriesen que había entre nosotros quien estaba en situación ilegal; por consiguiente, «importantes criminales». Puesto que no se había hecho, era prueba de que nuestro asunto dormía. Ya estábamos en verano. El ruido que se hizo en la primera Duma no estaba todavía apagado. Por otro lado, la ignorancia en que estábamos de los resultados del Congreso de Estocolmo actuaba sobre nuestros nervios: ¿quién saldría vencedor en el Congreso? ¿Los bolcheviques? ¿Los mencheviques? La estancia en la prisión era insoportable. Decíamos con razón que, con la atmósfera de nervosismo que reinaba en la prisión, las autoridades no querrían incidentes. Así que, para hacer presión sobre ellas, nos decidimos a declarar la huelga de hambre. Uno después de otro escribimos al fiscal que nuestro asunto no avanzaba por más que hubieran transcurrido cinco meses de nuestra detención; exigíamos que nos fuese comunicado el procesamiento y señalada fecha para la vista o que se nos pusiera en libertad; si no, a partir de tal fecha empezaríamos la huelga del hambre.

Nos preparamos seriamente a poner en práctica nuestra determinación. La víspera de la fecha que habíamos fijado para empezar la huelga hicimos desaparecer toda clase de alimentos. El día de las visitas nos habían llevado flores en lugar de las provisiones habituales. Al caer la noche, después de la llamada, se nos llevó uno por uno a la cancillería; allí se nos declaró que el fiscal había dado orden de ponernos en libertad provisional.

De esta manera, trece personas de las quince (Shavdia y Movshóvich quedaban en la cárcel), incluyendo a los que tenían pasaportes falsos, recobraron la libertad aun los que tenían pasaportes prestados.

Nadie que no lo haya vivido puede imaginarse la emoción de un hombre, que se considera como un «culpable» y enemigo de la autocracia y de la burguesía, durante los momentos en que espera su liberación. Cada uno de nosotros hacía los cien pasos en su celda y se preguntaba si había llegado su vez o si los gendarmes los habían descubierto. No podíamos creer que recobraríamos nuestra libertad. Cuando salimos de la prisión creímos que se nos llevaría a provincias por temor que una huelga de hambre de varios detenidos degenerase en revuelta. Cuán grande sería nuestra sorpresa de encontrarnos de repente en la calle.

Después de ponernos en libertad provisional, los gendarmes continuaron las diligencias. En el espacio de un mes terminaron la instrucción y transmitieron los procesos al fiscal militar, que los transmitió a su vez al Consejo de Guerra.

Visiblemente, los gendarmes habían acabado con los «Cuervos negros» y en lo sucesivo podían ocuparse de los socialdemócratas.

Recibí la libertad con alegría. Ya estaba harto del fortín que, aunque cerca de la ciudad, estaba muy lejos de la vida humana. Aunque mi vestido y mi calzado no estaban en buen estado (los había usado mucho en la prisión), corrí a la ciudad desde el primer día de mi liberación. Me parecía que veía Odesa por primera vez. Me maravillaba de contemplar el mar. Durante la estancia de un año en Odesa antes de ser detenido, no había tenido la posibilidad ni las ganas de venir a admirar el mar y visitar la ciudad. Ese día tenía la sensación de ser el más dichoso de los hombres. Pero desde el segundo día tal nostalgia se apoderó de mí que traté de emprender febrilmente el contacto con los bolcheviques.

Después de esta sucesión de detenciones, la situación de la organización de Odesa no era muy brillante. Los bolcheviques estaban dispersos y el Comité del partido estaba sometiendo a mencheviques inveterados como Frederic (llamado Yerema, Anatole Shnéierson) y Liubov Rabchenko.

Restablecido el contacto con los obreros del tabaco, empecé a buscar cuantos bolcheviques quedaban en Odesa. Me enteré de que todavía eran bastantes los militantes, pero que no estaban agrupados. El camarada Konstantín Ósipov (Levitski, antiguo odessista, bolchevique regresado de la deportación), en cuya casa había estado varias veces, encontró alojamiento para reunir a los bolcheviques militantes de Odesa. Se dispusieron los nombres de los camaradas que serían convocados y se fijó la fecha de la reunión. Ésta tuvo lugar. Hubo camaradas que yo no había visto nunca, especialmente militares. Estos últimos me causaron bastante miedo. Llegaron juntos a la reunión y, entrando en el cuarto donde estábamos sentados, gritaron: «¿Qué es esta asamblea? ¡Quedan ustedes detenidos!». No tenía los menores deseos, después de dos o tres días de libertad, de encontrarme de nuevo en una prisión. Pero mi terror se disipó enseguida cuando oí al dueño del alojamiento invitarles a ocupar su puesto.

La asamblea, después de haber oído las informaciones sobre la situación de la organización, decidió encargar a algunos camaradas el convocar periódicamente a reuniones de este género, que serían en lo sucesivo las reuniones de la fracción bolchevique de Odesa.

Resolví no comparecer en el proceso y salir de Odesa, ya que estaba claro (esto ocurría después de la disolución de la primera Duma) que estábamos delante de un período de negra reacción. Para saber adónde debía dirigirme, escribí a Nadezhda Krúpskaya, que habitaba en San Petersburgo, como secretaria del Centro Bolchevique (éste continuaba existiendo después del Congreso de Estocolmo al mismo tiempo que el POSDR «unificado».)

Poco tiempo después de haber escrito a San Petersburgo, recibí una carta de Gúsev que me invitaba a Moscú en nombre del Comité del partido.

Decidí salir para Moscú.

Era necesario que saliese de Odesa enseguida (mis coinculpados estábamos convocados ya, yo no sé por qué, por el Consejo de Guerra) y yo no había recibido todavía de Moscú la dirección de las residencias secretas. Por otro lado, para dirigirme a Moscú no tenía ropa conveniente. Por lo que decidí ir a Vilkomir, a casa de mis padres.

La represión que se empezaba a sufrir en los otros grandes centros obreros todavía no había tenido tiempo de llegar a Vilkomir. Continuaban reuniéndose en el centro de la ciudad. Además del Bund, que comprendía dos organizaciones, la de adultos y la de jóvenes, la cual era designada con el nombre de Joven Bund, existía una organización bastante fuerte del POSDR, con la cual me puse en relación enseguida. Ésta se componía de obreros rusos, polacos, lituanos y judíos. Algunos intelectuales se aliaron también. Estaba dirigida por un antiguo suboficial retirado, el camarada Ósipov (olvidé su nombre; en 1907 lo volví a ver en Petrogrado).

La organización estaba fuertemente ligada con los obreros agrícolas de las propiedades cercanas y con los obreros y aldeanos de las localidades y aldeas vecinas. Participé activamente en el trabajo de la organización, dirigiendo la palabra en las asambleas generales y en los mítines al aire libre.

Cuando recibí las direcciones que esperaba y el dinero para el camino, salí para Moscú.

V

Mi trabajo en Moscú (1906-1908)[31]

Llegué a Moscú a principios de septiembre de 1906. Al llegar me enteré de que la residencia secreta cuya dirección me había enviado Gúsev la habían «quemado», y que el mismo Gúsev no estaba en Moscú porque lo habían detenido. No obstante, conseguí ponerme rápidamente en contacto con el Comité del partido: por casualidad encontré en la calle a Bur y Nina Zver (M. Rosenberg-Essen). Supe por ellos que se me había hecho venir para ocuparme de la secretaría del Comité de Moscú, pues el camarada Víctor (Taratuta) había sido designado para otro trabajo. Fueron ellos quienes me dieron la dirección de la residencia del Comité de Moscú donde se encontraba Víctor. Éste me comunicó la decisión del Comité de confiarme el cargo del servicio técnico secreto de la organización de Moscú.

Después de todo, la clase de trabajo importaba poco; lo esencial era que yo fuese útil al partido.

Empecé a trabajar intensamente. En Moscú era muy necesario hacerlo así. Mis brazos resultaron insuficientes.

---

[31] Este capítulo apareció en una colección de artículos publicada en 1923 bajo el título de *La imprenta secreta bolchevique en Moscú*. El artículo aparece aquí extendido y revisado.

El estado de espíritu de los cuadros dirigentes de la organización de Moscú, con los cuales yo debía verme todos los días, era excelente y combativo. Esto me recompensaba del abatimiento y depresión que se habían apoderado de los camaradas de Odesa.

La organización de Moscú estaba dividida en ocho sectores: el sector central (urbano), los sectores de Zamoskvoreche, Rogoiski, Lefórtovo, Sokólniki, Butirski, Presnia-Jamóvniki y los sectores de ferroviarios. Algunos de éstos estaban divididos en secciones. Los sectores, como las secciones (allí donde las había) estaban enlazados con las asambleas de fábrica (hoy las células), a los Comités o a las Comisiones de fábrica (hoy los burós de las células). Los delegados de los Comités de fábrica del sector escuchaban los informes que hacían el Comité del sector y el Comité de Moscú, elegían el Comité de sector y enviaban los delegados a las Conferencias locales, en las cuales, en 1906 y casi hasta el final de 1907, designaba todavía el Comité de Moscú.

Las conferencias de sector, lo mismo que las conferencias urbanas, se reunían en aquella época periódicamente. El Comité de Moscú y los Comités de sector ponían una gran atención al enlace con los obreros de las fábricas y de las manufacturas. Esta unión era muy fuerte. Los Comités de sector y de sección, estando en contacto estrecho con los miembros del partido, trabajan en las fábricas, en las imprentas y en otros establecimientos industriales de su sector y de su sección.

Frecuentemente tuve que llamar a los miembros del partido para procurarme material de imprenta o cualquier otra clase de material. Me bastaba con dirigirme a la organización de cualquier sector de Moscú para que enseguida fuese puesto en relación con los miembros del partido que trabajaban en el establecimiento del que yo tenía necesidad. Al lado del Comité de Moscú había también una organización militar que publicaba un periódico: *La Vida del Soldado*. Esta organización estaba fuertemente ligada a los soldados de casi todos los cuerpos de tropa, donde con frecuencia los miembros del partido y los simpatizantes formaban grupos. La organización militar estaba completamente separada de la organización local. Sólo la dirección de la organización militar estaba en contacto estrecho con el Comité de Moscú, y en algunos casos extraordinarios con ciertos Comités de sector. El Comité de Moscú se entregaba todavía a una acción sistemática en los poco numerosos sindicatos locales: sindicatos de obreros textiles, de empleados de tranvías, etc. Gracias a sus esfuerzos, había constituido en Moscú una oficina central de sindicatos agrupando todos los sindicatos que existían entonces. La influencia de los bolcheviques en los sindicatos que pertenecían al buró central era muy grande.

Al lado del Comité de Moscú había una oficina técnica militar encargada de inventar, experimentar y producir en gran cantidad, llegado el momento, armas fáciles de fabricar (bombas, etc.). Esta oficina trabajaba aparte de la organización local, y sólo estaba en contacto con el Comité de Moscú por el secretario de éste.

Había, además, al lado del Comité, una organización central socialdemócrata de estudiantes, que estaba en contacto con todos los establecimientos de instrucción pública superior y con muchos establecimientos secundarios de Moscú.

Por último, el Comité de Moscú tenía a su lado una oficina de conferenciantes y periodistas, una comisión financiera y un aparato técnico central de impresión, de difusión de la literatura de propaganda y de fabricación de pasaportes para los militantes activos de la organización de Moscú. Este aparato técnico central era el que yo debía dirigir.

El Comité de Moscú trabajaba únicamente en [la ciudad de] Moscú. En la provincia de Moscú trabajaba el Comité provincial, cuya residencia estaba también en Moscú. También estaba en la ciudad el buró regional de la región central industrial, que agrupaba, además de las organizaciones de Moscú y de su provincia, toda una serie de organizaciones de las provincias de

Yaroslavl, Kostromá, Nizhni-Nóvgorod, Ivanovo-Voznesensk, Tambov, Vorónezh, etc. Aunque el buró regional y el Comité provincial funcionasen independientemente uno del otro, la actividad de las tres organizaciones se armonizaba frecuentemente.[32]

Mi memoria no ha conservado los nombres y los seudónimos de todos los camaradas que militaban durante mi estancia en Moscú, al final de 1906-1907 y a principios de 1908. No obstante, enumeraré algunos de los que me acuerdo. Como secretario del Comité de Moscú estuvieron sucesivamente: Víctor (Taratuta), aproximadamente hasta octubre de 1906 (fue enseguida organizador del sector de ferroviarios); J. Kárpov, que estuvo en la secretaría hasta el momento de su detención, en mayo de 1907; Mark (Liubímov) fue secretario hasta enero o febrero de 1908. Estos dos camaradas han muerto. Mark tuvo por sucesor al camarada André (Kúlich), que no tardó en ser detenido y deportado; allá abajo, fue asesinado no se sabe cómo.

El Comité de Moscú estaba integrado por los camaradas Inokenti (Dubrovenski), muerto en la deportación; Makar (Noguin), éste militaba en los sindicatos y en el movimiento obrero legal y semilegal de Moscú; tomó parte activa en los trabajos del Comité; Noguín murió en 1924; Vlas (Lijachiov), organizador del sector de Sokólniki o del sector de Butirski (murió en 1924); Timoféi (Vladimir Savkov), organizador del sector de Zamoskvoreche, poco tiempo después de su detención renunció a la acción; Michel Mironóvich (N. Mandelstam), organizador del sector de Lefórtovo, actualmente miembro del Comité de Moscú; Poltorá-Yegórov (Radus Zenkóvich), organizador del sector de Rogozhski, actualmente miembro de la Comisión Central de

[32] Después de la Revolución de Febrero, un poco antes de la Revolución de Octubre de 1917, las tres organizaciones mencionadas volvieron a funcionar bajo la misma base. Hasta 1919-1920 no fue disuelto el grupo regional, y la organización provincial fue refundida en la organización local de Moscú.

Control. En este mismo sector militaban Yegor Pávlovich (Kanáchikov), Lev Bielski, organizador del sector del Centro, y E. Yaroslavski, dirigente de la organización militar. En Sokólniki, como delegado permanente, militaba Leónidas (Sokólnikov), Comisario del Pueblo de Finanzas de la U.R.S.S. En el buró regional militaban los camaradas A. Kviatkovski y Stepan (Pózern), y en el Comité provincial los camaradas Nikodim (Shestakov) y Olga (Zelikson-Bobróvskaya). En Moscú militaban todavía activamente P. Smidóvich (me encontré con él en el sindicato de empleados de tranvías) y Odisei (Mandelstam). No recuerdo si éstos, en aquella época, formaban parte del Comité de Moscú.

Familiarizándome con la vida de la organización de Moscú, la primera cosa que me llamó la atención fue la estrecha unión existente entre esta organización y la del campo, por más que la acción del Comité de Moscú se extendiese exclusivamente a [la ciudad de] Moscú. En los ocho meses de existencia de su imprenta, el Comité de Moscú publicó cuatro manifiestos por un total de 140.000 ejemplares, destinados especialmente a los campesinos, y el programa agrario del POSDR, cuya tirada fue de 20.000 ejemplares. Además de estos manifiestos se expidió y se transportó al campo una enorme cantidad de literatura de propaganda y de manifiestos tratando las cuestiones palpitantes de entonces. Esta literatura era expedida o transportada por los obreros y las obreras de Moscú, que se iban en grandes masas a las aldeas en el período de las grandes fiestas. (En previsión de estas fiestas, el Comité de Moscú publicó manifiestos especiales, y el servicio técnico preparaba la literatura que interesaba a los aldeanos.) No recuerdo si en Odesa, durante el tiempo de mi presencia en el Comité del partido, la unión con los campesinos de la provincia de Odesa hubiera sido prevista una sola vez.

En 1906, y en la primera mitad de 1907, todo el trabajo de la organización de Moscú transcurrió bajo la idea del movimiento obrero y campesino de masas, que aumentaba y que debía transformarse en lucha armada contra el zarismo. Los manifiestos y las resoluciones del Comité de Moscú, del Comité provincial y del buró regional en esta época estaban llenos de combatividad. En esta atmósfera tuvo lugar el final de las dos campañas de 1906 y el comienzo de 1907 –las elecciones a la segunda Duma y la campaña antimilitarista–, en la ejecución de las cuales tomé parte desde mi llegada. En lo que concierne a la campaña antimilitarista, el Comité de Moscú elaboró un modelo de declaración para la negativa al servicio militar que las asambleas rurales debían adoptar. Se decía en la declaración que el gobierno zarista, que arruinó al país y que no quería dar la tierra y la libertad al pueblo, reclutaba ese año soldados para dirigirlos contra sus hermanos. En estas condiciones, la asamblea rechazaba proporcionar reclutas al gobierno zarista. Si los reclutas eran llevados a la fuerza, la asamblea rural les daba la orden de no disparar sobre sus hermanos, obreros y campesinos, y de pasarse con armas y bagajes al lado del pueblo; todos aquellos que disparasen sobre el pueblo serían expulsados de las aldeas a su regreso. El Comité de Moscú daba una gran importancia a esta campaña. ¿En qué medida esta declaración fue adoptada por las asambleas rurales y cuáles fueron, de una manera general, los resultados de esta campaña? No lo recuerdo. Por el contrario, recuerdo que en las manufacturas y en las fábricas de Moscú los reclutas de 1906 fueron enérgicamente «trabajados» por los Comités de sector y de sección de la organización local. Fueron constituidos grupos de reclutas, en que se les explicaba la esencia del zarismo y la actitud que debían adoptar, como soldados, en el caso de que no consiguieran rehusar colectivamente el servicio militar. En Moscú, entre los obreros llamados a filas, la campaña antimilitarista tuvo seguramente un gran alcance práctico.

La primera cosa que tuve que hacer al principio de mi trabajo en Moscú fue familiarizarme con la organización de la imprenta clandestina. El enlace con la imprenta estaba asegurado por la camarada Elena –olvidé su nombre real–; Elena me presentó al patrón de la imprenta, el camarada Arshaka (Yakúbov); en 1919, en misión a Cheliábinsk, volví a encontrar a Arshaka, que trabajaba con el nombre de Yakúbov como delegado del Comisariado del Pueblo de aprovisionamiento.

Arshaka, después de examinarme minuciosamente para asegurarse de si yo servía para llevar la dirección de los servicios técnicos secretos de la organización de Moscú, me puso en relación con el camarada Sandro (Yashvili) y G. Sturua, que eran el alma de la imprenta, en la cual ellos mismos trabajaban como compositores tipógrafos e impresores. Nos entendimos enseguida y se establecieron entre nosotros buenas relaciones de camaradería. Habiéndome conferido la dirección de la imprenta, fui a inspeccionar la disposición de los lugares y no salí satisfecho. La imprenta se encontraba en una tienda de la casa Yurásov, en el pasaje del bulevar Rozhdéstvenski (en la derecha de la calle Srétenka), calle muy animada; además, enfrente de la tienda había una casa desde donde se veía todo lo que pasaba en el interior. Por otra parte, desde el bulevar podía ejercerse fácilmente la vigilancia. En fin, hasta enfrente de la tienda un agente tenía su puesto de servicio. Después de haber examinado el exterior, entré a comprar en la tienda, en la que vendían fruta (el rótulo causaba mejor impresión que el contenido de los estantes); la tienda se llamaba Almacén de frutas del Cáucaso (creo que también se vendía al por mayor). En el almacén encontré a Arshaka ocupado en llevar las cuentas, y a Vulpe, un empleado. Pasé a la trastienda y bajé a la cueva. Que yo recuerde, la cueva era más pequeña que la tienda; en su interior encontré a Sandro (Yashvili), actualmente Comisario adjunto del Trabajo en Georgia, y a Sturua, miembro del Comité Central del Partido de Georgia. La cueva estaba llena de cajas que no se habían desembalado todavía. La máquina y las cajas ya estaban dispuestas para el trabajo (es muy probable que ya las hubiesen utilizado[33]).

Al subir a la tienda noté que se oía perfectamente el ruido de la máquina. Era necesario que en el momento que entrase un comprador, el dueño o el dependiente lo hiciesen saber al de abajo. Para facilitar las cosas decidimos instalar un timbre que diese la señal de continuar o de parar en el trabajo.

Al enterarme de todos los detalles de organización de la imprenta, supe que la tienda estaba alquilada con un falso pasaporte (a nombre de Lashulidze) y que nadie habitaba con ese nombre. Este pasaporte no estaba inscrito en la comisaría de policía, por lo que no era posible descubrir que era falso. Sin embargo, a nombre del que figuraba en el pasaporte estaban inscritas las patentes, se suscribía la hoja de los impuestos, etc. Arshaka estaba inscrito con otro nombre.

En la trastienda habitaba el «dependiente» Vulpe, que se había inscrito con un falso pasaporte a nombre de P. Lapíchov. Como la policía podía en cualquier momento descubrir el carácter ficticio de este pasaporte, propuse no inscribir a nadie habitando en el almacén, y me puse activamente a la busca de un camarada que sirviese para el puesto de Vulpe.

Sólo estaba en contacto con el aparato técnico por medio del «patrón» del almacén, el camarada Arshaka. En los casos verdaderamente urgentes, cuando era imposible esperar a la noche, hora en que podía encontrar a Arshaka en su casa, iba a la imprenta, pero tomando las mayores precauciones. Entraba como comprador y salía con un paquete de fruta debajo del brazo.

---

33 Por un artículo en [la revista] *La revolución proletaria* (1923), del camarada Sokólov, titulado *La tienda del Cáucaso*, supe que la imprenta que describo en este capítulo se usaba antes de la revolución de 1905 como imprenta del Comité Central del POSDR. En 1906 el Comité Central se la entregó al Comité de Moscú. El entero artículo del camarada Sokólov es confuso e impreciso.

Antes de familiarizarme con la ciudad tuve que ocuparme en buscar un comercio donde comprar en gran cantidad, y según el formato deseado, el papel necesario. La cosa no era fácil, ya que una vez comprado el papel era necesario transportarlo, teniendo cuidado que su uso y su destino no fuesen sospechosos para el vendedor.

Ya no recuerdo quién fue el camarada que me entregó una carta de recomendación para el gerente de una agencia de manufactura de papel, en la cual rogaba que se me concediese crédito. Me entendí con este gerente, que me surtió de todo el papel de que tenía necesidad. El papel comprado era expedido a casa de un encuadernador de la calle Piménovski (por recomendación de otro camarada). En el taller de la encuadernación, el papel era cortado según el formato deseado, y de allí transportado por un dependiente al almacén donde trabajaba la imprenta. En función de las necesidades, el papel era entregado a nuestra imprenta en forma de frutos del Cáucaso.

Por suerte, recibidos directamente de la agencia los talones de entrega dirigidos a ciertos depósitos de papel, pasábamos los pedidos, y el mismo depósito enviaba el papel al almacén de la imprenta. En esta agencia fue donde nos aprovisionamos de papel todo el tiempo que existió nuestra imprenta.

Recuerdo que durante las elecciones de la segunda Duma había comprado en esta agencia una gran cantidad de papel rojo para imprimir los pequeños manifiestos invitando a votar por los candidatos del Comité de Moscú. Cuando a la semana siguiente me presenté para hacer un nuevo pedido, el gerente me enseñó el manifiesto impreso sobre su papel rojo y me dijo: «Ustedes trabajan pronto y bien; me han traído este manifiesto». Le respondí que, aparentemente, otras casas fabricaban el mismo papel, puesto que yo no me ocupaba de estas historias. No pude llegar a comprender si él quería hacerse el majo elogiando nuestro trabajo o si estaba descontento porque su papel sirviese para este menester. Después de esto, yo me pregunté si debíamos continuar comprando el papel en esta agencia. Redoblamos la vigilancia e hicimos enviar el papel, no al almacén de la imprenta, sino al domicilio de un particular, desde donde hacíamos las expediciones. Establecimos un servicio de vigilancia alrededor del alojamiento del encargado de transportarlo. No habiendo observado nada sospechoso, abandonamos nuestras precauciones.

La imprenta trabajaba todo el tiempo de una manera intensa; todos los días había dos o tres manifiestos sobre el mármol esperando su turno. Cada manifiesto se tiraba a un promedio de 35.000 ejemplares, y alguno de 40.000 a 50.000. Los pequeños manifiestos publicados con ocasión de las elecciones de la Duma y del Primero de Mayo pasaban de los 100.000 ejemplares.

Lo más difícil en una imprenta clandestina no es trabajar, sino procurarse el papel y llevarse los impresos. Así, tengo interés en familiarizar al lector con la manera en que organizamos su transporte y difusión. Los impresos se transportaban en cestos (de los que se servían los almacenes de frutas para transportar su mercancía) por nuestro empleado en las panaderías Filípov (no se trata de N. Filípov, sino de I. Filípov); este último también poseía en Moscú varias panaderías. En la familia Filípov, los dos hijos más jóvenes (Aleksandr y Vasili) y la hija Yevdokía simpatizaban con nosotros y nos ayudaban activamente. Nos prestaban sus panaderías para almacenar nuestra literatura, pero ignoraban de dónde la transportábamos. Entre las panaderías que utilizábamos, me acuerdo de las de la plaza Trúbnaya, la de la calle Rozhdestvénkaya y la de la calle Bolshaya Zlatoustínskaya. Tan pronto como la literatura se llevaba a una de esas panaderías, el camarada encargado de su difusión (durante cierto tiempo V. Filípov asumió esta tarea) la hacía llevar a su domicilio, donde le esperaban los camaradas que debían difundirla en todos los sectores de Moscú. Así, en el espacio de un cuarto de hora, los manifiestos eran retirados del alojamiento y transportados a los sectores, que a su vez los repartían a las manufacturas y fábricas de Moscú.

En las elecciones de la segunda Duma, la organización de Moscú llegó a un acuerdo con los socialistas-revolucionarios, los socialistas populistas, la liga campesina y algunas otras organizaciones revolucionarias de aquella época. Una lista común de electores para Moscú fue constituida. Tuvimos que imprimir no solamente lo que publicaba la organización bolchevique de Moscú, sino también todos los materiales publicados por las organizaciones mencionadas de acuerdo con el Comité de Moscú. Tuve que recorrer la ciudad buscando una imprenta que pudiese imprimir nuestra literatura electoral. Acabé por encontrar una. Una pequeña imprenta situada en la calle Pérvaya Bretskaya, que nos imprimió varias cosas importantes. Pero como nos despellejaban materialmente, y como el Comité de Moscú no era rico, tuvimos que buscar otros medios. Hice un llamamiento a los tipógrafos miembros del Partido que trabajaban en las grandes imprentas: Yákovlev, en la calle Saltikov, y Sytín y Kushnariov, en la calle Piménovski. Combiné el trabajo de la manera siguiente: en una de estas imprentas se componía el manifiesto y se moldeaba el clisé; nuestra imprenta clandestina hacía la impresión, o bien una imprenta componía el manifiesto y la otra lo imprimía. De esta manera, el Comité de Moscú salía con fortuna de una situación difícil.

Las elecciones de la tercera Duma fueron más modestas. La organización bolchevique era menos fuerte; no hubo que imprimir tanto; además, las probabilidades de las elecciones no eran grandes. Todas las fuerzas fueron dirigidas en los sectores obreros para elegir el colegio electoral, donde estábamos seguros de ser vencedores[34], y lo fuimos, en efecto.

---

[34] Las elecciones para la Duma se hacían en dos niveles. Cada categoría de electores debía designar su colegio; los colegios, reunidos, elegían a los diputados.

Además de la literatura de propaganda que imprimíamos para Moscú, el Centro bolchevique de Petersburgo nos había enviado (antes de las elecciones de la segunda Duma) mucha literatura electoral y de otra clase.

El Comité Central del POSDR se componía en aquella época en mayoría de mencheviques, partidarios de un acuerdo con los cadetes[35] en las elecciones de la segunda Duma. Convocada en noviembre de 1906 la I Conferencia panrusa del partido, por 18 votos (mencheviques y bundistas) contra 14 votos (bolcheviques, socialdemócratas polacos, lituanos y letones), se decidió en esta cuestión por la opinión del Comité Central. Los bolcheviques, los socialdemócratas polacos y letones defendían este punto de vista: que nuestro partido debía llevar la campaña electoral con toda independencia, admitiendo en ciertos casos que el acuerdo se hiciese con los partidos y organizaciones partidarias de la lucha armada contra el zarismo: socialistas-revolucionarios, liga campesina, etc. Como entre los bolcheviques –que en el Congreso de Estocolmo habían estado en minoría– y los mencheviques continuaban existiendo serias divergencias sobre la importancia de la Duma, la insurrección armada y la actitud respecto a los partidos burgueses, los dirigentes de la fracción bolchevique en el partido, con Lenin a la cabeza, constituyeron un Centro bolchevique, que en numerosos escritos explicó el punto de vista bolchevique sobre la Duma, e intervino en la campaña electoral con su propia plataforma, vigilando su aplicación por las organizaciones locales, que aprobaban la política de los bolcheviques. Los Comités de Petersburgo y Moscú rechazaron el bloque con los liberales en las elecciones de la segunda Duma, y en nombre del colegio urbano presentaron listas comunes con los socialistas-revolucionarios, la liga campesina y los socialistas populistas.

---

[35] Demócratas constitucionalistas, que creían en el establecimiento de una monarquía constitucional con tintes «liberales», teniendo a Inglaterra como ejemplo.

Al principio, la literatura que venía de Petersburgo era transportada por camaradas. Pero arrastraban casi siempre detrás o con ellos una «escolta» de policía, y la organización de difusión pagaba esto con algunas detenciones (R. Sholómovich transportó la literatura «quemada»; ella hizo que se descubriese una residencia secreta y detener a V. Filípov). Desde entonces pedimos a los camaradas de Petersburgo que metieran la literatura en paquetes en forma de cajas de mercancías y nos enviaran simplemente los talones. Provistos de estos talones, equipábamos dos camaradas; uno de ellos alquilaba un camión, al cual entregaba los recibos de las mercancías. Le daba una dirección falsa para transportar la falsa mercancía. El otro camarada seguía de lejos el camión y no le quitaba la vista de encima. Si todo iba bien, el camarada que seguía al camión prevenía al camarada que lo había alquilado; éste salía al encuentro del conductor del camión y esta vez le daba la verdadera dirección. Cuando estábamos seguros de no ser vigilados, tres camaradas tomaban parte en la operación: uno alquilaba el camión, otro le seguía a la ida y a la vuelta y, en la estación, el tercero servía de agente de enlace con el segundo. Era necesario poner en conocimiento del camarada que había alquilado el camión si debía salir al encuentro o no. Entonces se tomaban las precauciones siguientes: aunque dos camaradas no hubiesen observado algo anormal en la estación, en la ruta se cambiaba la dirección, pero ésta que se daba era todavía ficticia (la mayor parte de las veces se daba simplemente la dirección de algún punto de destino donde teníamos conocidos). Enviábamos el camión y, un poco más tarde, cuando todo estaba en orden, transportábamos la literatura al depósito y de allí a los sectores.

Sucedía a veces que los de los camiones, después de haber presentado el talón de las mercancías, eran conducidos directamente a la gendarmería de la estación. En ese caso, el camarada que seguía al camión prevenía al otro de no salir al encuentro de este último, y él continuaba observando. Otras veces, los gendarmes dejaban salir el camión con la mercancía y lo hacían seguir por un equipo de policías y gendarmes; pero siendo la dirección dada al del camión imaginaria, los gendarmes fracasaban. Gracias a estas precauciones, nadie fue detenido.

Me detuve en detalles –puede ser que no fuese necesario para el lector de la Rusia soviética– sobre la organización del enlace de nuestra imprenta clandestina con el «mundo exterior» y sobre los métodos de recepción y de difusión de la literatura; pero en el extranjero muchos Partidos Comunistas están por primera vez situados en la ilegalidad, y entonces la experiencia adquirida por nuestro Partido bajo el régimen zarista puede serles muy útil.

Ocupándome únicamente del trabajo secreto, no tomaba parte en la acción cotidiana de las células y de los sectores. No tenía por qué y no estaba en contacto más que con un pequeño círculo de camaradas dirigentes y el secretario del Comité de Moscú. Una sola vez tomé parte en una Conferencia del Partido que tuvo lugar en otoño de 1906, en la Escuela Técnica Superior, cerca de la calle Niétskaya (hoy calle Bauman; Conferencia ante la cual el camarada Miran (Jinchuk) hizo una exposición en nombre del Comité Central que, como ya he dicho, era de mayoría menchevique. La Conferencia se componía en su mayor parte de bolcheviques. Solamente el barrio de Presnia había enviado algunos mencheviques. Los debates fueron muy apasionados pero inútiles, ya que en el fondo no existía enemigo. Toda la Conferencia, a excepción de algunos votos, estaba contra el Comité Central.

Con el secretario del Comité de Moscú, Kárpov, y más tarde con Mark (Liubímov), me entrevistaba todos los días en su residencia. Si no podía ir a la residencia del Comité de Moscú, el secretario del Comité tenía el medio de encontrarme en los lugares que yo acostumbraba a frecuentar. Frecuentemente, el Comité de Moscú se limitaba a decidir si un manifiesto o un llamamiento sobre determinado objeto debía ser publicado. Me incumbía dar curso a estas decisiones y tratar de asegurar no solamente la impresión, sino también un texto adecuado. De este modo conocí a M. Pokrovski (en su casa, por primera vez, encontré a L. Kámenev), al doctor Kanel, y de la misma manera volví a encontrar a Silvino (Brodiaga), al que no había visto desde mi evasión de la prisión de Kiev. Ellos y varios camaradas más (Lunts, I. Stepánov, etc.) formaban parte del grupo de conferenciantes y de periodistas del Comité de Moscú. Muchos de los manifiestos que fueron entonces publicados salían de su pluma. El Comité de Moscú, no teniendo órgano legal, publicaba manifiestos sobre todas las cuestiones políticas y económicas importantes de la época.

A principios de 1907, de acuerdo con el Comité de Moscú o por su mandato el camarada Shklovski, con el concurso de los miembros de conferenciantes y periodistas agregados a dicho Comité, Pokrovski y otros, hizo aparecer un semanario, la *Ístina* (*La verdad*), que fue suprimido después del cuarto número.

Un semanario que, bajo otro título, intentó aparecer después de la desaparición de la *Ístina*, fue prohibido enseguida y su redactor deportado. Si mi memoria no me es fiel, no hubo más tentativas para publicar una revista legal.

Tenía un trabajo enorme y, sin embargo, las condiciones exteriores no me eran favorables. Había llegado a Moscú sin pasaporte, y durante más de siete meses no pude procurarme un documento de identidad suficiente para poderme inscribir. Mis amigos me alquilaban las habitaciones, que yo debía cambiar todos los meses con el fin de poder alojarme sin estar inscrito en el registro de policía. Pero se dieron cuenta enseguida, no obstante mis precauciones de no alquilar más que en los grandes inmuebles o en las casas que no tuviesen portero. Esto me obligaba a tener que acostarme fuera, al azar, tres o cuatro veces por semana. Tenía que malgastar mucho tiempo y energía para buscar un rincón en donde dormir. En algunos sitios estaba obligado a ir a las ocho o nueve de la noche y a no poder salir hasta el día siguiente por la mañana. Excuso decir que no era muy cómodo, en estas condiciones, llevar consigo libros y documentos, perdiendo con ello mucho tiempo.

Había organizado un pequeño grupo, compuesto de jóvenes estudiantes y estudiantas de la universidad, de la Escuela de Ingenieros de Caminos y de la Escuela Técnica. Obviamente trabajaban sin recibir la menor retribución; me procuraban alojamientos para la organización de las residencias secretas, el transporte y la difusión de la literatura, y a veces para pasar la noche. Con ellos hubiera podido irse al fin del mundo. Me acuerdo del nombre de algunos; Kichín, Cherchakov, Shestakov (estudiantes de la Escuela de Caminos y Puentes), V. Filípov (fue detenido, pero estuvo poco tiempo en la prisión), Puríchov (detenido y condenado a dos años de prisión). Lisistín, Maláiev, P. Filípov y Koroliov (éstos fueron detenidos después de haber sido descubierta la imprenta y juzgados al mismo tiempo que los que estaban encartados en este asunto).

Además de la imprenta y de la organización de recepción y de difusión de la literatura revolucionaria que acabó de describir, tenía bajo mi dirección una oficina de pasaportes que administraba A. Karnéiev (llamado Pajómov). Esta oficina no funcionaba mal. Estaba en contacto con las organizaciones de Petersburgo y de Rostov del Don, con las cuales cambiaban copias de documentos de identidad. No obstante el buen funcionamiento de nuestra oficina, tuve bastante dificultad para proveerme de un pasaporte conveniente. La cuestión era que, por mi cara, necesitaba un pasaporte armenio o georgiano, y en Moscú no era fácil encontrarlo. Vivir con un pasaporte falso no se podía soñar, ya que la policía contrastaba los documentos de identidad de las personas recién llegadas a Moscú.

A mediados de noviembre de 1906 ocurrió que el camarada Sandro o el camarada Sturua, no recuerdo con exactitud, por enfermedad o por otras razones, no podía continuar trabajando en el servicio técnico. Le busqué un sustituto en Moscú, pero no pude encontrar uno adecuado, por lo que, a petición del Comité de Moscú, me dirigí a Petersburgo a buscar un buen compositor tipógrafo. Allí fui a dar, no sé si en la permanencia secreta del Comité de Petersburgo o en la del Centro bolchevique, en casa del dentista Dora Dvoires. Desde allí me dirigí en busca de Zagorodni, en el refectorio del Instituto de Tecnología. Allí encontré a Nadezhda Krúpskaya y muchos camaradas más del partido. Me presentaron al camarada que dirigía todo el trabajo técnico del Centro bolchevique (y quizá el del Comité de Petersburgo); desgraciadamente, ya no recuerdo el seudónimo de este camarada. Este último me informó de que había un camarada seguro, excelente obrero tipógrafo, pero que tenía gran necesidad de él. Conseguí, con bastante dificultad, que me enviasen a ese tipógrafo, y como temía que por una decisión del Comité de Petersburgo o de algún otro organismo del partido me lo retirasen, desde el día siguiente, cuando este camarada me confirmó que él era, efectivamente, un tipógrafo muy enterado de su oficio, lo envié a Moscú a casa de unos conocidos (no quise enviarlo a una de las residencias o en la del Comité de Moscú por miedo de que lo detuviesen por casualidad). En cuanto a mí, estuve todavía un día en Petersburgo. Cuando regresé a Moscú me enteré que el tipógrafo de Petersburgo había insistido en que lo llevasen a mi alojamiento (pretendía que yo me había puesto de acuerdo con él para encontrarnos en mi casa). Como yo no tenía paradero fijo, lo enviaron al domicilio donde yo iba con frecuencia a pasar la noche. Excuso decir que esto me disgustó; pero me tranquilicé: ¿no había sido recomendado como hombre seguro por un militante encargado de un trabajo de confianza? Cuando lo llevé a la imprenta, me percaté de que tenía que entendérmelas con un mal tipógrafo; es más: en cuanto hubo empezado a trabajar, impuso tales condiciones que el Comité de Moscú no estaba en situación de soportar por falta de recursos. Finalmente, respecto del «patrón» de la imprenta, iba a menudo al domicilio de mis conocidos con objeto de verme.

Comprendí entonces que los camaradas de Petersburgo me habían endosado este sujeto para desembarazarse de él. Pero ya no tenía remedio; desde que había entrado en el servicio técnico, ya no se le podía alejar.

Me detuve largamente en esta desdichada elección porque desde el momento en que la policía entró en la imprenta (ese día nadie trabajaba) este camarada desapareció y no dio más señales de vida; ni en la prisión ni fuera de ella, ni del examen de los autos judiciales relativos a esta imprenta, se ve que fuera molestado.

La marcha del camarada Sandro, a fines de 1906, fue precedida por la del dependiente Vulpe. Lo habíamos sustituido por un buen camarada, muy activo, de la organización de Moscú, Novikóv; creo que fue detenido en la imprenta. Una vez, a mediados de abril de 1907, el camarada Arshaka vino a verme en compañía de un camarada georgiano (que después me enteré de que era el camarada Gabélov) y me propuso designar a este último para ocupar su puesto. Después de habernos informado minuciosamente, Mark (secretario del Comité de Moscú) y yo aceptamos a Arshaka, dado que no había la menor dificultad para «vender» el almacén a otro «propietario».

Enero y febrero fueron consagrados a la preparación del Congreso de Londres. En los sectores y células, las discusiones se entablaron sobre las cuestiones que figuraban en el orden del día del Congreso conforme a la decisión del Comité Central o del Comité de Moscú, ponentes; delegados de los bolcheviques y de los mencheviques debían asistir a las reuniones del partido para comentar las principales resoluciones de los bolcheviques y mencheviques. Después de una buena preparación (desde el punto de vista clandestino), reuní también a los militantes del servicio técnico del Comité de Moscú. En esta reunión los mencheviques delegaron, como ponente, en Yegórov (Lisi), que yo había conocido en 1903 o 1904 como viejo bolchevique. Quedé estupefacto. Todas estas asambleas eligieron representantes para la

Conferencia de Moscú, y a su vez designó sus delegados de Moscú en el Congreso de Londres. Si no me engaño, los delegados designados fueron Pokrovski, Kámenev, Víctor, Inokenti y Noguín; todos bolcheviques.

En abril de 1907, el Comité del partido y toda la organización de Moscú se pusieron a preparar el Primero de Mayo. El Comité del Partido lanzó la orden de huelga general. Se colocó un manifiesto publicado para explicar el sentido o significado del Primero de Mayo y un pequeño cartel rojo llamando a los obreros a que abandonasen el trabajo.

A fines de marzo, por fin conseguí hacerme con un pasaporte armenio de un estudiante de la Universidad de Petersburgo. Por lo cual, mis amigos V. Volguín, Brichkina y Galperin (de los tres, dos habitaban legalmente en la calle Tercera Tverskaya-Yámskaya) cambiaron de domicilio a fin de que yo pudiese asociarme a su comunidad. Se mudaron al inmenso inmueble Kalinkín, situado en la calle Vladímirov-Dolgorúkovskaya; desde mi regreso a San Petersburgo alquilé en casa de ellos un cuarto. Viví en «condiciones humanas» casi todo un mes, durante el cual no tuve que preocuparme, como cada día, de buscar un rincón para pasar la noche.

La tarde del 27 de abril me encontraba, como de costumbre, en mi permanencia. Todo estaba normal, salvo que el jefe de difusión de literatura revolucionaria, el camarada Koroliov, venía con retraso sin razón conocida. Lo esperé. Como no venía, envié a alguien a que telefonease a sus padres para saber si estaba en casa de ellos; pero allí tampoco le habían visto. Esto me parecía inquietante. Evidentemente algo había sucedido. Pero, ¿qué? Sabíamos que antes del Primero de Mayo detenían los gendarmes a capricho; pero me pareció que esto era todavía un poco pronto (estábamos en 27 de abril). Me fui directamente a mi casa, convencido de que le había sucedido cualquier cosa a Koroliov.

En mi cuarto yo no tenía nada que me comprometiese. No obstante, antes de acostarme advertí a los camaradas de mi alojamiento de que no abrieran la puerta sin despertarme antes. A medianoche oigo llamar con grandes golpes a la puerta de la cocina. Me levanté, destruí los códigos convenidos que indicaban la dirección de los camaradas, y fui a abrir la puerta. A mi pregunta: «¿Quién está ahí?», una voz respondió: «El telegrafista». Adiviné enseguida que teníamos la visita de huéspedes que no juegan. Apenas hube abierto la puerta cuando vi meterse a un comisario, policías de paisano, agentes seguidos del muchacho del patio de la casa. Además, la habitación se llenó de gente. Me preguntaron dónde habitaba V. Volguín y Tselíkova. Yo enseñé su habitación y volví a acostarme. Pero quedé vigilante. Finalmente, llamaron a mi puerta y toda la comitiva penetró en mi habitación. Me hice cargo enseguida de que sobre mi mesa se encontraba un folleto titulado: *Actas de la Conferencia de las organizaciones y de las organizaciones de combate del POSDR*. Me quedé turulato. Excuso decir que yo no tenía ese libro en mi casa. ¿De dónde venía?

Por último, un agente, vestido de paisano, dirigiéndose a un guardia, le dijo: «Recoja este folleto». Habiéndolo examinado, éste respondió: «Usted ya ve que está en venta en todos los quioscos y lleva el nombre del impresor». La comitiva se alejó. Cogí entonces este folleto y lo coloqué con los otros libros. Al cabo de algunos minutos los policías regresaron. El agente recogió el folleto, queriendo, sin duda alguna, enseñarlo al comisario; pero el otro lo contuvo y le dijo, con aire de disgusto, que estaba recogiendo cosas inútiles. Como el policía no cedía, fueron a ver al comisario para zanjar la cuestión. Pero éste dio la razón al guardia. Hacia la mañana, fui llamado por el comisario. Me hizo declarar mi identidad, me preguntó qué es lo que yo hacía en la ciudad y si hacía mucho tiempo que vivía en Moscú. Visiblemente, mis respuestas le satisficieron, ya que él se excusó de haberme molestado. Regresé a mi habitación y esperé el final. Habiendo terminado el registro, los policías se fueron, llevándose con ellos a dos camaradas que vivían legalmente y dejando a tres que vivían ilegalmente. Ante este resultado hubimos de estallar en risa. ¿Cómo era que habían detenido a dos camaradas que, prácticamente, no militaban en el partido? Volguín era socialdemócrata, pero en esta época no militaba en la organización; en cuanto a Tselíkova, no era ni miembro del partido. Esta detención era un enigma para nosotros.

A la mañana siguiente recibí la visita de Arshaka, el cual, aunque conocía mi dirección, nunca venía a mi casa. Me sorprendí de verlo, sobre todo después del registro. Me enteré por él de que la imprenta estaba ocupada por la policía. Convinimos en volvernos a ver durante el día, y yo salí a darme cuenta de la importancia de las detenciones. Encontré que fue en el momento en que se traían los últimos manifiestos del Primero de Mayo para repartirlos entre los sectores cuando la policía había hecho irrupción en una de nuestras permanencias. Solamente algunos sectores habían conseguido llevarse su literatura. Sobre los representantes presentes en el momento del registro, lo mismo que en su domicilio, se habían descubierto direcciones. Las detenciones eran numerosas, pero las organizaciones esenciales –las células, los Comités de sector y el Comité de Moscú– estaban intactas.

El 28 de abril por la mañana el antiguo propietario del almacén, Arshaka, se dirigió a su tienda para continuar en la transmisión de sus funciones al nuevo gerente de la imprenta. Al llegar a la puerta le sorprendió verla cerrada. Habiendo mirado por la ventana al interior, había visto a la policía. Su primer cuidado había sido correr a prevenir a los camaradas que trabajaban en la imprenta (recuerdo que la imprenta no trabajaba ese día; la impresión de los manifiestos del Primero de Mayo se había terminado, y los camaradas habían recibido permiso hasta el día 2). Arshaka había tenido suerte. Se aproximó al almacén, donde todos los porteros, los agentes y vecinos le conocían, y pudo alejarse sin ser visto. Después se había dirigido a mi casa, terminado ya el registro que habíamos tenido. Y allí todavía no había caído en una trampa. Que yo recuerde, sólo el dependiente fue detenido en la imprenta (probablemente, ésta estaba ya vigilada). En cuanto al patrón, había sido detenido en el momento de salir del almacén. Lo que me intrigaba era cómo la imprenta había podido ser descubierta; todo se había llevado tan secretamente que, sin el concurso de un confidente, de la policía jamás hubiera podido encontrarse. El resultado del registro que había tenido lugar en mi casa me pareció extraño. Como dedujimos en consecuencia, la policía se había presentado primeramente para registrar en la Tercera Tverskaya-Yámskaya, donde habitábamos antes de mudarnos para el inmueble Kalinkín. A este alojamiento venía el sujeto de Petersburgo. En la portería, la policía se había enterado de la nueva dirección de Volguín (el piso estaba alquilado a su nombre); de ahí el por qué tan pronto llegó a nuestra casa la policía; había preguntado por Volguín y Tselíkova (sólo ellos figuraban en el registro de la casa como habiéndose mudado de la anteriormente mencionada). Galperin, aunque se hiciese reservar una habitación, no estaba inscrito. Había salido de viaje para legalizarla. Otros dos camaradas y yo habíamos cambiado de pasaporte. Dedujimos que la policía ignoraba a quién buscaba, que únicamente sabía que este alojamiento tenía algo que ver con la imprenta. Estaba convencido de que el sujeto de Petersburgo había denunciado la imprenta. Esto fue lo que yo escribí a los camaradas de allá, pero no pudimos determinarlo de una manera segura. Hoy mismo, en posesión del sumario relativo al asunto de la imprenta, tampoco puedo decir de qué manera había sido descubierta (sobre una diligencia del sumario se lee este pasaje: «gracias a los esfuerzos combinados de nuestro servicio de información y vigilancia, la imprenta ha sido descubierta»). Es cierto que en noviembre de 1906 Galperin había llevado a su casa al provocador Zhitomirski, que conocía muy bien a todos los que habitaban en el alojamiento. Si fue Zhitomirski quien nos denunció, hubiera podido dar, como lo hizo después (ya lo veremos más adelante) una descripción precisa de cada uno de nosotros. La policía entonces no nos hubiera buscado por nuestro nombre, sino por nuestras señas. No estando fichados, la policía no se hubiera dirigido a nuestro antiguo alojamiento hasta el día en que puso la mano sobre la imprenta. La imprenta existió desde septiembre de 1906 hasta abril de 1907; en total, ocho meses. Imprimió 45 manifiestos, periódicos y carteles. Los manifiestos de 5.000 a 45.000 ejemplares; los pequeños carteles rojos, antes de las elecciones de la primera Duma y antes de Primero de Mayo de 1907, fueron tirados por cientos de miles de ejemplares. En la lista de los manifiestos y otros impresos (en total 43) que figuraba en el proceso, no figura el pasquín del Primero de Mayo anteriormente mencionado, impreso en papel rojo (que tuvo una tirada de 350.000 ejemplares; debíamos imprimir 500.000, pero no recuerdo si es que no hubo tiempo en la imprenta o si fue que faltó papel), y un folleto: *¿Quién es el verdadero defensor de los trabajadores?*. La imprenta inscribía efectivamente en sus libros los títulos, lo mismo que la cantidad de los manifiestos y periódicos impresos; pero sin duda la llegada de la policía impidió mencionar el cartel de Primero de Mayo y el folleto. No contando estos dos últimos impresos, los otros 43 se repartían de la manera siguiente: sobre cuestiones políticas y económicas, siete manifiestos fueron tirados, con un total de 174.000 ejemplares; estos manifiestos trataban principalmente de actitudes políticas y de la posición del partido ante las diversas cuestiones de la vida del país; cuatro manifiestos dirigidos a los campesinos fueron tirados en número de 140.000; el programa agrario de nuestro partido, en número de 20.000; dos manifiestos dirigidos a los soldados, en 10.000; un manifiesto para los ferroviarios, en 10.000; dos números de la revista *La Voz del Ferroviario* y un manifiesto del sindicato de ferroviarios fueron tirados en número de 10.000; de un manifiesto dirigido a los centros políticos (para socorrer a los presos) se tiraron 6.000; en fin, cuatro extractos del Comité de Moscú para noviembre-diciembre, un proyecto de resolución para el V Congreso del partido y un proyecto de manifiesto dirigido a la fracción parlamentaria socialdemócrata fueron tirados en número de 14.000 ejemplares. En total, cerca de millón y medio de ejemplares de diversos manifiestos salieron de esta imprenta.

Después del golpe de hacha que precedió al Primero de Mayo, la policía empezó a desmembrar al Comité de Moscú. El camarada Kárpov (miembro del Comité) fue detenido en los primeros días de mayo. En lo sucesivo, la policía hizo frecuentes apariciones en los locales anejos a la Escuela Politécnica, donde se encontraban las permanencias y las reuniones del Comité de Moscú. Como muchos miembros del Partido (Filipóvich, Bogdánov y otros) habitaban allí, la policía no consiguió hacer jamás buenas redadas; estando prevenidos a tiempo de su llegada, podíamos siempre dispersarnos por las habitaciones. Además, la policía temía operar en una redada en los locales de la Escuela Politécnica o de establecer una ratonera. En la segunda eventualidad, los estudiantes hubieran prevenido a los que llegaban, y en la primera, la policía tenía demasiado miedo a las bombas. Visiblemente, la Ojrana sabía que las bombas se fabricaban en los talleres de la Escuela. Sin embargo, ninguna detención se realizó en dichos locales; pero decidimos abandonarlos, ya que la policía estaba constantemente allí.

El Comité de Moscú no podía pasar sin imprenta. La reacción cada vez era más fuerte. Ni una imprenta legal aceptó imprimirnos cualquier cosa que fuese, a no importa qué precio (el Comité de Moscú estaba muy lejos de ser rico). Me las ingenié para montar una nueva imprenta. Obviamente no se podía soñar en comprar una máquina. El camarada Kichín, que trabajaba conmigo, puso una serie de bastidores, sobre la cual el cilindro rodaba sin hacer el menor ruido como sobre rieles. Lo hicimos construir por encargo a un ciudadano llamado Zótov, que tenía un taller de cerrajero en la calle Karétno-Sadóvaya.

Durante el verano de 1907 alquilamos en Sokólniki un pabellón. Varios obreros que trabajaban en el parque de tranvías se instalaron en él (habitaban separadamente y con independencia del local ocupado por la imprenta), de modo que dos camaradas, Víctor (cuyo nombre yo ignoraba) y un compositor tipógrafo muy bueno, Raikín (deportado, escapó a América, donde todavía se encuentra). Él y su mujer. B. Fáiger[36], habían trabajado constantemente en las imprentas clandestinas; por casualidad habían venido de Tula después de haber sido descubierta nuestra imprenta.

Para transportar el papel que comprábamos en la ciudad, como los manifiestos que imprimíamos, alquilamos, no lejos de la imprenta, una vivienda en la cual se instaló el camarada Fáiger. Allí era donde los obreros, al dirigirse al trabajo, llevaban el papel destinado a la imprenta y pasaban a recoger, terminada su jornada, los manifiestos impresos. La imprenta empezó a funcionar. Tuvimos que entrevistarnos con la casi totalidad de los miembros del partido que trabajaban en la industria del libro para procurarnos en gran cantidad los caracteres y el material de imprenta necesarios.

Al poco tiempo, después del registro que hubo en mi casa (el 28 de abril de 1907), dejamos la vivienda (enviamos un pariente del camarada Volguín a decir al propietario que liquidaba la vivienda y que se llevaba los muebles). Los tres nos fuimos de «vacaciones» a Losino-Ostrovskoye. Tomamos la primera casa de campo que encontramos. El mes de mayo fue muy frío, y nos helábamos en esta casa más que en invierno. Pudimos, sin embargo, pasar el verano. En otoño me procuré una buena copia de un pasaporte, extendida a nombre de Pimen Sanadiradze. Gracias a este pasaporte me instalé con dos amigos en una vivienda de la calle Kozijinski (este documento me sirvió hasta el momento en que fui detenido en 1914, de lo que hablaré más

[36] En 1926 era miembro de un club obrero de Moscú y del Partido Comunista de Rusia. En 1928 se encontró una carta de 1917 en la que ofrecía sus servicios como agente provocador a los gendarmes de Siberia. La Revolución de Febrero le impidió convertirse en una. Ha sido expulsada del Partido, y está recluida en un campo de trabajo.

adelante), teniendo buen cuidado de no dar esa dirección a nadie. No obstante, mi situación era delicada; Galperin había sido detenido a su regreso a Moscú. Por tanto, vivía legalmente. Se llevaron a los porteros del inmueble de la casa Yurásov, donde se había descubierto la imprenta del Comité de Moscú. En el interrogatorio se dijo que yo era quien dirigía todos los servicios técnicos del Comité de Moscú, incluso la imprenta. Desde la prisión escribió que yo debía salir de Moscú sin tardanza.

Un día, en la calle Dolgorúkovskaya, noté que era seguido. Apreté el paso y logré saltar a un ómnibus que iba a la Sújareva. El policía subió también. El cobrador le dio un billete, pero no lo cogió. De pronto sacó unas fotos del bolsillo. Miré: era la foto de Galperin (muy probablemente la policía no tenía la mía). Salté del ómnibus y me lancé a toda prisa a la calle Lijova, y el policía salió a mi alcance. Yo conocía Moscú mejor que él y mis piernas eran mejores que las suyas. Así pude desembarazarme de él.

En el otoño de 1907 detuvieron al camarada Fáiger; en su casa sólo descubrieron papel destinado a la imprenta, nada más. No obstante, era arriesgado dejar la imprenta en el mismo sitio. Decidimos transportarla al barrio de la Zamoskvoreche. Alquilamos una vivienda situada en el último piso de una casa inmensa, todavía en construcción. Dos camaradas provistos de pasaportes irregulares se instalaron allí; Lopatin y Lidia Aizman[37], así como el tipógrafo Raikín, éste sin estar inscrito. La camarada Aizman tenía el enlace entre el mundo exterior y yo; en cuanto a los otros dos, trabajaban en la imprenta. Se imprimieron menos manifiestos y en menos cantidad; pero, en cambio, se publicaba regularmente el *Boletín de la organización militar del Comité de Moscú* y, me parece que también, el *Boletín de el buró regional del partido*.

---

[37] Deportada por consecuencia del asunto de la imprenta, consiguió huir a París. Cuando Lafargue y su mujer [Laura Marx] pusieron fin a sus días, ella también se suicidó.

A fines de 1907 volví a encontrar en la residencia a Mark, secretario del Comité de Moscú, y a Leónidas Bielski, que acababa de ser puesto en libertad. Éste me dijo que en la seguridad general le habían dicho todos mis sobrenombres, lo mismo que mi verdadera identidad, y que estaba convencido que un día u otro sería detenido en la calle. Leónidas enumeró todos mis sobrenombres y mi nombre. Quedé confuso. En Moscú sólo había dos o tres camaradas que conocían mi verdadero nombre. Yo lo había casi olvidado, ya que después de 1902 nadie me había llamado por mi nombre.[38]

Las detenciones continuaron y aumentaron. Se detenía a los militantes activos por montones. La organización de Moscú se resentía cada vez más. La vigilancia policíaca sobre la organización de difusión de la literatura revolucionaria se hizo cada vez más insoportable; varias veces tuve que suprimir residencias descubiertas por la policía. Pero no impidió que le echasen mano a ciertos colaboradores de mis servicios técnicos.

Una vez, saliendo de una permanencia que estaba en una calle que daba a la Srétenka, caí en medio de varios policías. Por la Srétenka, un tranvía iba a toda velocidad. Salté en marcha. Descendí en la primera parada como si nada hubiese sucedido, sin «cola» detrás de mí.

El secretario del Comité de Moscú, Mark, fue detenido en enero de 1905. A causa de esta detención, tuve que tomar una gran cantidad de precauciones para encontrarme con los camaradas de los servicios técnicos. Me volví tan receloso que en cada

---

[38] Leónidas fue tachado de sospechoso por haber tenido relaciones con la Ojrana. En 1920 vino al II Congreso de la Internacional Comunista como delegado un grupo comunista americano. La Comisión Central de Control del Partido Comunista de Rusia lo hizo comparecer ante ella. Reconoció en efecto haber estado relación con la Ojrana, pero declaró que no había denunciado a nadie; por el contrario, había tratado de informarse todo lo posible a fin de informar a los camaradas. La Comisión Central de Control no poseía pruebas que demostrasen que hubiese entregado a nadie. Se limitaron a expulsarlo de Rusia.

individuo veía a un policía. No entraba en mi casa si había alguien parado en la calle o caminando tras de mí. Había llegado a tal punto que una noche, habiendo oído ruido y voces en la escalera, y creyendo que era un registro, salté de la cama y destruí diversos papeles. Como nadie entraba, salí al descansillo; era simplemente una partida de borrachos que esperaban a que el portero les abriese la puerta.

El camarada Andréi (Kúlich), llegado de Petersburgo, fue nombrado secretario del Comité de Moscú. Le indiqué mi necesidad de salir de Moscú, puesto que un día u otro debía esperar que me detuviesen. No participó de mi opinión. Tuve que continuar mi tarea.

Una vez, en febrero, me aproximaba a una casa situada en la Bozhedomka, donde se encontraba una permanencia. Se veía que el inmueble estaba alquilado. Entré e hice salir a todos los que estaban allí. También estaba el camarada Zéfir (Moiséiev), que venía a verme de parte del Comité Central del partido. Sin tiempo para hablar con él, le di otra dirección donde podía encontrarme la misma noche. Cuando salimos, los policías se dispusieron a nuestra persecución. Hube de ocuparme en desembarazarme de ellos hasta una hora avanzada de la noche. Tuve que tomar varios coches, cosa que yo no hacía nunca, ya que no me fiaba de los cocheros. Por causa de los policías no pude ir a la vivienda donde me esperaba Zéfir. Más tarde me informó Andréi de que Zéfir me invitaba en nombre del Comité Central a partir inmediatamente para el extranjero y a ponerme a la disposición del buró exterior del Comité Central (en el Congreso de Londres, los bolcheviques, con el PSRPL y una parte de los delegados de la socialdemocracia letona, fueron los dueños; la mayoría del Comité Central estaba formada por bolcheviques y sus aliados revolucionarios: el PSRPL y la socialdemocracia letona). El Comité de Moscú no me retuvo más. Suspendí mis funciones durante el mes de marzo de 1908, y me dirigí a Penza para desembarazarme de los policías y de mi obsesión, así como para descansar. Estuve tres semanas. Aunque yo no hubiese visto por allí a nadie perteneciente a la organización, empecé, no obstante, a sentirme vigilado. De allí fui a Rostov. Al principio me instalé bastante bien, y pude descansar. Me puse en relación con el buró del Comité Central en el extranjero y con los camaradas locales. Un poco antes del Primero de Mayo, la casa en donde yo habitaba empezaba a ser vigilada. Me mudé a otra casa; pero allí no escapé tampoco a la vigilancia de la policía. Viendo esto, cesé de registrarme y empecé a pasar las noches al azar. Como no tenía relaciones en la frontera para pasar al extranjero clandestinamente y yo no poseía pasaporte para salir legalmente, mi viaje se retrasó. Había resuelto marchar utilizando mis antiguas relaciones; pero anteriormente escribí a mis padres, que me propusieron ir a verlos, prometiéndome encontrar un pasaporte que me permitiera irme legalmente al extranjero. Salí de Rostov con toda clase de precauciones. Pero en Taganrog corrí el riesgo de ser cogido. Tuve suerte y salí.

VI

DETENCIÓN ESTÚPIDA (1908)

En 1908 me encontré en mi ciudad natal. La reacción de 1908, que había puesto la garra sobre todo aquello que había de viviente en el movimiento revolucionario de las grandes ciudades, reinaba allí dueña y señora. La ciudad estaba llena de guardias móviles que acababan su expedición punitiva en las campiñas lituanas. No pasaba día sin que los guardias móviles trajesen a la ciudad campesinos del distrito de Vilkomir. En la ciudad todo estaba muerto. Aun la organización del Bund, que se había mantenido en el período de reacción más violenta anterior a 1905, también había desaparecido. Los camaradas que todavía pertenecían a una misma organización evitaban encontrarse. Desde que me vi allí me di cuenta de la falta que había cometido viniendo a este agujero, donde una gran cantidad de gente del pueblo me conocía de 1906. Sentí haber hecho caso a mis padres, que me habían prometido procurarme un pasaporte para el extranjero, olvidándose decirme lo que pasaba en la ciudad. Era demasiado tarde para reparar mi error. En cuanto a mis padres, recorrían la ciudad buscándome el pasaporte que yo necesitaba para salir.

Diez días después de mi llegada, de madrugada, oí llamar violentamente a la puerta. A la pregunta: «¿Quién está ahí?», una voz desconocida respondió que se trataba de un telegrama urgente a nombre de mi cuñado. Dije que lo trajesen por la mañana; pero desde fuera empezaron a forzar la puerta de la habitación donde yo dormía (tenía una salida a la calle). Comprendí enseguida de qué «telegrama urgente» se trataba. Abrí la puerta, por la que entraron los dos gendarmes que había en la ciudad, los guardias móviles, el comisario de policía y sus ayudantes. Se echaron sobre mí diciéndome: «¿Tú eres un tal...?» (y dijeron mi verdadero nombre). Les dije que me llamaba Pokomunski (nombre con el cual había vivido en Odesa).

Anteriormente, desde que me di cuenta de la situación, pensé cómo debía llamarme si llegaba a ser detenido. Me parecía imposible dar mi verdadero nombre, ya que la Ojrana de Moscú lo conocía, lo mismo que mi trabajo, y desde entonces yo debía esperar ser juzgado en Moscú y seguramente condenado a la deportación o a trabajos forzados.

Por eso resolví dar el nombre con el cual yo había sido encarcelado en Odesa, pensando, con razón, que la dirección de la gendarmería no se había dirigido a mí en 1906 ni a la sociedad que en 1905 (por cien rublos) me había dado un pasaporte que, dicho sea de paso, me había proporcionado un gran servicio en Odesa. Los gendarmes me pidieron el pasaporte; excuso decir que yo no lo tenía. En mi casa todo el mundo, excepto mi madre, sabía el nombre que yo debía dar. Pero, en el preciso momento del registro, que fue atrozmente largo, mi madre entró. Quedé congelado. Pensé enseguida que por inadvertencia ella iba a llamarme por mi verdadero nombre. Pero no hizo nada. Ella estuvo allí silenciosa, viendo el registro y cómo me llevaban.

Por la mañana empezaron las tribulaciones. El comisario me interrogó; después me llevaron ante el jefe de policía del distrito; al día siguiente, por la mañana, el oficial de gendarmería Sviachkin llegó de Kovno, trayendo mi fotografía, tomada en la prisión de Kiev en 1902. Se me condujo solemnemente al despacho del jefe de policía, donde estaban el comisario, el oficial de gendarmería y otro personaje. El gendarme Sviachkin me dijo que se sabía todo, que se me espiaba desde hacía tiempo, pero que esta vez ya me tenían. Y para impresionarme más, sacó mi fotografía. Habiéndola visto, me dirigí inmediatamente a él y le pregunté si no se daba cuenta de que no era la mía, porque, agregué, yo quisiera saber si la cabeza de un hombre se achica a medida que envejece. (En 1908 yo gastaba una gran barba que me daba un aspecto sólido y que no correspondía a mi edad, mientras que en la foto, hecha en la prisión de Kiev, tenía el aspecto de un chiquillo con una cabeza enorme). Los policías quedaron confusos. El mismo día dos gendarmes me llevaron a Kovno y empezaron a remover la ciudad. El oficial de gendarmería hizo venir a mis padres y a varios habitantes y los interrogó. Otro gendarme dio un salto de algunos centenares de kilómetros para interrogar a mi hermana y enseñarle mi foto. No obstante, los gendarmes no consiguieron obtener confirmación de sus acusaciones. Los gendarmes de Kovno vinieron al hotel, donde interrogaban a todos los que convocaban. Los mozos del hotel se mostraron astutos; escuchaban la conversación de los gendarmes, y así sabían a quién iban a interrogar. Comunicaban todo lo que oían a mis padres, y éstos hacían lo necesario para que las personas convocadas no me molestasen. Mis padres también previnieron a mi hermana para que ella no me reconociese en la foto. Los muchachos del hotel se enteraron en qué condiciones yo había sido denunciado. El delator, un curtidor, era un antiguo militante bundista: Berel Gruntvagen. El día de mi detención me lo había cruzado en la calle, pero todo eso lo supe después.

Los detenidos de la celda en que yo fui encerrado en la prisión de Kovno me recibieron con hostilidad. Cuando quise conocer las razones de esta actitud me declararon en términos muy vivos que yo estaba allí para provocarlos. Cuando los más serios de los detenidos vieron que yo estaba sinceramente sorprendido de su nerviosidad y hostilidad, me dijeron, mostrándome las provisiones que yo llevaba, que ellos habían declarado la huelga de hambre para protestar contra el riguroso régimen de la prisión, y que esto era una provocación por parte de la dirección de la prisión al ponerme con ellos.

De que el régimen de la prisión era riguroso me di cuenta enseguida; al llegar tuve que desnudarme completamente, y los guardias me registraron minuciosamente. Desde que conocí las razones del «caluroso» recibimiento que me habían hecho los habitantes de la celda, arrojé todas mis provisiones y me sumé a la huelga. Todos los presos de nuestro corredor se unieron a su vez, y después todos los detenidos políticos. Nos quitaron las camas, los jergones y todos nuestros objetos (como en el calabozo); tuvimos que acostarnos sobre el suelo, no solamente de noche, sino también durante el día, ya que muchos de nosotros, y yo entre ellos, al cabo del tercer día estábamos postrados.

La huelga del hambre quedó sin efecto y el régimen de Kurlov[39] fue aplicado, y esto por la simple razón de los elementos poco seguros, especialmente campesinos, que no estaban habituados a tener hambre por su propia voluntad, y fueron encerrados con los detenidos políticos. La prisión de la actual capital de la «República Nacional Democrática de Lituania» encerraba entonces muchos intelectuales llenos de sentimientos nacionalistas, y muchos campesinos detenidos por tomar parte en levantamientos agrarios contra los propietarios rurales polacos; entre otros estaba el presidente secreto de la «República lituana» de entonces y su hijo. Toda la gobernación de Kovno estaba invadida por los guardias móviles. Los comisarios de policía rural se habían convertido en jueces de instrucción en materia política. Con todos los métodos de instrucción eran igual de simples y uniformes: llevaban a uno o varios campesinos de una aldea y les

---

39 Kurlov era el gobernador de la ciudad de Moscú, conocido por su prepotencia y rigurosa administración.

daban de palos hasta que éstos habían declarado todo lo que se quería. Desde que los campesinos así «interrogados» habían designado sus cómplices, éstos eran inmediatamente detenidos, y se hacía un proceso monstruoso. Todas las prisiones del distrito y del gobierno, todos los locales de encarcelación de las oficinas de policía estaban llenos de campesinos. El sostén de una turba de guardias móviles «reportaba» bastante. El trabajo no les faltaba. Además de una muchedumbre de campesinos, la prisión encerraba a muchos obreros lituanos, polacos, judíos y rusos. La mayor parte estaba allí por casualidad y por denuncia de enemigos personales. También había camaradas lituanos, denunciados por los provocadores que se encontraban en sus organizaciones. Desgraciadamente no recuerdo sus nombres. Después de mi salida de la prisión de Kovno no los volví a ver.

Al poco de mi llegada fui llamado para el interrogatorio. Los gendarmes que me habían llamado declararon reconocerme perfectamente. ¡Hacían frecuentes investigaciones en casa de mi hermano, y es allí, según parece, donde ellos me habían visto! El absurdo y la mentira de sus declaraciones eran evidentes, va que yo no había estado en casa de mi hermano desde 1899. El mismo Sviachkin, que había llegado después de mi detención trayendo mi fotografía, quiso asustarme amenazándome con enviarme a las secciones de prisioneros como un vagabundo, de confrontarme con mi hermano, etc.; a decir verdad, yo no me encontraba muy contento, puesto que ignoraba cómo reaccionaría mi hermano al verme. No obstante, el interrogatorio se terminó sin resultado; yo esperaba en cada momento una confrontación, que en definitiva no tuvo lugar, pues los gendarmes habían manifiestamente perdido la esperanza de demostrar que era yo el que buscaban. Me dejaron tranquilo durante dos meses. Pero estuve constantemente en la incertidumbre de mi suerte. En el fondo yo me inquietaba poco; me era indiferente ser relegado bajo mi nombre verdadero o de ser enviado enseguida a las secciones de presos con los vagabundos. Pero otra idea me torturaba: si se llegaba a demostrar quién era yo, mis padres, que habían afirmado que me llamaba Pokomunski, serían detenidos y probablemente enviados a Siberia sin otra forma de proceso.

Finalmente, se me llamó de nuevo al interrogatorio. Cuando vi en medio de qué aparato debía tener lugar el interrogatorio, comprendí que los gendarmes fraguaban alguna cosa contra mí y me puse en guardia. Al llegar observé que había testigos judiciales detrás de la puerta. Después de haberme preguntado varias cuestiones, Sviachkin me preguntó en qué ciudades de Rusia había estado. Como yo no respondí, él se puso a enumerarlas. Al final nombró Jersón. Le respondí categóricamente no haber estado allí nunca. El gendarme saltó de gozo, ya que en la oficina de reclutamiento de Vilkomir se había encontrado la antigua hoja de matrícula de Pokomunski. Sin reflexionar mucho le respondí que, siendo hijo único, yo estaba exceptuado del servicio militar y, además, que no había pasado el consejo de revisión. Esta hoja de matrícula seguramente no era la mía, esperando que sin hoja no se habrían aceptado los documentos que demostraban que yo me beneficiaba de la excepción; y como en ese momento yo no estaba en Vilkomir, era la tarjeta de otro la que habían metido allí. El gendarme me dijo que me daba un plazo de tres días para hacer conocer mi verdadera identidad; pasado ese plazo, sería enviado ante los tribunales como vagabundo. Al cabo de una semana se me hizo partir por etapas, sin decirme adónde iba. Era a Vilkomir adonde me expedían de nuevo. Iba a pie desde Yánov; paisanos que me vieron avisaron a mis padres. En las cercanías de la ciudad me esperaban conocidos. Tan pronto entré en el cuerpo de guardia de la dirección de la gendarmería, mi cuñado vino a verme y me entregó un paquete de cartas de Moscú, de Rostov y del extranjero. (Aquellos tontos de los gendarmes corrían por todos lados para buscar la prueba de que yo no me llamaba Pokomunski, pero ellos olvidaron totalmente el ver las cartas a nombre de mi cuñado. Entre ellas las había cifradas, y esto era bastante para inculparme de nuevo.) Él me informó de que todas las pesquisas de los gendarmes habían sido vanas, y tan pronto como él supiese la razón por la cual se me había llevado allí, me lo comunicaría. (Mi cuñado había conseguido verme por un rublo.) Me sentí algo más confortado. Por la noche recibí un pequeño recado en el cual me informaban de que iban a confrontarme con los padres de Pokomunski, pero que se haría todo lo necesario para que ellos declarasen que me reconocían.

A la mañana siguiente, un obrero y yo fuimos conducidos por la ciudad en dirección a Dvinsk. En el camino vi por mis propios ojos las cámaras donde se sometía a los campesinos y a los criminales a la tortura para obligarlos a reconocer que se habían sublevado, que habían tomado parte en ligas, en robos, etc., ¡cuando eran inocentes! En una de esas cámaras de tortura nos detuvimos, y los mismos que acababan de sufrir los horrores del «interrogatorio» nos hicieron el relato de los métodos de instrucción judiciales en vigor. Por un momento creí que se me había llevado allí para obligarme a declarar mi identidad. Después de haberme llevado a casa del comisario de policía y de su adjunto, nos condujeron más allá, cosa que estaba lejos de desagradarme. Mi compañero de camino y yo ignorábamos todavía que iríamos a dar con un oficial de policía que era el terror de la región.

Estuvimos en camino tres días y dos noches. En la noche del tercer día, un sábado, llegamos a la desagradable aldea de Utsiani, por donde pasa el ferrocarril de vía estrecha Paneviezh-Sventsiani. El comisario de policía tenía su despacho en un patio; un poco más lejos, separado, se percibía una pequeña casucha que había servido en otro tiempo de sala de baños, y que la habían transformado en «prisión». Esta última estaba vacía.

Nos metieron a los dos en una celda estrecha, oscura, que no tenía más abertura que un tragaluz. El domingo hubo juerga en casa del comisario; ecos de voces embriagadas, de cantos y de danzas llegaban hasta nosotros. El mismo día, el guardia que trajo nuestra comida nos puso al corriente de todos los delitos cometidos por el comisario y su adjunto. Los detenidos eran fustigados y torturados en la primera sala que habíamos atravesado para llegar a nuestra celda. El guardia nos enseñó sobre un banco huellas de sangre que provenían de detenidos fustigados, y agregó que por más que hubiesen denunciado al comisario y alguno hiciese abrir una encuesta, las torturas continuaban como antes.

El domingo por la noche nos estremecimos. La celda estaba oscura; en el patio, voces de hombres embriagados parecían acercarse a nuestra casucha. Toda la noche esperábamos una agresión; pero, no sé por qué, no nos tocaron. El lunes al anochecer llamaron a mi compañero. Apenas había cerrado la puerta de nuestra celda se oyeron gritos desgarradores. El desgraciado había sido molido a palos porque la dirección de la prisión de Kovno le había dado un falso itinerario: en lugar de expedirlo por el ferrocarril a Dvinsk, vía Vilna, lo habían enviado a Vilkomir. El «sutil» comisario había deducido enseguida que mi involuntario compañero había él mismo escogido esta ruta para escaparse. Le pegaron hasta que cayó sin sentido. Cuando lo trajeron a la celda me llamaron. Resolví defenderme. Subí el cuello y estuve mirando en la oscuridad de dónde podía venir la agresión. Pero sin incidente me condujeron a una sala alumbrada. Allí estaba el comisario de policía, y a lo largo del muro cinco viejos, entre ellos algunos lituanos. El comisario me ordenó callar y se puso a interrogar a los viejos; éstos declararon que yo era efectivamente el hijo de Pokomunski, que había emigrado a América mientras que yo había quedado en Rusia; que ellos me conocían bien, y que yo me parecía mucho a mi padre. No volví a ver a estos bravos hombres. Por otra parte, yo estaba tan seguro de que se me llamaba para torturarme que en el primer momento, cuando estuve delante del comisario, no comprendí nada de lo que pasaba. A la mañana siguiente, el comisario me dijo que yo había tenido la suerte de ser reconocido; que, si no, no habría salido vivo de sus manos. Mientras me llevaban, un desconocido se acercó a mí y me dio cinco rublos; entonces comprendí que algunos de mis amigos habían hecho lo necesario para que yo fuese reconocido.

Después de que los testigos hubieron declarado que yo era Pokomunski, los gendarmes me abandonaron; pero en revancha caí en manos del comisario. Me acusó de haber enviado al consejo de revisión una tercera persona, delito castigado por la ley. (La acusación pretendía que Pokomunski había respondido en efecto al llamamiento, ¡pero yo no!). Me llevaron a la oficina de reclutamiento. Esta decidió enviarme al tribunal, que me puso en libertad bajo fianza de cien rublos. Así terminó este encarcelamiento estúpido. Fue el más corto de mi vida revolucionaria, pero también el que me costó más caro de nervios y de dinero. Físicamente estaba agotado. Después de mi liberación me dirigí a Kovno. Cogí un pasaporte para ir a Odesa a ver al camarada Orlovski (Voróvski), a quien me había enviado el buró del Comité Central en el extranjero. Me entendí con él respecto a la recepción y difusión de la literatura. A este efecto le presenté a mi antiguo coacusado, el camarada Levit.

En noviembre de 1908 dejé Odesa para dirigirme, por Kamenéts-Podolski, a Leópolis [Lviv], donde me enviaba el Comité Central.

VII

De nuevo al extranjero (1908-1912)

Tenía orden de hacerme cargo de la organización del transporte de la literatura que funcionaba en Leópolis. Los camaradas de allí se proponían abastecer el sur de Rusia de literatura socialdemócrata publicada en el extranjero. Me fue bastante difícil encontrar a los camaradas de Leópolis, ya que la dirección de la residencia que me había enviado Krúpskaya durante mi detención en la prisión de Kovno había sido descifrada inexactamente (calle Senatórskaya en lugar de Lenartóvicha). Estudiando la cuestión del transporte, vía Leópolis, de nuestra literatura, encontré que el pud nos saldría demasiado caro, y que esta vía necesitaría en Rusia una organización demasiado vasta y complicada. Además, no había la menor garantía de que la literatura llegara rápidamente a Rusia. Habiendo comunicado mi opinión a Ginebra, al buró del Comité Central del extranjero, fui llamado. En el camino me detuve en Cracovia, en casa de camaradas polacos. Si mi memoria no me engaña, fue allí donde vi a Ganetski, al cual comuniqué el encargo que me habían dado para los camaradas polacos.

En Cracovia encontré a Gurski, que no había vuelto a ver desde nuestra evasión de la prisión de Kiev. A Viena llegué por la mañana. Como mi tren no salía para Suiza hasta la tarde, fui a casa de Levá (Vladímirov), que había establecido sus cuarteles en Viena; por él supe cuáles eran nuestros conocidos comunes que se encontraban en el extranjero y lo que ocurría en nuestros centros.

Me enteré de que entre los bolcheviques empezaban a manifestarse divergencias en cuanto a la participación de los socialdemócratas en la tercera Duma.

Antes de las elecciones de la tercera Duma los bolcheviques no estaban de acuerdo. Recordaba que, en 1907, antes de la II Conferencia panrusa del partido, se publicaron una serie de artículos a favor y en contra de la participación de los socialdemócratas en las elecciones. Lenin estaba por la participación; Bogdánov en contra. Cuando el partido tomó su decisión, los bolcheviques participaron con entusiasmo en las elecciones. Por eso yo no comprendía por qué, existiendo en la Duma la fracción socialdemócrata desde hacía tanto, esta cuestión fue tratada de nuevo.

En el camino de Viena a Ginebra atravesé las montañas del Tirol. En años sucesivos tuve ocasión de pasar varias veces al pie de estas majestuosas montañas, que me atraían por su belleza grandiosa y su calma apacible. Pero en otoño de 1908, al dirigirme a Ginebra, después del trabajo extenuante y agotador que había tenido que asumir en Moscú y el último encarcelamiento particularmente penoso que había sufrido, los montes del Tirol hacían brotar en mí una especie de pesadumbre. Me preguntaba si era cierto que la humanidad no podía vivir sin la explotación del hombre por el hombre, sin guerras y sin lucha de clases. Pero este estado de espíritu no me duró largo tiempo. Al llegar a Ginebra olvidé las montañas del Tirol y me puse al corriente de los acontecimientos del partido durante los últimos seis meses.

En Ginebra encontré a Vladimir Ilich [Uliánov: Lenin], Nadezhda Konstantínovna, María Ilínichna [Uliánova, hermana de Lenin], Zinóviev (no lo conocí hasta este momento), Inokenti, Víctor Taratuta (éste era entonces secretario del buró del Comité Central en el extranjero) y Ótzovo (Zhitomirski). Éste habitaba en París, y se le hizo venir solamente para que me transmitiese sus funciones. Fui amigo íntimo de Zhitomirski. En Berlín, cuando tuve que dejar mi habitación por la vigilancia que se ejercía sobre mí durante la preparación del II Congreso del partido, fue a su casa adonde me mudé. Me ayudaba en el trabajo de expedición, le dictaba cartas en alemán y frecuentemente en ruso, porque yo tenía mala letra. En 1905, antes de ir a Rusia, le había confiado, como a Guétsov, toda nuestra red de enlace para la expedición de nuestra literatura.

Cuando hubo que trasladar de nuevo al extranjero la publicación de los órganos del partido, Zhitomirski fue encargado antes de mi llegada de restablecer la antigua organización del transporte. No pudo conseguirlo, ya que él no tenía relaciones personales. Pasados dos años, ya no se expidió más literatura. Ya no se podía reconstruir la red de enlaces sino por contactos personales con los alemanes, así como con los campesinos rusos. Intentó sin éxito hacer un viaje a la frontera. Por más que declaró que había trabajado conmigo, no le sirvió de nada. En Ginebra, Zhitomirski me acogió cordialmente, me ayudó a instalarme, y mientras tanto me informó de todo lo que él había hecho para restablecer la organización de transporte. Cuando le pregunté por qué no residía en Berlín, pues estando más cerca de las fronteras era más fácil trabajar, me contó lo que había pasado en Berlín durante su estancia en Rusia. La policía berlinesa había hecho una visita a una reunión de socialdemócratas rusos. Uno de éstos había arrojado por tierra la dirección del depósito donde se encontraba nuestra literatura, y un paquete que contenía revólveres y la dirección del hotel donde habitaba el camarada Kamó. En casa de éste la policía había descubierto una maleta de doble fondo que contenía dinamita.[40] En casa de Kamó se había encontrado –según Zhitomirski– su tarjeta de visita, por lo cual había tenido que salir de Berlín. Zhitomirski me aconsejó no instalarme en Berlín, donde la policía se había vuelto muy severa; en un hotel, Papacha había sido detenido y expulsado; en cuanto a mí, yo era buscado. Hoy no me cabe la menor duda que todas las detenciones que se ejecutaron en el extranjero entre los bolcheviques fueron obra de Zhitomirski; pero en aquella época estaba todavía por encima de toda sospecha.

Algunos días después de mi llegada fui a una conferencia de [Grigori] Alexinski. No recuerdo el tema, pero sí que habló mucho de la tercera Duma y de la actividad de la fracción parlamentaria socialdemócrata. Según él, la fracción parlamentaria no seguía una línea política proletaria de clase, sino, al contrario, por sus manifestaciones, los miembros de la fracción no hacían más que desacreditar a nuestro partido. Sacó en conclusión que se debía presentar un ultimátum a la fracción exigiéndole hacer la política del partido. Si la fracción no quería conformarse con nuestra indicación, era necesario retirarla de la Duma. La conferencia fue seguida de una viva controversia, en la cual tomaron parte los mencheviques. El camarada Inokenti combatió con mucha fuerza a Alexinski. Podemos decir que fue la primera manifestación pública del Comité Central, o del centro bolchevique,

---

40 En una nota que figura al final de una carta de Axelrod a Mártov, de fecha 7 de diciembre de 1907, número 62; también en otra nota de una carta de Mártov a Axelrod, fechada el 5 de enero de 1908, número 65, los editores de las cartas de Axelrod y Mártov escriben que la dinamita había sido preparada para atacar las oficinas de la Banca Mendelssohn. Esta información es falsa. Como aclaré más tarde, esta dinamita estaba destinada al Cáucaso. Kamó estuvo largo tiempo en las prisiones prusianas. Para no ser entregado a las autoridades zaristas, simuló la locura a la perfección. Los médicos alienistas más reputados de Alemania lo declararon anormal. No obstante, fue extraditado por el gobierno zarista, que lo internó en un hospital de psiquiatría, de donde consiguió escaparse. Kamó participó activamente en la guerra civil. Murió recientemente en el Cáucaso en circunstancias trágicas.

contra los bolcheviques (Alexinski, Lunacharski, Bogdánov, Liádov y otros) que se constituyeron en grupo distinto, teniendo su periódico, *Vperiod*, cuando el centro bolchevique hubo desautorizado y condenado el otzovismo-ultimatismo[41], el machismo[42] y el deísmo[43] de estos camaradas. Esto ocurría a mediados de

[41] Antes de las elecciones de la tercera Duma del Imperio (1907) hizo su aparición una tendencia entre ciertos bolcheviques en favor del boicot de las elecciones; los motivos invocados para justificar esta táctica se inspiraban mecánicamente en la experiencia del período de la primera Duma y del de Bulíguin. Después de las elecciones, dos corrientes dividieron a los bolcheviques: la tendencia *otzovista*, que era adversaria de utilizar la tribuna de la Duma y partidaria de la retirada socialdemócrata; y la tendencia *ultimatista*, que reclamaba que un *ultimátum* fuese inmediatamente dirigido a la fracción [parlamentaria] para que ella manifestase más espíritu revolucionario en la Duma o que fuese retirada si rechazaba este *ultimátum*. Estimando que la tarea esencial del partido después de la derrota de 1905 consistía «en reunir las fuerzas revolucionarias del proletariado y utilizar con ese objeto todas las posibilidades legales, entre ellas la tribuna de la Duma», los bolcheviques, con Lenin a la cabeza, combatieron con toda energía las desviaciones indicadas.

[42] El *machismo* es una corriente filosófica fundada por el físico [Ernst] Mach. En su esencia, el *machismo* admite el *carácter idéntico* de la existencia y de la conciencia, a diferencia del materialismo, que admite la unidad de la existencia y la conciencia y el condicionamiento de la conciencia por la existencia. Los *machistas* pretenden que el espíritu y la materia no son más que dos variedades diferentes de los mismos fenómenos fundamentales del mundo: las intuiciones. El *machismo* encontró adeptos entre una pequeña fracción de bolcheviques (Bogdánov, Riadovói y otros), que considerándose marxistas y materialistas cayeron en el idealismo, al mismo tiempo que desnaturalizaban la esencia de la concepción del mundo de los fundadores del socialismo científico, Marx y Engels. Como lo ha dicho con precisión Lenin, como naturalista, Mach, inconscientemente, tiene que venir al punto de vista *materialista*. Y cada vez que viene cae en contradicción lógica con el principio idealista de su propia filosofía. Y más adelante: «En Mach viven dos almas». En 1908-1910, en el decrecimiento del movimiento obrero, fue cuando aparecieron en nuestro partido diversas desviaciones del marxismo revolucionario; el Centro bolchevique combatió vigorosamente a los machistas.

[43] El deísmo [la «construcción de Dios»], en 1908-1910, tuvo un pequeño número de adeptos entre los bolcheviques. Partían de la idea de que «existen otros medios de atraer a las masas laboriosas al socialismo científico,

1905. En su intervención, el camarada Inokenti reconoció que la actividad de la fracción parlamentaria era débil, y condenó su deseo de independencia respecto del partido; pero estimaba que era necesario llevar a la fracción parlamentaria a cambiar de actitud, no por un ultimátum o por su retirada, sino por una dirección de su línea política por el Comité Central y una crítica abierta de su conducta. En cuanto a la negativa de participar en la Duma, tendría repercusiones perjudiciales a los intereses de la clase obrera rusa; la utilización de la tercera Duma como tribuna era de una real importancia para el partido. Después, la experiencia demostró que al final de su mandato la fracción de la tercera Duma había en cierta medida recompuesto su línea política, y que algunos bolcheviques que formaban parte (por ejemplo, el camarada Poletáiev) han prestado eminentes servidos al partido (Poletáiev trabajó mucho para levantar la *Zvezdá* [*La Estrella*] y *Pravda* [*La Verdad*]).

Cuando me puse al tanto de la organización de transporte, se decidió que en lo sucesivo me dedicaría a ese trabajo en Alemania y que me instalaría en Leipzig. Me dieron un pasaporte extranjero a nombre de un tal Rachkovski, estudiante, pero tuve que deshacerme de él tan pronto llegué a Leipzig y me enteré de que Rachkovski vivía en aquella ciudad, y que para inscribir mi pasaporte en la policía tenía que dar ciertos detalles que yo ignoraba sobre mis pretendidos padres. Si al llegar a Leipzig por no

---

además del proceso económico que proletariza a estas masas y las lleva a la manera de ver del proletariado». Por eso «digan lo que digan los fundadores del socialismo científico, suponen que puede darse al socialismo una forma más aceptable para las clases sociales semiproletarizadas». «A este efecto, los deístas han cubierto la doctrina socialista bajo una forma mística, como más accesible a las capas sociales no proletarias, y la adaptaron a la mentalidad religiosa de estas últimas. Esta desviación funesta la combatió con ardor el núcleo fundamental de los bolcheviques.» (Tomamos esta cita de un artículo de Kámenev que apareció en el número 42 del *Proletari*, del 12 de febrero de 1909, dirigido por Lenin, Zinóviev y Kámenev.)

me hubieran dicho que Rachkovski vivía allí, habría corrido el peligro de que me detuviesen por inscribirme con un nombre falso.

A fines de diciembre de 1908, en viaje por la frontera prusiana, me detuve en Leipzig. Como tenía relaciones entre los alemanes, me fue fácil encontrar una habitación y una dirección, que envié inmediatamente a Ginebra para que me enviasen mi correspondencia. En Königsberg estuve en casa del secretario de la organización socialdemócrata, el camarada Linde. Me enteré por él y por Hasse de los cambios que se habían producido en las organizaciones socialdemócratas de la frontera y, provisto de recomendaciones para los socialdemócratas que no me conocían, me dirigí a los diferentes puntos fronterizos que utilizaba otras veces. Conseguí rápidamente y sin dificultad restablecer los antiguos enlaces para pasar la literatura, así como los camaradas que venían de Rusia y los que regresaban.

De regreso en Leipzig, me puse a trabajar. Me dieron un desván en el edificio del periódico socialdemócrata *Leipziger Volkszeitung* [*La Gaceta Popular de Leipzig*] donde constituí un depósito para nuestra literatura y un taller de embalaje. Todos los artículos que yo necesitaba me los procuraba por los servicios de expedición del periódico. Los jefes de los servicios técnicos de la *Leipziger Volkszeitung*, Max Seifert y Lehman, me autorizaron a dirigir a su nombre la literatura que yo recibía de Ginebra, y más tarde de París. Recibía también a su nombre giros y cartas que venían del extranjero. Para las cartas de Rusia me dieron una gran cantidad de direcciones de militantes socialdemócratas de Leipzig; la mayor parte trabajaban en la *Leipziger Volkszeitung*. Tan pronto recibían las cartas de Rusia los camaradas a quienes iban dirigidas, las entregaban a Max Seifert, a casa de quien yo iba a recogerlas todos los días, salvo cuando me las traía el dueño de la casa donde yo vivía, que era un militante socialdemócrata que iba varias veces al día a casa de Seifert por razón de negocios. Sólo me faltaba encontrar residencias donde pudiese recibir a los camaradas del extranjero y de Rusia y habitaciones para alojarlos. Pronto terminé esta tarea. Instalé una permanencia en la Casa del Pueblo. Allí había una especie de hotel reservado para los camaradas que venían por un día o dos. Era un buen hotel. Pero para los que estaban algo más de tiempo, un poco caro. Por eso yo disponía de varias habitaciones en diferentes casas particulares que sólo pagaba cuando instalaba a alguno. Las permanencias para los camaradas que venían de Rusia estaban en esas habitaciones. Estaba en comunicación con ellos por el teléfono que poseía el dueño de mi casa. En Leipzig, de 1909 a 1912, pasó por mi casa una multitud de camaradas que son actualmente militantes activos de nuestro partido y del poder soviético. Es necesario hacer constar que nuestra organización de transporte dependía de los tribunales de derecho común: por lo tanto, las nueve décimas partes de los camaradas que pasaban por mi casa, para la policía sajona eran elementos criminales. Habitaban allí sin inscribirse, lo mismo que yo había hecho en otros sitios durante bastante tiempo, mientras no tenía pasaporte.

Estuve constantemente al margen de la colonia rusa de Leipzig, que era relativamente numerosa y compuesta principalmente de estudiantes de las minorías nacionales de la Rusia zarista. Sólo con Mark y Alexandra Savéliev, que en aquella época hacían sus estudios en Leipzig, me encontraba frecuentemente.

En Rusia la organización del transporte de la literatura era muy defectuosa: recibir la literatura de la frontera ruso-alemana, expedirla a alguna gran ciudad rusa y de allí enviarla en diversas formas a las organizaciones locales, era en 1909 muy difícil. El Comité Central me puso en relación con un grupo de camaradas que se encontraba en Vilna: Sasha ([Alexandr Strumin] detenido recientemente bajo la inculpación de haber formado parte, antes de 1917, de la Ojrana de Vilna) y Sonia Krénguel), que se encargó del trabajo aquí mencionado. Los puse en contacto con las personas que debían pasarle la literatura que yo comenzaba a expedir sin esperar a que la organización de transporte en Rusia estuviese preparada. Por diversas razones, los camaradas de Vilna no pudieron asumir la tarea que les había sido confiada, y tuve que ponerme a expedir la literatura a Rusia por pequeñas cantidades, por medio de «corazas» y de maletas de doble fondo que yo confiaba a los camaradas que se iban; por estos medios conseguí enviar bastante literatura. Los camaradas la dejaban en Petersburgo, en Moscú o en grandes ciudades. Frecuentemente dirigíamos la literatura a los camaradas de Vilna, que se ocupaban de expedirla a toda Rusia.

Finalmente, yo insistía para que me diesen en Rusia un camarada seguro, teniendo iniciativa, que no esperase a que las cosas se hiciesen ellas mismas, y que se dirigiese a la frontera con los contrabandistas, con los cuales estábamos en relación. Así fue designado Iliá Zéfir (Serguéi Moiséiev), que al principio del verano de 1909 vino a verme a Leipzig. Elaboramos el plan de trabajo ulterior, después de lo cual regresó a Rusia para reorganizar la recepción de la literatura revolucionaria. En junio de 1909 fuimos juntos a Tilsit, donde nos esperaban las personas que se encargaban de transportar la literatura en Rusia. Zéfir tomó las direcciones de los contrabandistas rusos y salió enseguida. Todas las cosas fueron mejor en adelante.

De todos los enlaces que entonces teníamos a nuestra disposición, sólo guardamos los más seguros: el campesino contrabandista lituano Ósip (tenía una exportación agrícola bastante importante) y un burgués de Suwalki, Nathan. El primero, por medio de sus hombres, hacía recoger los paquetes de literatura en la imprenta de Mauderode, de Tilsit, y nos la transportaba a las aldeas de las proximidades de las estaciones de Shavli y Radzivilichki. Allí, los camaradas del grupo encargado del transporte de la literatura en Rusia venían a recogerla. Ósip no cobraba caro: de dieciocho a veintidós rublos por pud; pero, en cambio, no cogía menos de 75 kilos a la vez (tres paquetes de 25 kilos, hechos como los he descrito en mi período antes de 1905). Esto era su mínimum (en 1904-1905 transportaba diez paquetes y aun más a la vez). Pero el transporte de Tilsit hasta una aldea rusa alejada de la frontera necesitaba mucho tiempo. Por más que así trabajase sin entorpecimientos, esta frontera no tenía para nosotros tanto valor como las otras. La usábamos para transportar nuestro periódico *Proletari*, que, aunque apareciese irregularmente, perdía, no obstante, importancia estando mucho tiempo en la frontera.

Por el contrario, Nathan aseguraba un transporte más rápido, pero se contentaba cada vez con un paquete de 25 kilos. Le llamábamos «el expreso», ya que en algunos días hacía llegar nuestros paquetes de Goldap (Prusia), desde donde los enviábamos a Grodno (no lejos de la ciudad). No sentíamos pagar por este transporte de treinta y cinco a cuarenta rublos por pud. Nathan, a quien veía de cuando en cuando, daba la impresión de ser mitad un hombre de ideas, mitad contrabandista. Trabajaba honradamente con nosotros y nos era de un concurso eficaz. Por más que para franquear la frontera tanto en un sentido como en otro tuviésemos un excelente punto de paso en Schuchín-Grayevo, recurrimos con frecuencia a los servicios de Nathan para hacer pasar camaradas por Grodno y Augústovo, puntos muy frecuentados que nuestros camaradas podían atravesar sin ser vistos.

De los dos lados de la frontera indicados, nuestra organización trabajaba con poca gente. Para el transporte «expreso», que era el que funcionaba principalmente, una camarada había sido instalada en Grodno (K. Levit, compañera de P. Levit, con quien había estado en prisión en Odesa; él mismo, en 1910, trabajó durante varios meses en la organización del transporte de Grodno). La organización, como el sistema de enlace que acabo de describir, subsistieron sin alteración hasta 1913, aunque en Rusia *Pravda*, semanario, apareció en ese momento legalmente.

La literatura del partido publicada en el extranjero llegaba a Rusia en gran cantidad y regularmente. El transporte funcionó sin tropiezos hasta mediados de 1910. Zéfir residía en Minsk (en las cartas lo designábamos con el nombre de Morchanski); pero él tenía que dirigirse con frecuencia a Petersburgo y Moscú para tratar toda clase de cuestiones. En Moscú fue detenido en el verano de 1910. Después de su detención, nos pusimos en busca de un camarada para reemplazarle, ya que la organización del transporte continuaba intacta.

En esta situación recibimos una carta de Matvéi Brindinski (resultó un provocador), en la que anunciaba que salía para el extranjero por orden de Noguín (éste formaba parte en aquella época del buró del Comité Central en Rusia). La carta de Matvéi me desagradó (escribía con tinta simpática, sin cifrar la carta que él dejaba en Petersburgo a tal fecha, pidiendo que le saliesen a su encuentro; para que le reconociesen, daba sus señas). Comuniqué esta carta a Mark (Liubímov), que se encontraba en París (este último era entonces el jefe de todos los servicios técnicos del buró del Comité Central en el extranjero). Mark respondió que, en su opinión, Matvéi había escrito esta carta por inexperiencia. Cuando llegó Matvéi nos enteramos que a Makar (Noguín) le habían destinado como sucesor de Zéfir. Además de la recomendación de Noguin, tenía la de María Tómskaya y otros camaradas. (Matvéi militaba como revolucionario profesional desde 1909, fecha de su evasión de Tobolsk, adonde había sido deportado. En Petersburgo y en Moscú primero, había sido secretario y organizador de varios sectores; después había sido colocado a la cabeza del servicio de pasaportes del Comité Central, y más tarde, después de la defunción de Zéfir, el buró ruso del Comité Central lo había puesto a la cabeza de la organización del transporte en Rusia.) Transmitía Matvéi los nombres de los camaradas de Rusia que trabajaban ya en la organización del transporte. De regreso allí, tomó como adjunto al camarada Valeriano (Zalejski), que prácticamente dirigió toda la tarea, mientras que Matvéi aseguraba la correspondencia conmigo y el buró del Comité Central de Rusia o de sus delegados. Matvéi residía en

Dvinsk; Valeriano habitaba en Gómel y Novozývkov. En los primeros tiempos, las cosas no marcharon mal: la literatura llegaba y era regularmente expedida por Rusia. Pero más adelante, por más que enviábamos la literatura a la frontera, y de allí fuese transportada a Rusia (yo enviaba dinero para los contrabandistas después que ellos, y Matvéi me informaba de que la literatura había sido recogida), las organizaciones de Rusia no la recibían o la recibían raramente. Por esto convoqué varias veces a Matvéi en el extranjero. Allí confeccionábamos planes sobre la manera mejor y más rápida de expedir la literatura. Después del regreso de Matvéi a Rusia, las cosas fueron mejor al principio; pero enseguida la literatura empezó a desaparecer (más tarde nos enteramos que Matvéi la expedía en su mayor parte a la dirección de gendarmería de Moscú y al departamento de policía). En 1911 le escribí que, si el manifiesto de Primero de Mayo, publicado por el Órgano Central del partido no llegaba a tiempo a determinadas organizaciones, disolveríamos la organización de transporte en Rusia por inactividad. La amenaza hizo su efecto, y el manifiesto fue recibido a tiempo. A fines de 1911, basándome sobre los hechos que yo había recogido contra Matvéi, exigí que se le retirasen sus funciones y que no se le admitiese en la Conferencia del partido de 1912, a la que él manifestaba deseos de acudir. Al mismo tiempo, por más que yo no tuviese pruebas precisas, presenté contra él la acusación de ser un provocador.

Creo que no será inútil decir a los camaradas que lean estas líneas cómo terminé por saber que Matvéi era un agente de la Ojrana. Ya hice alusión a una carta extraña que me había enviado desde Petersburgo. Esta carta me había dejado una mala impresión. Por otra parte, me parecía extraño que la organización del transporte en Rusia no fuese detenida; la literatura llegaba regularmente, pero desaparecía inmediatamente; había sido suficiente con amenazar de disolver este organismo para que el manifiesto de Primero de Mayo llegase sin retraso a las organizaciones. Me extrañaba igualmente que Matvéi pudiese obtener un pasaporte legal para dirigirse al extranjero; en los años de peor reacción zarista, raros eran los militantes ilegales que podían permitirse ese lujo. En agosto de 1911, Matvéi vino a verme a Leipzig. Mark llegó de París al mismo tiempo para que conferenciásemos juntos. Antes de regresar Matvéi, me rindió cuentas. En los gastos figuraba una suma de cien rublos que Matvéi había entregado a no sé quién. A mi observación de que esos cien rublos debían haber sido dados con recibo, Matvéi, sin inmutarse, recogió sus cuentas, y al día siguiente esos cien rublos eran mencionados en los ingresos; pero, en cambio, los gastos habían aumentado en ciento cuarenta rublos. Me indigné. No acepté esas cuentas y exigí que me las mandase con los documentos justificativos. Era para mí evidente que estaba tratando con un bribón, por lo que fui a ver a Rýkov, de paso en Leipzig hacia Rusia, en compañía de Matvéi, y le comuniqué el incidente respecto de las cuentas. Le dije que me oponía a su salida con Matvéi. A Matvéi le dije que Rýkov se quedaba en Leipzig.

Rýkov fue detenido al llegar a Moscú. Direcciones cifradas que le encontraron fueron descifradas por la Ojrana, y de ahí que fueran ejecutadas muchas detenciones (los periódicos de Moscú escribieron entonces que Rýkov había sido detenido llevando documentos comprometedores y que sería llevado ante la justicia). Justo después de esta detención, Matvéi me escribió que Rýkov sería deportado administrativamente a Siberia. Después de la salida de Rýkov para Rusia, Zagorski me informó de que Matvéi había ayudado a Rýkov a cifrar las direcciones. Creí en aquella época que después de haber vendido a Rýkov, Matvéi probablemente habría tenido miedo a las consecuencias que esta detención habría de tener para él, y que él había debido insistir con la Ojrana para que Rýkov fuese simplemente deportado a Siberia. En fin, cuando me enteré por el camarada Gúrvich, delegado de las organizaciones de Vilna y de Dvinsk en la Conferencia del partido de enero de 1912, de que Matvéi había sido detenido en Dvinsk en octubre de 1911 y puesto enseguida en libertad (de lo que él no me informó), adquirí la certidumbre de que era un agente provocador, y telegrafié a Nadezhda Krúpskaya para que no se le admitiese en la Conferencia. Incidentalmente, me enteré que se había dirigido a París para desde allí introducirse en la Conferencia. Dándose cuenta de que yo sospechaba de él, había evitado el pasar a verme. Claramente, la carta que envié a París después de mi telegrama, y en la cual exponía los hechos, fue juzgada suficientemente convincente, ya que Matvéi no fue admitido. Ante las protestas que elevó contra mis acusaciones, el asunto fue confiado a Búrtsev, que concluyó, después de un expediente, que había lugar a mis acusaciones. Antes de salir para Rusia en 1913, Zéfir (Moiséiev) y yo fuimos interrogados por Búrtsev respecto al asunto de Matvéi. Zéfir, igual que yo, estaba convencido que Matvéi era un agente provocador.

En 1917, por los documentos de la Ojrana de Moscú que publicó M. Tsiavlovski con el título *Los bolcheviques*, se pudo deducir que a partir de 1909 Matvéi había desempeñado un papel muy importante como provocador, uno de los más peligrosos. No se contentaba con transmitir cantidades de literatura revolucionaria a la Ojrana, de hacer detener un gran número de miembros del Comité Central del partido y de las organizaciones en Rusia, sino que todavía escribía comunicaciones políticas sobre el bolchevismo. Al presente, yo creo que estos últimos eran redactados por los gendarmes más que por él, sirviéndose de sus informaciones, porque me parece que los conocimientos de Matvéi en materia política no le habrían permitido redactarlos él mismo.

Solamente el policía Matvéi destruyó una gran parte de los recursos del partido, aniquiló muchos frutos del esfuerzo de los militantes y puso a los obreros en la imposibilidad de leer su literatura revolucionaria.

Cuando a fines de diciembre de 1911 Matvéi fue expulsado, me puse en comunicación con el camarada Valeriano. Cambiamos las permanencias, reemplazamos a algunos camaradas y la organización del transporte funcionó a nuestro agrado. A partir de 1912, cuando el movimiento obrero se animó en Rusia y la *Pravda* se convirtió en diario, la expedición y el transporte de la literatura revolucionaria del extranjero perdieron su importancia y fueron en disminución.

Ya que hablo del trabajo que hice en Leipzig de 1909 a 1912, no está de más decir algunas palabras sobre la formación de la actividad del grupo de apoyo al POSDR de Leipzig durante este período.

Ya he dicho que en llegando a Leipzig me había puesto al margen de la colonia de estudiantes rusos (había muy pocos emigrados; la mayor parte eran obreros que trabajaban en las fábricas, con los cuales entramos enseguida en estrecha relación), y, sin embargo, la colonia tenía su club, su biblioteca y su restaurante asiduamente frecuentados por los rusos. Los Savéliev eran los únicos camaradas que hubieran podido ponerme en relación con los estudiantes; pero poco tiempo después de mi llegada se fueron a Múnich por un período de seis meses. A mediados del verano de 1909, el camarada N. Marshak llegó a Leipzig y empezó a frecuentar las organizaciones estudiantiles rusas. De este modo me enteré de que entre los estudiantes había partidarios de la mayoría y de la minoría del POSDR, miembros del PSP y del Bund.

Por iniciativa de N. Marshak se constituyó un grupo en el cual entraron los Savéliev, Marshak y yo, y los estudiantes Brajman y Bronski, lo mismo que dos mencheviques *partiitsy*[44], London y Riazanski. En los bundistas y en el PSRPL, los grupos de apoyo existían ya. El grupo del Bund comprendía a Spectatos (Najimnsón), los Bakst (ella y él), Rabínovich y otros; el grupo polaco comprendía a Rádek, Bronski, Muja y otros. Después de

[44] Miembros del POSDR [o, más exactamente, mencheviques defensores del partido, de su misma existencia; es decir, mencheviques antiliquidadores].

la constitución de nuestro grupo, los mencheviques formaron también el suyo, al cual se afiliaron Pedro (Ramishvili), Kaplún, Babáiev (Kavkazets) y otros. Después de las sesiones del Comité Central del partido, que se celebraron en el extranjero a principios de 1910, y donde se llegó a la coincidencia de todas las fracciones del partido, los miembros del grupo menchevique, a excepción de Pedro (Ramishvili), entraron en nuestro grupo. Después de su adhesión nos pusimos de acuerdo para enviar los fondos que el grupo recogía, no al buró del Comité Central en el extranjero, sino directamente a Rusia.

Así, había en Leipzig tres grupos socialdemócratas. Como cada uno de ellos no tenía consigo más de la mitad de los estudiantes, era necesario, para ganar influencia en los comités elegidos de estudiantes y hacer entrar candidatos socialdemócratas, que todos los socialdemócratas se entendiesen para presentar una lista única. Esto necesitó la creación de un comité permanente compuesto de representantes de todos los grupos y encargado de concertar las acciones que se emprendía en la colonia, ya que, sin las organizaciones de estudiantes, los grupos de apoyo no podían existir; no era posible, en efecto, organizar lícitamente veladas, conferencias, etc., sino bajo el pabellón de estudiantes rusos. Entre los estudiantes también había un grupo importante que defendía la autonomía de las organizaciones estudiantiles respecto a los grupos socialistas. Una vez constituido el grupo de apoyo bolchevique, tomé en su trabajo una parte activa; pero yo iba muy raramente a las organizaciones de estudiantes y jamás tomé la palabra.

¿Qué hizo el grupo de apoyo por el partido? Seguía la vida del partido, discutía las cuestiones que se debatían, organizaba controversias abiertas a todos los socialdemócratas (recuerdo las conferencias de Rýkov sobre el liquidacionismo en 1911, y de Lunacharski sobre las cuestiones interiores del partido, en 1912), conferencias (en febrero de 1912, Lenin dio una conferencia sobre Tolstói; el mismo mes, Lunacharski dio otra sobre literatura), reuniones de todos los socialdemócratas con ocasión del Primero de Mayo, del 9 de enero, etc.; en fin, el grupo vendía entre los estudiantes, y por mediación de los camaradas alemanes, en las librerías, la literatura revolucionaria publicada por el partido (folletos, *Proletari*, el *Sotsial-Demokrat* y la *Zvezdá*, de Petersburgo) y organizaba veladas que reportaban siempre un suplemento de ingresos a la caja del partido. Además, hacía suscripciones en favor de los presos y emigrados. Los tres grupos socialdemócratas de Leipzig ejercían sin duda alguna una gran influencia ideológica sobre los estudiantes rusos que cursaban sus estudios.

Tengo que añadir que, por medio de los estudiantes, miembros del grupo o simpatizantes, yo expedía a Rusia, en las «corazas» que les confeccionaba, la literatura revolucionaria (tan pronto nos llegaron las primeras informaciones de la Conferencia de enero de 1912, las hice llegar a Rusia por un miembro del grupo, el camarada B. London) y me servía de los pasaportes dados a los estudiantes para enviar a Rusia militantes bolcheviques. Al grupo de apoyo de Leipzig se afiliaron, desde su llegada, Zagorski, Pilátskaya y Lazar (Zeliksón), hoy miembro de la Comisión Central del Control y director de la Inspección Obrera y Campesina de Leningrado. El grupo de apoyo de Leipzig tuvo siempre una mayoría compacta de antiguos bolcheviques, y sirvió de contacto con el centro bolchevique, y otros grupos de apoyo en el extranjero de los bolcheviques.

VIII

El desacuerdo ideológico y la desorganización en el Partido obrero socialdemócrata de Rusia (1908-1911)

Antes de la revolución de 1905, las divergencias entre mencheviques y bolcheviques sobre las cuestiones tácticas principales eran profundas. Los sucesos de octubre, el impulso y el ataque revolucionario de 1905 zanjaron algunas divergencias, como la cuestión de saber si los socialdemócratas debían participar en las elecciones de la Duma Bulíguin, o si era necesario boicotear las elecciones, como pedían los bolcheviques. La Duma consultiva Bulíguin fue barrida; una nueva ley relativa a la convocatoria de la Duma del Imperio se promulgó. Pero los principales puntos de desacuerdo entre mencheviques y bolcheviques continuaron. Ni el IV Congreso de Estocolmo [1906] ni el V Congreso del partido en Londres [1907] pudieron hacerlo desaparecer. Estos desacuerdos afectaban al carácter de la revolución rusa y al papel que el proletariado debía asumir, lo mismo que la cuestión que se deducía de la actitud de los socialdemócratas, vanguardia del proletariado, respecto a la burguesía liberal. He mencionado ya que en las elecciones de la segunda Duma los bolcheviques en Petersburgo y Moscú fueron con todos los partidos revolucionarios de entonces (los socialistas-revolucionarios, los socialistas populistas y la liga campesina), mientras que los mencheviques y Plejánov invitaban a los electores socialdemócratas a votar por los cadetes.

Después del aplastamiento de la segunda Duma, cuando el régimen stolypiniano se consolidó, los desacuerdos se acentuaron. Afectaron esta vez a la existencia misma de nuestro partido. Plejánov declaraba ruidosamente que no era necesario tomar las armas (había visto la insurrección de diciembre de 1905 en Moscú y en las otras ciudades de Rusia); los mencheviques nos acusaban en la prensa de haber asustado a los cadetes presentando reivindicaciones como la jornada de ocho horas, etc. Resultaba que la revolución de 1905 se había perdido por culpa de los bolcheviques. El peso de las acusaciones que los bolcheviques recibían de los mencheviques había aumentado por el hecho de que, según éstos, no había en el horizonte esperanzas ni indicios de una nueva recrudescencia revolucionaria; el régimen stolypiniano estaba asentado por largo tiempo. Partiendo de este razonamiento, los mencheviques proponían adaptarse al régimen stolypiniano. Dicho de otra manera: el POSDR debía obrar y militar legalmente en el cuadro de las leyes zaristas, y con este objeto arrojar por la borda el programa y la táctica del partido; es decir, liquidar éste en tanto fuese partido socialdemócrata revolucionario. Los bolcheviques tenían otra manera de ver las cosas. Declaraban que los problemas fundamentales que habían provocado la revolución de 1905 no se habían resuelto. La clase obrera no había recibido satisfacción: no había obtenido el derecho de asociación y de coalición, ni la libertad de palabra y de reunión; la jornada de trabajo era la misma que antes de la revolución; los seguros sociales eran inexistentes; los salarios eran todavía más bajos que antes de la revolución. El campesino tampoco había obtenido nada; la tierra continuaba perteneciendo a los propietarios rurales; los impuestos no habían disminuido, el campesino estaba tan esclavizado como antes de la revolución. Por lo tanto, la revolución no estaba muerta y los antagonismos subsistían. La revolución de 1905 –decían los bolcheviques– ha sufrido una derrota momentánea, pero ella volverá con más fuerza. Basándose en esta perspectiva revolucionaria, los bolcheviques insistían no sólo en mantener las organizaciones socialdemócratas ilegales del partido, sino en continuar con el programa y la táctica revolucionaria socialdemócrata.

Hoy todos los obreros de Rusia saben que los bolcheviques tenían razón, y que su paciente trabajo en el dominio ideológico y en la práctica no ha sido perdido. Pero fueron necesarios más de diez años de esfuerzos y de sacrificios considerables para defender el partido contra esos pretendidos amigos de la derecha (los liquidadores) y de la izquierda (los otzovistas).

En el momento de mi llegada al extranjero en 1908, las dos principales corrientes del partido –los mencheviques liquidadores y los bolcheviques– tenían cada una su Órgano en el extranjero y formaban ya dos fracciones determinadas (los mencheviques hacían aparecer el *Golos Sotsial-Demókrata* (*Voz del Socialdemócrata*) y los bolcheviques del *Proletari* (*El Proletario*). Las dos fracciones estaban en contacto estrecho con las organizaciones rusas. Además, un órgano popular fuera de fracción, la *Pravda*, se publicaba en Viena. Alrededor de este periódico se agrupaban los camaradas del extranjero y de Rusia que no querían adherirse a los bolcheviques ni a los mencheviques. En realidad, este grupo estaba más cerca de los liquidadores que de los bolcheviques. La prueba está en que después de la Conferencia panrusa de Praga (enero de 1912) convocada por los bolcheviques, este grupo se afilió al «bloque de agosto», que fue prácticamente dirigido contra los bolcheviques. El «bloque de agosto» comprendía, además del grupo de la *Pravda*, de Viena, a los liquidadores, a los partidarios del *Vperiod*, el Comité regional del Cáucaso, los letones y el Bund). El grupo de la *Pravda*, de Viena, se componía de los camaradas Trotski, Uritski, Semkovski y otros. En cuanto al grupo de *Vperiod*, entonces empezaba a formarse. Se componía, después de la Conferencia ampliada de la redacción del *Proletari* en 1909, de camaradas de concepciones diferentes: los unos, como Alexinski, eran opuestos a la participación de los socialdemócratas en la Duma; los otros estaban descontentos de que se hubiese eliminado de las filas bolcheviques a los otzovistas, como se llamaba entonces a los camaradas partidarios de la retirada de la fracción socialdemócrata de la Duma. Al grupo de *Vperiod* se adherían igualmente los adeptos (Bogdánov, Riadovói y otros) de la filosofía de Mach, filosofía incompatible con la doctrina de Marx, y los deístas[45] (Lunacharski y otros), de quienes los bolcheviques se separaron. Este grupo no tenía influencia en la masa obrera de Rusia. Utilizaba sobre todo los antiguos enlaces bolcheviques con las organizaciones de Rusia, pero tan pronto se enteraron los camaradas del partido que los vperiodistas y los bolcheviques no eran lo mismo, se pasaron enseguida a los bolcheviques. (Los vperiodistas organizaron una escuela de partido en la isla de Capri. Hicieron venir de Rusia obreros miembros del partido. Terminados los cursos, casi todos los alumnos se volvieron a reunir con los bolcheviques.) El grupo de *Vperiod* comprendía a Alexinski, a los camaradas Liádov, Bogdánov, Lunacharski y otros. Prácticamente, este grupo, aunque se considerase a sí mismo más a la izquierda que los bolcheviques, formó un bloque con los liquidadores y participó con ellos en el «bloque de agosto» y en la Conferencia que éstos convocaron al mismo tiempo.

En los años siguientes (de 1910 a 1914, hasta la declaración de la guerra), entre los miembros rusos del POSDR, dos grupos

---

[45] Un pequeño número de bolcheviques se adhirieron a la corriente de la «Construcción de Dios» en 1908. Lenin, por ejemplo, los describía así: «La busca de Dios se diferencia de la construcción de Dios, o de la edificación de Dios, o de la creación de Dios, etc., no más que un diablo amarillo de un diablo azul. Hablar de la busca de Dios para dar preferencia al diablo azul sobre el diablo amarillo y no para manifestarse contra *todos* los diablos y *todos* los dioses, contra todo acto de necrofilia ideológica (cualquier diosecillo es un acto de necrofilia, aunque se trate del diosecillo más puro e ideal, no importa cuál, no buscado, sino construible), es cien veces peor que no decir nada» (Carta de V. I. Lenin a A. M. Gorki, 13 o 14 de noviembre de 1913 [*Obras Completas*, Editorial Progreso, Moscú, 1987 tomo 48, p. 258]).

se constituyeron en el extranjero: los mencheviques *partiitsy*[46] (plejanovistas), con Plejánov a la cabeza, y los bolcheviques *partiitsy* (conciliadores). Plejánov y los plejanovistas, aun siendo mencheviques, se oponían a la liquidación del partido ilegal y a la adaptación al régimen stolypiniano, y eran partidarios de la unión de todos los elementos del partido contra el liquidacionismo. Los bolcheviques *partiitsy* declaraban seguir siendo bolcheviques, pero no podían aceptar la táctica de intransigencia casi escisionista de Lenin y los leninistas.

Pero de hecho los bolcheviques conciliadores interferían y obstaculizaban la lucha contra los liquidadores por todos los medios a su alcance. Se aprovecharon de las decisiones del Pleno del Comité Central de 1910, aunque ninguno de los participantes del Pleno, excepto los bolcheviques, llevó a cabo estas decisiones, para impedir la publicación y distribución del Órgano Central del partido, la creación de un comité organizador con el fin de convocar una Conferencia del partido, etc. Este grupo comprendía a los camaradas Levá, Mark (Liubímov), Lozovski y otros. Los bolcheviques *partiitsy* no tenían influencia alguna sobre las organizaciones del partido en Rusia. En la Conferencia de enero de 1912, no hubo ni uno solo de sus militantes. En 1912-1914 (justo antes de la guerra), los dos grupos mencionados se

---

[46] Los bolcheviques *partiitsy* (los conciliadores) acusaban a Lenin y al Centro bolchevique de escisionismo y de intolerancia con sus adversarios de ideas, porque los bolcheviques se separaban en su centro de los otzovistas, de los ultimatistas, de los machistas y de los deístas; desenmascaraban a los conciliadores (que se habían propuesto conciliar lo inconciliable, y que después del fracaso de sus tentativas se alejaron prácticamente de los bolcheviques) y combatían a los liquidadores y los expulsaron del partido en la Conferencia de 1912. Hoy todo obrero de la Rusia soviética puede decir claramente que, gracias a la lucha que durante varios años los bolcheviques sostuvieron en el seno del POSDR contra todas las deformaciones del comunismo revolucionario, nuestro partido venció en Octubre de 1917 y ha consolidado esta victoria.

fusionaron y publicaron juntos en el extranjero *Za Pártiyu* (*Por el Partido*) y otro en Rusia, *Yedintsvo* (*La Unidad*).[47]

El desorden no era menor en los «nacionales», que se adhirieron formalmente después del Congreso de Estocolmo al POSDR. Entre los letones, dos corrientes fundamentales se combatían: la corriente bolchevique y la corriente menchevique. Tan pronto dominaba la una como la otra. En el Bund, la corriente menchevique liquidadora predominaba, pero allí también había una minoría que defendía los principios bolcheviques. En cuanto al PSRPL, si bien se adherían a la política y la táctica de los bolcheviques, en todas las cuestiones fundamentales de los Congresos, Conferencias y Plenos del Comité Central del POSDR, vacilaron respecto a ciertas cuestiones de organización, e incluso impidieron llevar a cabo firmes medidas para crear un Comité de Organización con el fin de convocar una Conferencia del partido. Y eso no es todo: no sólo se negaron a participar en la Conferencia panrusa de Praga, sino que se opusieron a ella, y así fortalecieron el frente antibolchevique y obstaculizaron la lucha contra los liquidadores. Entre ellos también había una oposición, los *rozlámovtsy* [escisionistas] que tenía al frente a Rádek, Ganetski, Unshlijt y otros.[48]

---

[47] La alianza de los dos grupos se terminó después de la declaración de guerra. El camarada Levá fue adversario de la guerra; Mark se fue con Plejánov y se hundió en el pantano hasta ahogarse. No puedo acordarme sin pena de Mark (Liubímov). Era un camarada excelente y honrado, al mismo tiempo que un militante activo y enérgico.

[48] La oposición en el PSRPL conocida con el nombre de *rozlámovtsy* hizo su aparición en 1911, debido al centralismo excesivo del Comité Central del PSRPL respecto a sus organizaciones locales, centralismo que se tradujo en una serie de medidas de organización; y por el hecho de que el Comité Central no daba cuenta a las organizaciones locales de su actitud respecto a las divergencias que se manifestaban en el POSDR y la situación en éste. El Comité Central tuvo una posición equívoca a partir de la segunda mitad de 1911 respecto a la reorganización de los organismos centrales del POSDR. Aunque él no se hubiese adherido al bloque antibolchevique de agosto, el Comité Central no tuvo una actitud menos hostil respecto de la

Me he extendido sobre todo lo anterior para que se tenga una idea clara de lo que pasaba entonces en las filas del partido. Diez años han sido necesarios para demostrar y hacer admitir lo que para el partido era absolutamente evidente. Diez años durante los cuales los bolcheviques, teniendo a Lenin a la cabeza, defendieron la pureza de los principios revolucionarios marxistas, mantuvieron y crearon organizaciones ilegales rigurosamente disciplinadas y una élite de adeptos hechos en la acción revolucionaria.

A mediados de 1909, Mark me llamó a París. Vinieron de Rusia Davýdov (Golubkov), secretario del colegio del Comité Central de Rusia; Meshkovski (Goldenberg), miembro del Comité Central; Mijaíl Tomski, Donat Shuliátikov (de Moscú) y otros camaradas; me habían precedido Lenin, Nadezhda Konstantínovna, Zinóviev, Kámenev; Mark e Inokenti residían entonces en París. Al día siguiente de mi llegada tuvo lugar en casa de Lenin una conferencia no oficial de la redacción ampliada del *Proletari*, a la que asistieron los camaradas mencionados. De hecho, era una reunión del Centro bolchevique con los delegados de Petersburgo y Moscú y algunos otros camaradas, como yo, especialmente invitados. Me parece que esta conferencia duró dos días. Se discutieron las cuestiones ligadas a la acción ulterior que se debía desarrollar en Rusia y la actitud a observar respecto a los otzovistas, ultimatistas y deístas que se encontraban en las

---

Conferencia que los bolcheviques tuvieron en enero de 1912 y de los organismos centrales elegidos en esta conferencia. La oposición tenía a la cabeza a la organización de Varsovia, que se pronunció contra los métodos de organización del Comité Central del PSRPL en su Conferencia de 1911. Una parte de la organización de Chenstójov [Czestochowa] y toda la organización de Lodz se unieron a la organización de Varsovia. Las divergencias entre el Comité Central y la organización de Varsovia se agravaron hasta tal punto que el Comité Central constituyó organizaciones paralelas en Lodz y en Varsovia. La oposición tenía su órgano ilegal, *Gazeta Robotnicza* (*Gaceta Obrera*) y su Comité Central. Los *rozlámovtsy* marchaban de acuerdo con los bolcheviques. La oposición se unificó con el PSRPL en 1917.

filas bolcheviques. La conferencia se pronunció por unanimidad contra todas las corrientes de desviación del marxismo y del bolchevismo. Cuando todas las resoluciones fueron previamente discutidas y adaptadas, se abrió la Conferencia oficial a la que asistieron, además de los camaradas indicados, Bogdánov, Marat (Shánster) y alguno más que yo no recuerdo. (Yo no asistía a la Conferencia oficial de la redacción ampliada del *Proletari*.) Las resoluciones de la redacción ampliada del *Proletari* trazaron, de una manera neta y precisa, la línea de conducta de los bolcheviques en lo que concierne a la táctica y a la organización del partido, línea de conducta que éstos siguieron hasta la Conferencia de 1912, donde muchas de estas resoluciones fueron confirmadas. En esta época había todavía en las grandes ciudades de Rusia organizaciones del partido. La oficina del Comité Central de Rusia, compuesta únicamente de bolcheviques, ya que los mencheviques no tomaban parte en estos trabajos, funcionaba igualmente sin intermitencias.

En los periódicos del partido publicados en el extranjero, la lucha contra el liquidacionismo no dejó de agravarse. En enero-febrero de 1910, el Comité Central fue convocado para sesión en París. Ya no recuerdo quiénes fueron los bolcheviques llegados de Rusia que tomaron parte en la sesión, puesto que yo no asistí. Yo fui solamente informado por Noguín. Entre los bolcheviques miembros del Comité Central hubo divergencias sobre la unificación de todas las corrientes del partido. Noguín e Inokenti, que tenían la mayoría entre los bolcheviques miembros del Comité Central, hicieron votar (de palabra) por la unificación, al mismo tiempo que hacían elegir un Comité Central y un Órgano Central único, compuestos de representantes bolcheviques, mencheviques y «nacionales», conforme a las resoluciones de la sesión del Comité Central; los mencheviques liquidadores tuvieron que suspender la publicación de *Golos Sotsial-Demókrata*, que aparecía en el extranjero; enviar al Comité Central de Rusia tres de sus delegados, y ayudar a restablecer las organizaciones ilegales del partido. Por otra parte, los bolcheviques debían cesar en la publicación de su órgano de fracción, el *Proletari*, entregar su imprenta, su organización de transporte y todos sus fondos al Comité Central, que creó una oficina en el extranjero compuesta de delegados (a razón de uno por organización y fracción) de bolcheviques, de mencheviques, de la socialdemocracia letona (como en el Comité Central de la misma los bolcheviques tenían entonces la mayoría, éstos fueron prácticamente dueños del buró del Comité Central en el extranjero.)

En la sesión del Comité Central se designó a cinco miembros para el Comité de Redacción del Órgano Central del partido, el *Sotsial-Demokrat*: dos bolcheviques (Lenin y Zinóviev), dos mencheviques (Mártov y Dan) y un representante de la socialdemocracia lituana (Warski). Fue en esta misma sesión cuando se decidió acordar una ayuda financiera a la *Pravda*, de Viena, como periódico obrero popular, la redacción del cual envió un representante (Kámenev).

Noguín me comunicó las resoluciones de las sesiones, manifestando su alegría por la idea de que finalmente se había conseguido realizar la unidad de los bolcheviques y mencheviques para una acción práctica en Rusia (la sesión condenó categóricamente al liquidacionismo y al otzovismo) e interesar a los «nacionales» en esta acción. La única cosa que le turbaba era que Lenin se hubiese mostrado adversario decidido de las resoluciones indicadas de la sesión, por más que se inclinase ante la decisión de la mayoría de los bolcheviques miembros del Comité Central. Noguín me dijo con amargura que Lenin no comprendía hasta qué punto era necesaria la unidad en la acción en Rusia.

Los bolcheviques obedecieron a la decisión de la sesión: cesaron la publicación de su órgano, entregaron una gran cantidad a tres camaradas extranjeros (Kautsky, Mehring y Clara Zetkin) designados por la sesión para guardar los fondos bolcheviques y su organización técnica del buró del Comité Central en el extranjero. Pero los mencheviques no suspendieron la publicación de su órgano, y ni uno de ellos entró en el buró del Comité Central en Rusia. Es más: los partidarios en Rusia del *Golos Sotsial-Demókrata* atacaron abiertamente al partido ilegal, al Comité Central y otros organismos. El *Golos* no continuó después. Después de la sesión del Comité Central, los liquidadores empezaron en Rusia y en el extranjero una cruzada contra el partido ilegal, y en particular contra los bolcheviques. En Rusia persiguieron a los partidarios del partido ilegal en todas las organizaciones obreras legales que tenían a su cabeza mencheviques liquidadores. La actitud conciliadora de una parte de los bolcheviques miembros del Comité Central complicó la lucha entablada contra los liquidadores.

Los bolcheviques tuvieron que depender, de una parte, del delegado del PSRPL, que entraba como quinto miembro en el Comité de Redacción del órgano central, para que el *Sotsial-Demokrat* adoptase su línea política, y, por otra parte, del buró del Comité Central en el extranjero para las cuestiones de dinero y transporte (los fondos de los bolcheviques quedaban entre las manos de los camaradas extranjeros designados por la sesión del Comité Central, cuando ellos hubieran podido ser muy útiles a los bolcheviques). No tuve ocasión de volver a ver a Noguín hasta 1917. Por lo tanto, no pude saber qué impresión produjeron sobre él las resoluciones de la sesión del Comité Central de 1910; pero los bolcheviques conciliadores residentes en el extranjero no fueron turbados en lo más mínimo por el resultado de estas decisiones.

Al final de diciembre de 1910 estaba de nuevo en París. Allí encontré, venidos de Rusia, a M. Mironóvich (N. Mandelstam) y A. Rýkov. No recuerdo con qué objeto, Mark, Levá, Rýkov, Mironóvich, Lozovski y yo nos reunimos en el café. En esta reunión indiqué que sería conveniente enviar a las organizaciones del partido militante en Rusia, antes del Primero de Mayo o del 9 de enero, o en cualquier otra ocasión, manifiestos impresos o simplemente manuscritos. En este último caso, organizaciones más fuertes podían encontrar medio de reproducirlo. Yo me comprometí a hacerlos llegar regularmente y a tiempo a las organizaciones rusas.

Mi proposición fue adoptada, y se hizo una lista de redactores. A esta lista, Mark, Levá y Lozovski llevaron redactores pertenecientes a todas las tendencias, entre ellos Mártov, pero no pusieron a Lenin ni a Zinóviev. Esto sucede siempre a los conciliadores. Empiezan por conciliar lo inconciliable y terminan por unirse a sus adversarios. Así fue con el Comité Central conciliador de 1904, lo mismo ocurrió con los bolcheviques conciliadores del período que describimos. Me irrité porque ni Lenin ni Zinóviev hubiesen sido puestos en la lista de redactores, y se lo comuniqué a Nadezhda Konstantínovna y a Lenin. Excuso decir que mi proposición quedó en letra muerta. Después del regreso de Noguín a Rusia, se intentó varias veces constituir el buró del Comité Central de Rusia; pero hasta el final de 1911 todas estas tentativas terminaron en detenciones.

El centro bolchevique en el extranjero tomó todas las medidas posibles para constituir un buró del Comité Central en Rusia. Una vez envié a un camarada a Ganetski, miembro polaco del buró interior del Comité Central; éste debía acompañarlo a Moscú y ponerlo en contacto con los miembros del buró interior. Pero cuando él y su compañero llegaron a Moscú, los miembros del buró con los cuales debían entrar en relación habían sido detenidos. Los bolcheviques hicieron esfuerzos increíbles y sacrificios considerables para defender y reconstituir, tanto en Rusia como en el extranjero, después de numerosas detenciones, los organismos locales del partido y el Comité Central de Rusia, y por otra parte dirigir en la prensa y en las raras asambleas del partido una lucha ideológica contra los liquidadores que los desintegraban. A fin de cuentas, los esfuerzos de los bolcheviques fueron coronados por el éxito. Antes de partir para Leipzig fui a casa de Lenin. Hablando de los asuntos del partido en el extranjero y en Rusia, la conversación versó sobre la ausencia en Rusia de un centro del partido con autoridad capaz de agrupar todas las organizaciones existentes, alrededor del cual todos los bolcheviques residentes en el extranjero vendrían a agruparse. Lenin sonrió y dijo a Nadezhda Konstantínovna, que había entrado en la habitación durante la conversación: «Piátnitski propone formar un centro para reconstituir los organismos centrales del partido». Supe que Lenin y los camaradas que trabajaban entonces con él proyectaban convocar una Conferencia del partido.

Durante mi estancia en el extranjero fui frecuentemente de Berlín a Ginebra y de Leipzig a París, cuando desacuerdos agudos, intensos, estallaban en el partido. Llegando allí, me dirigía siempre a casa de Lenin. Cuando le preguntaba: «¿Por qué razón me han convocado?», la respuesta era invariable: «¡Quédese aquí unos días, vea a los camaradas y enseguida hablaremos!». Y cuando antes de marchar iba a verle, me decía: «Y bien, ¿qué posición toma usted?». Hasta después que yo le dije lo que pensaba de la situación, no me expuso su manera de ver y sus proposiciones.

Antes de la guerra yo estaba en correspondencia constante con Nadezhda Konstantínovna y con Lenin; pero, desgraciadamente, no he conservado sus cartas. Cuando en el verano de 1905 salí para Rusia, dejé mis archivos con las cartas de Lenin y de Nadezhda Konstantínovna en Ginebra, en casa de Liádov (donde se perdieron al mismo tiempo que las suyas). En 1913, antes de mi salida para Rusia, destruí toda mi correspondencia.

IX

La preparación y la convocatoria de la Conferencia panrusa del partido (finales de 1911 y principios de 1912)

El 9 de junio de 1911 fue convocada una reunión de los antiliquidadores (bolcheviques y PSRPL), miembros del Comité Central del POSDR, que comprobó la imposibilidad de reconstituir los organismos centrales del partido elegidos en el Congreso de Londres, teniendo en cuenta que todos los miembros del buró del Comité Central en Rusia estaban detenidos, y que los mencheviques y los liquidadores habían obtenido la mayoría del buró del Comité Central en el extranjero (en esta época, el Comité Central de la socialdemocracia letona se había pasado a los liquidadores). Se decidió en esta reunión constituir una Comisión de Organización para preparar la convocatoria de la Conferencia del partido, y una comisión exterior para ocuparse de cuestiones técnicas, compuesta de tres camaradas: un bolchevique (el camarada Kamski, me parece), un bolchevique *partiitsy* (Levá) y un representante del PSRPL (Léder). En junio o julio llegaron a mi casa, en Leipzig, S. Schwartz y Zajar (Bréslav). Me enteré por ellos que se dirigían a Rusia con objeto de la preparación de la Conferencia del partido. Les di las indicaciones necesarias para que los delegados a la Conferencia pudiesen atravesar la frontera para dirigirse al extranjero, y yo los pasé a Rusia.

Para organizar la Conferencia se llamó también a los antiguos alumnos de la escuela del partido que, habiendo terminado sus cursos poco tiempo antes, estaban repartidos por Rusia. El camarada Sergó (Ordzhonikidze) regresó también. Con el mismo objeto se constituyó en Rusia una Comisión de Organización, que se encargó de convocar la Conferencia y que fue calurosamente acogida. Todas las organizaciones de Rusia y del Cáucaso se agruparon instantáneamente alrededor de ella. Pero mientras en Rusia la Comisión de Organización trabajaba con éxito en la preparación de la Conferencia, en el extranjero, los antiliquidadores del PSRPL y los bolcheviques *partiitsy* (conciliadores) obstruyeron su trabajo. Resultaron rozamientos entre la mayoría de la comisión técnica exterior y los representantes de la Comisión de Organización interior.

El representante del PSRPL dejó la redacción del Órgano Central (después de la conferencia de los miembros del Comité Central antiliquidadores del 5 de junio de 1911, los liquidadores Mártov y Dan fueron eliminados de la Redacción del *Sotsial-Demokrat*). Cuando el camarada Leva, miembro de la comisión técnica, se dio cuenta que el *Sotsial-Demokrat* aparecía sin la colaboración del delegado del PSRPL, me apremió en términos categóricos para que cesase de enviar el Órgano Central a Rusia y expedir el Boletín de Información que empezaba a publicar la comisión técnica exterior (en total, aparecieron dos números).

Sobra decir que me negué a obedecerle y escribí con este objeto una carta a la Redacción del *Sotsial-Demokrat*, que la insertó.

En otoño de 1911, Leva, de paso por Leipzig, vino a verme. Venía de París y de Berlín, donde, probablemente, había conferenciado con los camaradas que guardaban los fondos de los bolcheviques para que cesasen de dar el dinero necesario para la impresión del *Sotsial-Demokrat* y para el transporte. Cuando se convenció de que yo no suspendería la expedición del *Sotsial-Demokrat*, me dijo que la comisión técnica me retiraba los fondos que me adjudicaba para la organización del transporte.

A principios de noviembre recibí de Lenin una carta urgente, en la que me indicaba que saliera inmediatamente para Praga e hiciese todos los preparativos necesarios para que la Conferencia del partido pudiese reunirse. A esta misma carta había agregado algunas palabras que Lenin quería dirigir al socialdemócrata checo Némets. Salí inmediatamente. Némets me presentó a dos socialdemócratas checos –el gerente de la Casa del Pueblo y su adjunto–; reunidos, hicimos los preparativos que necesitaba la Conferencia. Me entendí con los checos respecto a las permanencias en las que debían presentarse los camaradas que iban a llegar de París y Leipzig, lo mismo que respecto a las conversaciones telefónicas que tendría con ellos desde Leipzig. Terminados los preparativos, regresé a Leipzig y avisé a Lenin. Por mi parte, tomé mis disposiciones para recibir en Leipzig a los delegados que venían de Rusia.

En muchas ciudades de Rusia, los delegados estaban ya designados y los esperábamos de un día a otro. A mediados de diciembre recibí una carta de Nathan, expedida desde Suwalki, en la cual me informaba de que cuatro personas se presentarían en nuestra permanencia secreta con nuestra consigna, y que habían atravesado la frontera. Esperé un día, dos días, y no aparecían. Iba varias veces al día a la permanencia donde aquéllos debían presentarse.[49] Finalmente, su retraso empezó a inquietarme

---

[49] En Alemania, cerca de la frontera rusa, pululaban los agentes de las compañías marítimas alemanas, que obligaban a los emigrantes rusos, con el apoyo de los gendarmes alemanes, a tomar sus billetes a ellos. Los gendarmes cogían a los emigrantes rusos y los metían en cuarentena (los emigrados designaban a esta cuarentena con el nombre de «baño»), donde los tenían de seis a ocho días. Los que, efectivamente, se dirigían a Londres o América, eran enviados por grupos a los puertos alemanes, mientras que los que no tenían pasaporte y no querían ir a Londres ni a América, eran arrojados a Rusia. En 1903, el camarada Noskov fue así detenido en la frontera prusiana. En los años siguientes, muchos camaradas sufrieron esa misma suerte. Yo temía que estos cuatro camaradas hubiesen caído en el «baño», aunque, al pasar la frontera, hubiesen recibido un itinerario a través de ciudades alemanas que no tenían gendarmes ni compañías marítimas.

seriamente. Pregunté la hora de llegada del tren de Berlín y decidí ir a la estación, con la esperanza de que los camaradas extraviados quizás hiciesen su aparición. Al llegar a la estación vi salir a cuatro hombres. Reconocí enseguida, por su aspecto, que eran rusos; marchaban juntos, calzados con polainas, cuando nadie las usaba en Leipzig, con gruesos gabanes y casquetes de piel. Entre ellos, tres eran de talla pequeña; el cuarto (Zalutski) era un gran mocetón. Pensé que eran seguramente los camaradas que esperaba. Pero antes de acercarme los examiné de pies a cabeza. Se apercibieron. Finalmente, me aproximé a ellos y les pregunté qué calle buscaban. Me respondieron que no me importaba. A la vista de esto, les pregunté si por un casual no buscaban la *Zeitzerstraße* (la calle de la permanencia donde ellos debían presentarse); uno de ellos me respondió que no. Decidí, de todas maneras, no dejarlos y seguirles los pasos. Una discusión empezó entre ellos. Uno decía que yo era un policía; los otros pensaban que yo había venido a su encuentro. Finalmente, P. Dogádov, me parece, se aproximó a mí y entabló conversación. Vimos enseguida que nos buscábamos mutuamente y fuimos juntos al domicilio de Zagorski, en el cual había preparada una habitación para ellos. Estos cuatro camaradas eran delegados a la Conferencia. Dos eran obreros de Petersburgo: Stepan Onúfriev y Zalutski; uno era de Kazán, P. Dogádov; y uno de Nicoláiev, Serebriákov. Claro está que yo informé inmediatamente a Lenin de su llegada. En respuesta, recibí de él una carta en la que me decía que muy probablemente el delegado de Moscú se habría hecho prender, y que con la ausencia de un delegado de Moscú era difícil abrir la Conferencia. Lenin me pedía también que enviara con urgencia a alguien allí abajo para tratar de que se designase un nuevo delegado. Al recibir esta carta decidí enviar a Moscú al camarada Lázaro Zeliksón, que trabajaba entonces en Leipzig en calidad de pulidor de madera. Lázaro aceptó, y el primero de enero de 1912 salió de Leipzig.

Algunos días después de su salida, Nathan me informó de que había hecho pasar la frontera a dos personas que se habían presentado en nuestra permanencia, y que habían salido directamente para París (Nathan me tenía regularmente al corriente de los pasajes, puesto que era yo quien los pagaba y no los camaradas; esto lo hacía para evitar que nuestros camaradas fuesen robados por los contrabandistas). Al mismo tiempo, Nathan me informaba de que un gendarme estaba encargado de vigilar las habitaciones amuebladas a donde iban las personas que deseaban pasar la frontera. Se trataba justamente de nuestra permanencia. Nathan me dio una nueva dirección y una nueva consigna, y agregó que si alguien se presentaba en la antigua dirección no había por qué temer, ya que el gendarme no detendría a nadie. Efectivamente, nadie fue detenido. Me enteré de que el delegado de Moscú extraviado, Goloshchokín, y el esbirro Matvéi, se habían dirigido a París. Este último, sin duda, había dado a conocer la dirección de nuestra permanencia en la frontera. Me enteré, por una carta que me escribió Nadezhda Konstantínovna, de que el delegado de Moscú «perdido» había sido seguido y que le había costado mucho trabajo llegar hasta Dvinsk, donde habitaba su hermana. En casa de ella se había encontrado con Matvéi, que también se dirigía a la Conferencia con la autorización de S. Schwartz, desde ese momento encarcelado, entregado muy probablemente por el mismo Matvéi. Cuando me enteré por Nathan que nuestra permanencia estaba «quemada» y que Matvéi había pasado la frontera para dirigirse a la Conferencia, me apresuré a enviar el telegrama de que ya hablé más arriba, en el cual pedía que se excluyese a Matvéi.

Lázaro me informó de que había podido reunir a los camaradas que militaban en las organizaciones obreras legales de Moscú, y que éstos habían designado un delegado a la Conferencia; pero que después de las últimas pretensiones no había llegado a tocar la organización clandestina. Lázaro dio al delegado las direcciones y la consigna, después de lo cual fue detenido, probablemente con el concurso del mismo delegado, que no era otro sino el agitador Malinovski.

Malinovski hizo conocer su llegada al extranjero por un telegrama que expidió desde Alemania a la dirección de nuestra permanencia secreta. En este telegrama pedía que no se empezase la Conferencia antes de que él llegase.

Después de la llegada de los cuatro primeros delegados, llegó a Leipzig Gúrvich (llamado también Matvéi), delegado por las organizaciones del partido de Vilna y de Dvinsk. La Conferencia había ya empezado, y yo ya estaba en Praga cuando se me informó desde Leipzig de que un delegado de las organizaciones ilegales de Tula, Alia (Gueorgui Románov, un provocador), acababa de llegar. Románov, que no tenía la dirección de mi permanencia, se había dirigido a casa de Bujarin, que se encontraba entonces en Alemania, en Hannover. Muy probablemente, Bujarin había escrito a París, de donde le habían comunicado mi dirección de Leipzig. La Comisión de Organización decidió admitir a Románov. Además de Goloshchokín, se dirigieron directamente a la Conferencia: Valentín (Voróvski), delegado de Sarátov; Savva (Zevin), delegado de Yekaterinoslav, partidario de Plejánov; Víctor (Schwartzman), delegado de la organización menchevique de Kiev, Sergó (Ordzonikidze), delegado de Tiflis, y Surén Spandarián (Timoféi), delegado de Bakú. Estos dos últimos formaban parte de la Comisión de Organización.

Cuando llegué a Praga, la Conferencia había ya comenzado, y la discusión giraba sobre el dictamen de la Comisión de Organización. Ésta proponía a los delegados constituirse en Conferencia panrusa, con el derecho de elegir las instituciones centrales del partido; la Comisión había tomado todas las medidas necesarias para que estuviesen representadas en la Conferencia todas las tendencias y organizaciones del partido realmente existentes (la Comisión había invitado a Plejánov, a Gorki, al grupo de *Vperiod*, al PSRPL y a las otras tendencias antiliquidadoras). Ante la constitución de la Conferencia en Conferencia panrusa, el delegado de Yekaterinoslav (Zevin) se opuso con vehemencia. Malinovski declaró que en lo que a él concernía votaría en contra, habiendo recibido mandato imperativo de sus electores de Moscú (lo que no le impidió votar al día siguiente por la proposición de la organización). Que yo me acuerde, Savva se abstuvo en el momento de votar.

Además de los camaradas que he mencionado ya, asistían a la Conferencia: Lenin y Zinóviev, como redactores del Órgano Central (Zinóviev tenía además un mandato de la organización de Moscú); Nadezhda Krúpskaya, Kámenev (éste llegó cuando la Conferencia había comenzado) y el camarada Aleksándrov (Semashko); estos últimos, delegados por el Comité de organizaciones de apoyo bolchevique en el extranjero.

La Conferencia se celebró en la Casa del Pueblo de los socialdemócratas checos (después de la escisión de 1920, los socialdemócratas checos, con el concurso de la policía, se apoderaron de la Casa del Pueblo, aunque la aplastante mayoría del partido se había adherido a la Internacional Comunista). Los delegados tomaron igualmente sus comidas en el restaurante de la Casa del Pueblo, y se alojaron en casa de los obreros checos, miembros del partido socialdemócrata.

La Conferencia se prolongó dos semanas. No recuerdo exactamente el orden del día. Recuerdo que se discutió la cuestión de los liquidadores, que la Conferencia excluyó del partido; la cuestión del momento actual y de las elecciones de la cuarta Duma; la cuestión de la fracción parlamentaria (la Conferencia comprobó que la acción de ésta había mejorado); la cuestión de organización; la campaña de seguros sociales (en su resolución sobre esta cuestión, la Conferencia examinó con detalle la ley votada por la tercera Duma sobre las cajas de enfermedad, etc., y formuló las reivindicaciones de la socialdemocracia revolucionaria para el seguro de los obreros, reivindicaciones que el poder soviético realizó efectivamente); la cuestión de la prensa socialdemócrata ilegal; las formas de las organizaciones de apoyo en el extranjero; la cuestión del hambre; la política de bandolerismo del zarismo en Persia y en China; la cuestión del Órgano Central y de las elecciones en las instituciones centrales del partido. La Conferencia escuchó con atención los dictámenes de los delegados de provincias, que subrayaron la necesidad de reforzar el trabajo para constituir células ilegales y unirlas con los socialdemócratas revolucionarios de las organizaciones obreras legales, agrupando aquéllas por profesiones.

Los dictámenes de los delegados de provincias y del representante de la Comisión de Organización en Rusia para la convocatoria de la Conferencia dieron un cuadro preciso de los esfuerzos hechos por las pocas organizaciones locales bolcheviques para mantener el contacto con los obreros de las fábricas. Entre estos últimos, la Ojrana trataba de hacer penetrar a sus enviados disfrazados de bolcheviques duros, que entregaron a los mejores camaradas de las organizaciones desde que éstas empezaron a funcionar bien. Los camaradas que quedaron en libertad tuvieron que volver a empezar de nuevo.

Los bolcheviques de la vieja guardia leninista, revolucionarios profesionales, escapados de cárceles y de la deportación, regresaron a Rusia para venir en su ayuda. El trabajo fue entusiasta, y las detenciones se repitieron. Esto se hizo bastantes veces y en muchas ciudades.

De todos modos, la Ojrana jamás pudo destruir completamente las organizaciones bolcheviques locales, en que los obreros del país tenían una gran confianza, como lo mostraron más adelante los años 1913 y 1914.

Los obreros no se fueron con los mencheviques y liquidadores, aunque la policía rara vez había los había perseguido.

Muchos de los delegados a la Conferencia por las organizaciones regionales (Ural, Siberia, etc.) no pudieron dirigirse, y ellos mismos y las organizaciones que los habían designado fueron detenidos.

La Conferencia se celebró en una época en que los síntomas de una recrudescencia del movimiento obrero eran ya evidentes. Me acuerdo del vivo eco que encontró en la Conferencia la noticia, aparecida en los periódicos alemanes de Praga, de que habían tenido lugar en Riga colisiones entre la policía y los obreros. Los periódicos anunciaban que en una fábrica donde trabajaban mujeres había cesado el trabajo; la dirección no había querido abrir las puertas, de modo que las obreras huelguistas se habían tenido que quedar dentro de la fábrica. Cuando los obreros de las fábricas vecinas se enteraron, se dirigieron ante la fábrica en huelga, forzaron las puertas y pusieron en libertad a las obreras. Intervino la policía, y los obreros se defendieron.

Por la mañana, antes de abrir la sesión de la Conferencia, enseñé el periódico a Lenin. Cuando la sesión se abrió, él comunicó la noticia a los delegados, y agregó que los síntomas denotaban que los tiempos de negra reacción estaban cerca del fin.

He de hacer notar dos hechos, sin gran importancia, que han quedado en mi memoria. Cuando se discutió la cuestión del Órgano Central, me dirigí vivamente al Comité de Redacción y le reproché el olvidar que el *Sotsial-Demokrat* existía, no solamente para los camaradas residentes en el extranjero, que estaban al corriente de todo lo que acontecía en el partido, sino para los camaradas de Rusia. Como prueba, leí algunos extractos del Órgano Central conteniendo violentos ataques personales contra el representante de la socialdemocracia lituana en el Comité de Redacción. Pregunté quién había introducido estas costumbres en el Órgano Central (el artículo que yo citaba no estaba firmado); el camarada Filip [Goloshchokín] presidía la sesión. Cuando terminé de leer las citas, el presidente me llamó al orden por intervenir contra el espíritu de camaradería que yo acababa de invocar, sin darse cuenta de que las palabras que yo había pronunciado no eran las mías, sino las del Órgano Central. En este momento, Lenin se declaró autor del artículo. Los conferenciantes se morían de risa, mientras que el presidente quedó confuso.

Propuse transformar el Órgano Central en revista teórica mensual, a la manera de la *Neue Zeit* (*Tiempos Nuevos*), órgano teórico del SPD, ya que para el gran público existía en el extranjero *El Periódico Obrero Popular*, y en Rusia, la *Zvezdá*. Mi proposición fue desechada; pero, no obstante, la Conferencia votó el que el Órgano Central insertase con preferencia los artículos de propaganda.

La elección del Comité Central debía hacerse por escrutinio secreto; pero todos los delegados en la Conferencia conocían los candidatos designados. Cuando entre los candidatos apareció el nombre de Malinovski, me incliné contra esta candidatura (creo que en la Conferencia tomé la palabra contra Malinovski).

Lenin la sostenía. Cuando antes del escrutinio la sesión fue suspendida, Lenin se aproximó a mí y me preguntó por qué estaba yo contra esta candidatura.

Le respondí que Malinovski estaba muy alejado del trabajo del partido, que la organización ilegal de Moscú no le había designado, que había venido a la Conferencia por casualidad y que, a fin de cuentas, se le conocía poco. Además, indiqué a Lenin que en 1903 se había engañado haciendo entrar en el Comité Central como bolchevique duro a Koniaguin, que en 1904 se volvió un conciliador furibundo. Lenin no fue de mi opinión. Tenía a Malinovski por un militante activo y capacitado. Excuso decir que en aquel momento nadie creía que éste sería con el tiempo un provocador.

Después de la Conferencia, Lenin, Sergó, Timoféi, Filip, Víctor y Malinovski (elegidos todos, lo mismo que Zinóviev, para el Comité Central) se dirigieron a Leipzig, adonde yo regresé después de sacar de Praga a todos los delegados.

Después de mi regreso a Leipzig se recibió la noticia que Poletáiev y Shurkánov, miembros de la tercera Duma, habían llegado a Berlín. La fracción parlamentaria socialdemócrata había sido invitada a la Conferencia; pero sus delegados no habían llegado a tiempo. No habían dado su dirección; pero se les podía escribir a la lista de correos. Cuando Lenin se enteró de la llegada de los dos diputados, me rogó que los invitara a Leipzig. Como no me parecía posible comunicarles, en una carta dirigida a la lista de correos, la dirección de nuestra permanencia en Leipzig, envié a Berlín a Zagorski, que encontró a los delegados y los trajo al día siguiente por la tarde a Leipzig. Después de su llegada, empezaron las complicaciones. Lenin no quería que Shurkánov (era entonces menchevique *partiitsy*) supiese que Malinovski había entrado en el Comité Central. Fue necesario celebrar las sesiones del Comité Central unas veces con Poletáiev, sin Shurkánov, y otras con éste pero sin Malinovski. Shurkánov seguramente no sabría que el Comité Central se reunía sin él. Las sesiones tenían lugar en la imprenta del *Leipziger Volkszeitung*, en el despacho del director, el camarada Seifert.

La primera noche que me encontré en el café con los diputados Poletáiev y Shurkánov, me di cuenta que estábamos vigilados. Me inquieté seriamente.

En ese momento se encontraba en Leipzig todo el Comité Central ruso y la mayor parte de los delegados de la Conferencia, que esperaban su salida para Rusia. Antes de mi regreso a Praga, yo no estaba vigilado. La vigilancia había sido provocada, por consiguiente, por la Conferencia. Pero, además de los que habían asistido y de tres camaradas solamente, que de una manera o de otra habían venido a ayudarme, nadie estaba al corriente de mi existencia. Al día siguiente me dirigí a casa de Malinovski y de Timoféi, que vivían en casa de un socialdemócrata de los alrededores de Leipzig, en un pequeño hotel. Tan pronto descendí del tranvía, me di cuenta que el hotel estaba vigilado. Cuando salimos los tres (debíamos ir a una reunión del Comité Central, a la cual asistirían los dos diputados de la Duma), un policía nos siguió. Tuvimos que dar muchas vueltas antes de poder desembarazamos de él. A medida que caminábamos, Malinovski no cesaba de expresar el placer de que Leipzig le recordase a Rusia, ya que era necesario deshacerse de un policía, lo mismo que en Rusia. No obstante esta vigilancia, yo estaba convencido que la Ojrana ignoraba dónde se había celebrado la Conferencia y quiénes habían asistido. Nadie se figuraba que dos provocadores se habían filtrado.

Las reuniones de los representantes del Comité Central con los diputados de la Duma se terminaron sin incidente. Después de lo cual, los diputados de la Duma, Timoféi y yo, según la decisión del Comité Central, salimos para Berlín, en donde debíamos dirigirnos a casa del que guardaba los fondos bolcheviques, Kautsky. Nuestra delegación tenía el encargo de informar a éste de que se había celebrado una Conferencia panrusa del partido, que en ella habían elegido Comité Central, al cual había transmitido todo el haber del partido, incluidos los fondos que los bolcheviques habían dejado en depósito a los «depositarios», conforme a la decisión de la sesión del Comité Central de 1910. Lenin se dirigía también a Berlín para conocer el resultado de la gestión con Kautsky. La misma tarde, la delegación fue a ver a Kautsky. La discusión fue bastante larga, pero no dio resultado. Kautsky quiso conocer la actitud que tendrían respecto a la Conferencia de enero los otros concurrentes del POSDR antes de responder a la petición del Comité Central. Por la noche nos encontramos con Lenin en un restaurante, y le comunicamos nuestra entrevista con Kautsky, después de lo cual tomó el tren para París.

Los diputados de la Duma quedaron en Berlín. Timoféi y yo regresamos a Leipzig. Todos los delegados de la Conferencia consiguieron entrar rápidamente en Rusia sin dificultad. Me lo comunicaron; pero el más puntual fue el provocador Alia Románov; desde la frontera me envió una carta anunciando que había llegado bien.

La Conferencia de enero tuvo un gran alcance. Reconstituyó las instituciones centrales del Partido, que subsistieron hasta la Conferencia de abril de 1917. El Comité Central y el Comité de Redacción del Órgano Central, elegido en la Conferencia de enero, se pusieron en contacto con todas las organizaciones de Rusia, crearon su periódico diario en Petersburgo (*Pravda*) y dirigieron la actividad de seis diputados de la cuarta Duma. Hasta 1914, el Comité Central y el Comité de Redacción del Órgano Central, elegidos en la Conferencia de enero de 1912, asumieron de hecho la dirección (en el terreno ideológico como en el terreno de organización) del movimiento obrero de Rusia.

En el verano de 1912, Lenin y el Comité de Redacción del Órgano Central se trasladaron de París a Cracovia para estar mejor informados y seguir los acontecimientos de Rusia y obrar enseguida. Camino de Cracovia, Lenin, Nadezhda Konstantínovna y su madre, pasaron algunos días en Leipzig, durante los cuales se trató entre nosotros largamente de la socialdemocracia alemana. Yo la defendía con todas mis fuerzas, mientras que Lenin era ya muy escéptico. Después de 1917, Lenin se burlaba con frecuencia de las maniobras de «mis amigos», los socialdemócratas alemanes.

X

Mis relaciones con el movimiento obrero alemán (1903-1912)

Cuando en 1902 me puse en contacto por vez primera con el obrero alemán, éste me dio la impresión de que vivía soberbiamente. Los obreros que yo veía en las reuniones estaban excelentemente vestidos (en comparación, desde luego, con los obreros rusos), bebían gran cantidad de cerveza y comían muchos sándwiches. Los alojamientos de los militantes socialdemócratas que yo acababa de visitar eran bastante agradables. Si a esto se agregan las libertades de que gozaban, tenemos el «ideal» con el que yo soñaba entonces para el proletariado ruso. Sin embargo, mi «ideal» no tardó en quedar desvanecido. Pude advertir, cuando comencé a frecuentar los barrios y los alojamientos obreros, que éstos en nada se parecían a los que había visto anteriormente; estos alojamientos se componían de una entrada que hacía las veces de cocina y de un cuartito donde vivía una familia de cuatro o cinco personas. El ajuar distaba mucho de ser confortable.

A pesar de la prosperidad industrial, una multitud de cesantes (obreros parados), naturales de Berlín o llegados de otros puntos, se prensaban materialmente en la Casa del Pueblo, donde radicaban todos los sindicatos de Berlín. Los «asilos de noche» estaban repletos de gente sin domicilio.

No estaban mucho mejor las libertades prusianas. En los mítines convocados por los socialdemócratas, el comisario de policía, sentado entre los miembros de la junta, disolvía frecuentemente la reunión por el más mínimo motivo, sobre todo cuando el presidente se negaba a hacer salir a las mujeres y a los jóvenes que, según la ley, no podían asistir a las reuniones públicas de carácter político. Los procedimientos seguidos y la rapidez con que obraba la policía para hacer evacuar la sala eran, por otra parte, asombrosos.

Con todo, a pesar del derrumbamiento de mi ingenuo «ideal», a medida que iba aprendiendo a conocer el movimiento obrero alemán experimentaba una profunda impresión.

El SPD era, antes de la guerra, el único partido político del proletariado alemán. Su organización se extendía no sólo a las ciudades de población obrera, sino también al campo. En toda la región fronteriza ruso-prusiana que hube de frecuentar, región habitada por población rural, me encontraba por doquier con pequeñas organizaciones del partido, a las que me dirigía siempre para que me ayudasen en mi labor.

Ya en 1903, el SPD contaba con algunos centenares de miles de asociados y algunos millones de suscriptores a su prensa diaria. Cada ciudad de Alemania, por poco industrial que fuese, tenía su diario. El partido poseía grandes imprentas y casas editoriales que, a su vez, disponían de sucursales repartidas por toda Alemania. La socialdemocracia alemana tenía un ascendiente enorme sobre la clase obrera y sobre los elementos pobres de las ciudades; en 1903 logró obtener más de tres millones de sufragios en las elecciones para el Reichstag [Parlamento del Imperio], a pesar de que las mujeres y los soldados fueron privados del derecho al voto y de que la ley electoral se restringió muchísimo, sobre todo para los obreros. Todos los mítines que organizaban los socialdemócratas por las causas más diversas se veían concurridísimos, llegando a tener, en Berlín, un centenar de mítines en el mismo día. La socialdemocracia tenía sus representantes en todas las instituciones electivas, comenzando por el mismo Parlamento del Imperio (una cuarta parte de los diputados del Reichstag) y acabando por los Parlamentos de Estado [Landtage] y las municipalidades rurales y urbanas de toda Alemania.

La socialdemocracia estaba a la cabeza de un movimiento sindical de tres millones de trabajadores que dirigía de hecho, no solamente en los centros urbanos, sino también en las localidades y en las fábricas. (Los sindicatos designaban sus delegados, a razón de uno por determinado número de sindicatos que trabajasen en la fábrica. Estos delegados se encargaban de recoger las cuotas. Eran escogidos, principalmente, entre los militantes socialdemócratas.) Los socialdemócratas tenían igualmente, en sus manos, las cooperativas obreras de producción y de consumo con sucursales en todas las ciudades de Alemania, y competían victoriosamente con el comercio privado, dando productos de la mejor calidad. Por medio de los sindicatos, y sobre todo por sus delegados, los socialdemócratas alemanes se hallaban excelentemente unidos con los obreros de las fábricas. Por otro lado, la prensa diaria del partido, las Casas del Pueblo, con sus cafés y sus restaurantes, y la innumerable cantidad de cervecerías-restaurantes a cargo de militantes del partido, rendían grandes servicios a la socialdemocracia y le aseguraban un constante contacto con las masas obreras. Se hace preciso decir que los alemanes, incluidos los obreros, pasan casi todo su tiempo libre en los restaurantes, cervecerías y cafés. En estos lugares es donde se celebran las reuniones de los sindicatos, de las cooperativas, del partido, etc., y ahí mismo los obreros cambian conversaciones sobre sus ideas, discuten, leen los periódicos y pasan el rato.

En esta época, la burguesía luchaba contra los socialdemócratas, negándoles, entre otras cosas, los locales que necesitaban para celebrar sus mítines o sus reuniones de partido, pues al aire libre estaba prohibido hacerlo. El SPD se vio así en la obligación de construir sus Casas del Pueblo, haciendo un llamamiento a los recursos de los obreros. Las cooperativas, los sindicatos, todas las organizaciones del partido dieron comienzo a la construcción de Casas del Pueblo. Al propio tiempo, el partido incitaba a sus afiliados a abrir cervecerías-restaurantes. Los propietarios eran preferentemente aquellos miembros del partido boicoteados por los fabricantes. Estos dueños de cervecerías socialdemócratas son hasta hoy un serio apoyo para la socialdemocracia, domesticada por la burguesía alemana.

Si se considera que en ningún otro país –excluyendo a Rusia– existía un movimiento obrero tan potente como en Alemania, se comprenderá por qué yo me convertí en un ardiente defensor de la socialdemocracia alemana en el período de antes de la guerra. Confieso que más de una vez he soñado con ver en Rusia un movimiento obrero de tanta fuerza.

Se sobreentiende que yo también advertía los defectos del movimiento obrero alemán. Los sindicatos firmaban contratos a largo término con los patronos sobre la duración de la jornada de trabajo, los salarios y las condiciones de trabajo que ataban de pies y manos a los obreros. Además, en 1905, el Congreso nacional alemán de los sindicatos, compuesto en su mayor parte por delegados socialdemócratas, se pronunció en contra de la huelga general política como medio de lucha (las grandes huelgas rusas de 1905 plantearon esta cuestión en Alemania); bien es verdad que algún tiempo después de esto el Congreso del SPD, por una enorme mayoría, partidario de la huelga general. Entre el grueso del partido y los socialdemócratas militantes en los sindicatos se formó una profunda fisura. Es preciso reconocer que los oportunistas alemanes que se encontraban a la cabeza de los sindicatos se habían aprovechado; pero yo estaba absolutamente convencido de que, mientras el SPD fuese fuerte y tan grande su autoridad sobre la masa obrera, podría llevar a ésta al combate y vencer al oportunismo en toda la línea. Hubiera podido hacerlo, bien seguro, si hubiera querido: pero no quiso. El partido, absolutamente legal, se hallaba hasta tal punto adaptado a esta legalidad que no organizaba manifestaciones que hubiesen sido prohibidas por la policía, y se inclinaba muy cuerdamente ante sus arbitrariedades cuando en Prusia, por una futilidad cualquiera, se disolvían por la fuerza sus mítines.

Era doloroso ver a los socialdemócratas berlineses renunciar a manifestarse en el cementerio de Friedrichsafen (donde fueron inhumadas las víctimas de la revolución de 1848) en la celebración del aniversario de los funerales, simplemente porque la policía no autorizaba la manifestación. En estas jornadas de aniversario, los visitantes más fervientes del cementerio eran los socialdemócratas rusos que en aquella época vivían en Berlín.

Por su ciego respeto a la ley, los socialdemócratas alemanes han educado a la clase obrera en un ambiente de legalidad excesiva. Raros eran los miembros del partido que recordaban la ley de excepción dirigida contra los socialistas[50]; en cuanto a estos

---

[50] El canciller Bismarck, el 19 de octubre de 1878, hizo votar por el Reichstag la ley contra los socialistas. El motivo que dio lugar a esta ley fueron los dos atentados dirigidos contra el emperador Guillermo I por el obrero hojalatero Gedel, el 11 de marzo de 1878, y por el doctor Nobiling, el 2 de junio del mismo año (este último hirió gravemente al emperador); pero estuvo claro para el mundo que Bismarck usó el pretexto del atentado para paralizar la influencia de la socialdemocracia sobre los obreros. La ley de excepción recluía al SPD en la acción clandestina. Se les prohibía publicar sus diarios, convocar a reuniones públicas y a las asambleas del partido, difundir los escritos socialdemócratas y recibir fondos, e incluso la adhesión al partido y sus organizaciones. El partido publicó su Órgano Central en el extranjero, y allí celebró sus Congresos. A pesar de las persecuciones trabajó con mucho éxito, como lo demuestran las elecciones al Reichstag que tuvieron lugar en el período en que la ley contra los socialistas estaba en vigor. Este cuadro da el número de puestos y de sufragios obtenidos por los socialdemócratas en este período:

	N.º de puestos	N.º de sufragios	Porcentaje
Antes de la ley de excepción	12	493.447	6%
Julio de 1878, después del atentado	9	437.158	8%
1881, bajo la ley de excepción	12	311.961	6,1%
1884, ídem	24	599.990	9,7%
1890, ídem	35	1.427.248	20%

que la recordaban y que la habían vivido, se consideraban casi como unos mártires, bajo el pretexto de que el granero de la casa en que habitaban había sido registrado minuciosamente y de que la policía prusiana los había expulsado la misma víspera de Navidad, haciéndoles trasladarse de Prusia a Sajonia (estos dos hechos, que han quedado grabados en mi memoria, fueron entresacados de algunas conversaciones que sostuve con dos militantes de la organización berlinesa del SPD: el presidente del sindicato de la encuadernación, Silber, y el grabador Peterson).

El hecho de que los miembros del SPD fueran educados en la legalidad destaca en los miembros del Partido Comunista de Alemania procedentes de la socialdemocracia. Todavía hoy se habitúan difícilmente a la existencia ilegal del Partido. Muchos de ellos, por sus actos desprovistos de toda prudencia, perjudican al Partido seriamente. Cuando son detenidos, tanto en el sumario como ante el tribunal, consideran su deber de honrado ciudadano de la República Alemana el decir todo lo que saben.

Yo me iba dando cuenta de muchos otros prejuicios de la táctica de la socialdemocracia alemana. Para no ir en contra de la ley, los socialistas no militaban, antes de la guerra (y con mayor razón durante la guerra), entre los soldados del imperio alemán, bajo pretexto de que la socialdemocracia podía hacer su propaganda entre los jóvenes antes y después de su servicio militar. Además, nosotros, rusos, estábamos indignados ante la actitud de los militantes del partido y de los obreros llamados a servir bajo las banderas del ejército imperial; consideraban los días pasados en el servicio militar como los más dichosos de su vida; hablaban de ello con orgullo, como si se tratase no del ejército imperial, sino de su ejército rojo, del ejército del proletariado alemán que hubiera conquistado el poder.

El 25 de enero de 1890, el Reichstag abolió la ley de excepción (por 169 votos contra 98). En esta época, a pesar de estar en la ilegalidad, la socialdemocracia alemana desplegó una enorme actividad en la clase obrera de tal suerte que forzó a la burguesía a abolir la ley contra los socialistas.

A pesar de todas las faltas que yo encontraba en la dirección del movimiento obrero alemán me hallaba convencido de que la lucha de clases que iría desarrollándose incesantemente en Alemania rectificaría la táctica de los socialdemócratas, pues consideraba a los militantes y a los jefes de la socialdemocracia, detrás de los cuales marchaban las masas obreras, como adeptos sinceros del marxismo revolucionario y hombres abnegados del movimiento obrero.

Únicamente en Leipzig, de 1909 a 1912, pude aprender a conocer al detalle la organización local del partido y su acción militante. La asamblea general de la circunscripción elegía el Comité local. Éste era el único permanente. El secretario estaba secundado por tesoreros, que eran los encargados de visitar las casas de los afiliados al partido y recoger sus cuotas. Las conferencias y folletos eran distribuidas a domicilio. Determinados miembros del partido tenían a su cargo el reparto o difusión de folletos en las calles. La campaña electoral de 1911 para las elecciones del Reichstag fue organizada de una manera verdaderamente interesante. Cada grupo, llevando a la cabeza a un delegado del Comité del partido de Leipzig, recibió una lista indicando la profesión y la dirección de los electores residentes en las calles que el grupo debía visitar. De esta lista, el grupo seleccionaba a los obreros, los artesanos y los modestos empleados, dirigiéndoles, bajo sobre, todos los folletos que hacían referencia a la campaña electoral. El sobre era enviado por correo o entregado en mano por los miembros del grupo. Días después, los miembros del grupo pasaban por el domicilio de los destinatarios y les explicaban los detalles y el sentido y orientación de los folletos que habían recibido.

Hablo de esta campaña electoral porque tuve ocasión de tomar parte en ella.

Muchos Partidos Comunistas de occidente podrían hoy todavía, paralelamente con la existencia de las «células de fábrica», aplicar este método de agitación en sus diferentes campañas.

La organización socialdemócrata de Leipzig llevó, desde esta época, la dirección única de todas las organizaciones del movimiento obrero de Leipzig y su circunscripción.

El Comité convocaba reuniones confidenciales de militantes. Estas reuniones se mantenían en secreto, no solamente para la policía, sino también para las organizaciones del partido. Ante estas asambleas, los elementos dirigentes de los sindicatos, de las cooperativas, los delegados obreros en las cajas de seguros de enfermedades y los representantes del Comité del partido presentaban sus informes. Se designaban candidatos en todas las organizaciones antedichas y se tomaban resoluciones sobre los asuntos presentados. Se decidía quién habría de tomar la palabra en las reuniones del partido, quién debería proponer la composición o, mejor dicho, los componentes del buró y los candidatos al Comité del partido; quién tendría que dar lectura a las resoluciones en las reuniones y en las conferencias oficiales, etc. En Leipzig, a estas reuniones secretas las denominaban «camorras».

Muchos camaradas rusos que pasaban a Leipzig criticaban a los socialdemócratas alemanes; pero me parecía que los criticaban porque no apreciaban exactamente su obra.

En el verano de 1912, cuando Lenin vino a Leipzig, en sus conversaciones conmigo me manifestó sus reproches sobre el SPD, al que acusaba de inercia, de no combatir más que con palabras a los oportunistas que se cruzaban en su camino, y de no hacerlo, en todo caso, más que en la víspera de los Congresos. Le reprochaba igualmente el no llevar a la práctica las resoluciones votadas por estos últimos. Lenin estimaba desde esta época que la socialdemocracia estaba demasiado a fondo impregnada de oportunismo e integrada por la Alemania burguesa. En esto ya no estaba yo de acuerdo. Luego hubo de verse que el SPD estaba hasta tal punto integrado por la Alemania burguesa imperialista, que se aferró a ella en el momento en que, en noviembre de 1918, el proletariado alemán, sublevado, le colocó a la cabeza de la revolución. Desde luego, si esto hubiera dependido de él, y no de la clase obrera alemana, Alemania estaría aún bajo el régimen monárquico.

Cuando, en agosto de 1914, en la prisión de Sámara, supe por un gendarme que Plejánov se inclinaba por la guerra y que la fracción socialdemócrata del Reichstag había toda ella votado los créditos de guerra, experimenté un verdadero sentimiento doloroso. Confieso que la actitud de Plejánov me sorprendió menos que la del SPD. ¿Acaso este partido y sus Congresos no habían constantemente condenado a las fracciones socialdemócratas de los Landtage del gran ducado de Badén y de Hesse por su propensión a votar los presupuestos [militares] locales? Y he aquí que toda la fracción socialdemócrata del Reichstag votaba los créditos de guerra; o, dicho de otra manera: votaba por la guerra, aun cuando la «defensa» de la patria no dependía del voto de los socialdemócratas, ya que los partidos burgueses disponían de las tres cuartas partes de los asientos del Reichstag. Comprendí entonces que la socialdemocracia alemana no era de hecho ni internacionalista ni revolucionaria. Ahora creo que, aun no habiéndose inclinado por la guerra, la socialdemocracia alemana hubiera terminado, como hoy, por colaborar con todos los partidos burgueses. Un partido tan considerable y fuerte como era el SPD antes de la guerra tenía dos caminos a seguir: luchar por la conquista del poder en beneficio del proletariado o pactar con la burguesía. La socialdemocracia renunció a seguir el primer camino, aun cuando en 1918 el poder cayó en sus manos.

XI

PARÍS (1912-1913)

En el verano de 1912, la situación parecía disponer mi regreso a Rusia. A causa de la transferencia de los organismos centrales del Partido a Austria (Cracovia formaba entonces parte del Imperio austríaco), Leipzig había perdido toda importancia. Pero yo quería reintegrarme a Rusia para mezclarme con la multitud obrera y trabajar en la fábrica. Mi oficio (por supuesto, había tenido tiempo suficiente para olvidarlo) no convenía para esto, pues los talleres de confección en Rusia eran generalmente de poca importancia. Yo quería aprender deprisa algo que me permitiera, por una parte, ganarme la vida, y por otra, entrar en la fábrica. Por un momento pensé en utilizar mis conocimientos de estereotipia, que había aprendido en la *Leipziger Volkszeitung* (órgano de la organización socialdemócrata de esta ciudad), creyendo que algún día precisaríamos en Rusia también de grandes imprentas, como en 1903-1906, cuando imprimíamos la antigua *Iskra* y *Vperiod* con los clichés que recibíamos del extranjero. Pero yo no sabía si en Rusia se empleaban los mismos procedimientos de estereotipia que en Alemania.

En este punto era imposible aprender rápidamente alguna cosa que pudiera convenirme; por eso hice una solicitud de ingreso como aprendiz en una escuela de instalaciones eléctricas, organizada en París con los fondos de cierto ricachón ruso en beneficio de los emigrados que carecían de oficio y que, es preciso decirlo, debían en Francia apretar su cinturón algunos puntos para contener sus necesidades estomacales. No hallándome yo en París, mi admisión se hizo a costa de mil dificultades, aumentadas al poner en el formulario que me fue preciso rellenar que yo tenía un oficio muy lucrativo en París.

La escuela en la cual ingresé llevaba el nombre de «Rachel», correspondiente al de una hija muerta del ricachón. La escuela estaba muy mal de útiles, pero la enseñanza práctica que se daba estaba bastante bien organizada. Algunos emigrados dirigían los trabajos: el electricista Miljaílov, un excelente práctico, bien al corriente de su trabajo, y el montador electricista Rudzinski, que no conocía demasiado mal la teórica de la técnica eléctrica. El trabajo en el torno, en la forja y en la instalación de alumbrado eléctrico era seguido de conferencias que pronunciaban ingenieros rusos empleados en fábricas de París. Los aprendices adultos eran generalmente intelectuales, que hacían grandes esfuerzos por recibir la enseñanza que se les daba, cosa que no todos lograban. En cuanto a mí, estudiaba seriamente, y en ocho meses, desde noviembre de 1912 hasta principios de junio de 1913, aprendí no pocas cosas. Antes de terminar los cursos, se me envió, con otros aprendices, a efectuar instalaciones eléctricas en un establecimiento. Una vez terminados los cursos, Zéfir, Kótov y yo instalamos la electricidad, por nuestros propios medios, en el alojamiento de Zhitomirski.

Durante mis ocho meses de estancia en París tomé una parte activa en los trabajos del grupo bolchevique (yo era miembro del buró del grupo).

El grupo de apoyo de París adquirió una gran importancia en la vida de las organizaciones del Partido en el extranjero (y también en el movimiento socialdemócrata ruso en general) a partir del momento en el que, en 1909, el Centro bolchevique, dirigido por Lenin, fue trasladado de Ginebra a París. No es preciso decir que, en esta ciudad, donde se encontraban los organismos centrales de nuestro Partido en el extranjero, estaban los elementos más activos del movimiento socialdemócrata ruso, que lograban escapar de la deportación, de las cárceles, de las persecuciones, o bien que eran delegados por las organizaciones del Partido. A pesar de que estos últimos no vinieran más que algún tiempo, daban mucha animación a los medios parisienses de nuestro Partido, informándoles sobre lo que pasaba en Rusia, en las organizaciones centrales y en las provinciales. La continua afluencia de nuevos camaradas llegados de diferentes puntos de la inmensa Rusia establecía una corriente de aire fresco en el grupo de apoyo bolchevique de París, dándole a conocer. Se comprende perfectamente que todos los miembros del Centro bolchevique que vivían en París formaban parte del grupo de apoyo, lo que, evidentemente, daba a este último importancia y autoridad. Es preciso todavía tener en cuenta que en París se encontraban, en 1909-1912, las organizaciones centrales para el extranjero de los mencheviques, de los vperiodistas, de los socialistas-revolucionarios y otras organizaciones. Desde entonces, la lucha ideológica que se desarrolló entre los socialdemócratas y los socialistas-revolucionarios, por un lado, y en el seno mismo de la socialdemocracia, por otro, no podía menos de reflejarse sobre la vida y la actividad del grupo de apoyo bolchevique de París. Todo el grupo, en conjunto, y algunos de sus miembros militantes, tomaban una parte activa en esta lucha ideológica. Con frecuencia, los miembros del Centro bolchevique (miembros del Comité de Redacción del Órgano Central, del Comité Central y del buró en el extranjero de éste) pronunciaban en el grupo de París conferencias sobre los asuntos destinados a presentarse ante las instituciones interesadas del Partido o a ser publicadas. Igual se procedía para la exposición detallada de las sesiones del Comité Central, de las reuniones del Comité de Redacción del *Proletari* y de las Conferencias del partido: se hacían conocer al grupo antes de que las decisiones tomadas, a su respecto, fuesen publicadas.

El grupo de París organizaba conferencias sobre los temas más diversos; los *leaders* de todas las tendencias socialdemócratas de entonces y de los otros partidos tomaban parte en las discusiones. Por su lado, los miembros del grupo de apoyo bolchevique de París tomaban una parte activa en las discusiones suscitadas en las Conferencias organizadas por las otras tendencias socialdemócratas y los otros partidos. Durante el tiempo que yo pertenecí al grupo (finales de 1912 y primer semestre de 1913), éste ya no tenía las características enunciadas pues, después de la Conferencia panrusa de París, el Órgano Central del Partido había sido trasladado a Cracovia. En París ya no quedaba más que Kámenev.

En esta época el grupo estaba compuesto por los camaradas Vladímirski (Kamski), Mirón Chernomázov (después de la Revolución de Febrero se comprobó que era un agente provocador), los hermanos Bilenki (Abraham y Grisha), Zéfir, Konstantínovich, Kótov, Mántsev, Ludmila Stal, Antónov (Britman), Sviaguín, N. Kuznetsov (Sapózhkov), Natacha Gópner, Nadezhda Semashko, Mijaíl Davýdov, Abraham Skovno, Golub, Isaac (Raskin), los Morozov, los Shapoválov, Kámenev, Degot, Ilyín, Zhitomirski y otros más cuyo nombre he olvidado.

En 1912-1913, el grupo de apoyo de París se diferenciaba mucho de los restantes grupos establecidos en el extranjero a causa de su composición social y de su actividad. En Alemania, en Bélgica y aun en Suiza, en los grupos de esta época la mayoría de los mismos estaban formados por estudiantes; entre ellos, sólo algunos aislados eran de antiguo miembros del POSDR, escapados de las cárceles, de la deportación y de las persecuciones. Sin embargo, estos grupos militaban sobre todo entre los estudiantes rusos. En este caso, el grupo bolchevique de París se componía casi enteramente de viejos revolucionarios, que se habían visto obligados a huir de Rusia y que podían en todo momento, si los organismos del Partido lo decidían, volver allí. Hasta los nuevos miembros de este grupo eran casi exclusivamente camaradas salidos de las cárceles rusas y de la deportación. El grupo de París no tenía contacto, en el período a que me refiero, con los estudiantes rusos, y no militaban entre ellos. Su actuación militante se extendía a los obreros y a los emigrados políticos rusos, muy numerosos en París.

Además de la venta de la literatura (folletos) del Partido, la organización de conferencias, las suscripciones en beneficio del Partido y la discusión de asuntos que se exponían ante éste, el grupo de París cooperaba, por mediación de sus representantes, en los ingresos de la caja de los emigrados, que ayudaba mucho a los camaradas necesitados, a la biblioteca, al gabinete de lectura de la sociedad de socorros a los deportados y encarcelados, así como a otras organizaciones rusas, relacionadas con todas las organizaciones revolucionarias rusas en el extranjero durante aquella época.

El grupo bolchevique de París, al igual de los otros grupos socialdemócratas de Rusia, de Polonia, etc., no se adhería a la organización parisiense de los socialistas franceses [Sección Francesa de la Internacional Obrera (SFIO)]. Pero algunos miembros del grupo de París, por su voluntad, formaban parte de ella (yo mismo pertenecía a la sección alemana de la federación socialista del Sena, de la que formé parte hasta mi marcha a Rusia). Pero no se había decidido, ni por el socialismo francés ni por el Partido ruso, la adhesión de los rusos a la SFIO. Únicamente ahora es cuando los estatutos de la Internacional Comunista obligan a los comunistas que llegan a un país extranjero a prestar inmediatamente su adhesión al Partido Comunista de este país.

El Primero de Mayo de 1913, por iniciativa del grupo bolchevique de París, tuvo lugar un gran mitin internacional, seguido de un festival, al que asistieron obreros y socialdemócratas rusos, italianos, alemanes, franceses, etc. El mitin se celebró en medio del mayor entusiasmo. Si mi memoria no me engaña, Kámenev tomó la palabra en nombre de nuestro grupo.

Los bolcheviques de París festejaron al unísono, y con la más franca cordialidad, el nuevo año 1913. Se apreciaba ya que éste había de ser un año de intensificación revolucionaria, y desde este momento aparecía la justa exactitud de la táctica de los bolcheviques. En 1911, de paso por París, yo había festejado ya la aparición del nuevo año con los bolcheviques. Sin embargo, y a pesar de hallarse presentes todos los miembros del Centro bolchevique, con Lenin a la cabeza, la fiesta se desarrolló sin entusiasmo de ninguna clase.

La fiesta de 1913 había sido completamente diferente. Con nosotros festejaron el nuevo año el camarada Tsiperóvich que, por aquel tiempo, estaba alejado de nuestro grupo de París; Steklov y Shliápnikov (yo veía a este último por vez primera; los camaradas me lo presentaron como un sindicalista). Su presencia entre los bolcheviques en la fiesta organizada con motivo del nuevo año fue entonces considerada por nosotros como un indicio de la victoria del bolchevismo en el movimiento ruso.

Inmediatamente de mi llegada a París fui agregado al Comité de las organizaciones de apoyo bolcheviques en el extranjero, que estaba formado por los camaradas Vladímirski (Kamski), N. Kuznetsov (Sapózhkov), Semashko (estaba desplazado entonces) y Mirón Chernomázov[51]. Ya no recuerdo absolutamente nada de la actividad del Comité de las organizaciones de apoyo en el extranjero, aun cuando asistí a todas sus reuniones.

---

[51] Creo que se volvió un provocador tras su regreso a Rusia, donde fue enviado a trabajar en la *Pravda* al principio de 1913. Antes de su partida vino a pedirme consejo varias veces acerca de cómo ir, qué llevar conmigo y qué dejar en París. Me pidió que revisara toda su correspondencia, que destruyera todas sus cartas personales y conservase las de trabajo. Esta correspondencia incluía cartas de Lenin y de Krúpskaya.

En el momento de mi llegada a París, algunos camaradas recibían personalmente la *Pravda*, de Petersburgo. En el Comité de las organizaciones de apoyo en el extranjero y en el buró del grupo bolchevique expuse varias veces la necesidad de difundir en masa la *Pravda* entre los rusos de París. Se habían tomado varias resoluciones en ese sentido, pero habían quedado sin efecto. En vista de eso, decidí ocuparme yo mismo del asunto, aun cuando no tuviese amistades en París. Supe que existía en esta ciudad una agencia que recibía la prensa rusa y la trasladaba a los quioscos. Fui allí y llegué a un acuerdo con el depositario respecto a la recepción y difusión de la *Pravda*. Después de esta gestión, escribí a la administración de la *Pravda* rogándole el envío diario a París de la cantidad de ejemplares convenida con el depositario. El periódico comenzó a llegar; pero habiendo el depositario «olvidado de poner al corriente» sus cuentas con la administración del diario, me vi precisado a renunciar a sus servicios y encargarme de este trabajo yo mismo. Hice que me enviasen la *Pravda* (al principio recibía diariamente cien ejemplares) a la escuela donde hacía mi aprendizaje. Una parte iba a los quioscos; el resto lo vendían Zéfir y otros aprendices en un restaurante ruso de la calle de la Glacière, donde los aprendices y gran cantidad de rusos iban a comer.

En consecuencia, las cosas marcharon tan bien que, desde los rincones más apartados de París, los lectores de la *Pravda* se dirigían a mí constantemente para que les enviase el periódico. De repente, mi cuarto se transformó en oficina de expedición de la *Pravda*. Al terminar mi jornada de trabajo, los días en que llegaba el periódico (no sé por qué, la edición para el extranjero sufría menos confiscaciones de las que se hacía objeto al periódico en Petersburgo), doblaba los ejemplares, les ponía su faja correspondiente y los enviaba por correo. Entré en correspondencia con la dirección de la *Pravda*, y como yo le enviaba puntualmente el importe de los periódicos vendidos, la administración me remitía tantos ejemplares como yo solicitaba.

Como ya he dicho antes, había en París un considerable número de emigrados políticos rusos. Junto a estos elementos, en contacto con los partidos revolucionarios, había bastantes emigrados que habían sido detenidos o deportados casualmente. La angustia de casi todos estos emigrados era inmensa. Encontrarles trabajo a todos era imposible, pues la mayor parte de ellos no sabía hacer nada (los obreros, por el contrario, se procuraban trabajo ellos mismos). El desconocimiento del idioma dificultaba la situación de los emigrados rusos. Aprenderlo no era tan fácil, debido a que existían en París muchos establecimientos donde se hablaba ruso y que frecuentaban los emigrados, que al no estar en contacto con los franceses mal podían aprender su idioma. Cuando yo estaba en París había un centro sindical para los obreros rusos; este centro estaba relacionado con el movimiento sindical francés. Si no me equivoco, este centro había organizado cursos de francés para los obreros rusos. Muchos de los militantes de nuestro Partido se veían obligados, para satisfacer su subsistencia, a emplearse como lecheros, a fregar los escaparates de los almacenes, a servir de mozos de mudanza; pero no todos querían ganar su vida de esta forma, y muchos de los emigrados llegaban hasta el punto de no buscar trabajo. Era mucho mejor vivir a costa de los demás, y por todos los medios imaginables se apropiaban del dinero de los que trabajaban, engañando frecuentemente a los rusos y a los franceses (por esto se entiende perfectamente que el conocimiento del idioma no les era indispensable). Las cosas habían llegado a tal punto que en cualquier festival organizado en la colonia rusa en beneficio de la caja de socorros para los emigrados o de un partido revolucionario indeterminado, se producían escándalos o riñas, provocados por los holgazanes de la inmigración ocasional.

A pesar de la degeneración de una parte de los emigrados, un considerable número de emigrados políticos de nuestro Partido soportaba estoicamente la emigración, y al regresar a Rusia ocupaban sus posiciones en el Partido. No obstante, del pensamiento de los emigrados forzosos que figuraban a la cabeza de nuestro Partido iba saliendo una obra creadora. Esta fracción de los emigrados políticos estaba en relación con el movimiento obrero socialista de Europa y de América, en el que impulsaba lo que era aceptable y rechazaba lo que en él había de inútil y de nocivo.

Es posible que sea en parte solamente por eso por lo que los bolcheviques han podido aplicar el marxismo revolucionario con vistas a forjar un Partido de acero, conocido por su firmeza y su actividad, y lo que ha colocado bajo su dirección todas las diferentes formas del movimiento obrero ruso, evitando los errores que han cometido los partidos socialdemócratas de otros países.

Cuando hube terminado en la escuela mi aprendizaje de montador electricista, hice mis preparativos de viaje para dirigirme a Rusia. Fuera del buró del Comité Central en el extranjero, los camaradas Kótov y Zéfir eran los únicos que estaban al corriente de mis proyectos. Manifesté a Zhitomirski, a quien veía diariamente, que regresaba a Alemania para trabajar en la fábrica Siemens-Schückert. Ahora, Zhitomirski no tenía ya mi confianza de antaño, puesto que había llegado a mi conocimiento que una comisión de investigación, compuesta por tres miembros del Comité Central bolchevique, un bundista y un menchevique, había examinado los informes referentes a él proporcionados por Búrtsev.[52]

Este último informó al Comité Central de nuestro partido (en 1910 o 1911) que había recibido confidencias, de una fuente que le merecía confianza, indicando que, en 1904, cuando Zhitomirski se trasladó de Alemania a Rusia, los agentes de la Ojrana

52 Búrtsev logró desenmascarar al provocador Azef y a otros. Tenía conocidos entre los agentes provocadores de la Ojrana, que le proporcionaban material sobre los provocadores infiltrados en el movimiento revolucionario ruso. Búrtsev también tenía contactos en los departamentos de policía. En esa época era aún un revolucionario y fue de gran ayuda para todos los partidos revolucionarios exponiendo provocadores infiltrados. Trabajaba en cooperación con todos los partidos revolucionarios.

en el extranjero habían enviado con este motivo un telegrama, concebido en los términos que ellos empleaban ordinariamente, para señalar el paso de uno de los suyos. La comisión de investigación, habiendo examinado los informes de Búrtsev, decidió que no era suficiente para acusar a Zhitomirski de ser un provocador, y permitió que continuara en el POSDR. Sin embargo, después de esto, Zhitomirski no volvió a recibir ninguna otra misión de confianza, y se alejó casi por completo del partido, aun cuando continuó afiliado al grupo de París. Los informes de Búrtsev referentes a Zhitomirski nos hicieron inquirir la procedencia del dinero que gastaba para vivir en París, en un bonito departamento particular, aun cuando, por falta de práctica, no ejercía entonces su profesión de médico. En enero de 1911 hablé de esto con Lenin, quien sabía que Zhitomirski era un antiguo conocido mío. Para conocer más de cerca su forma de vivir, acepté ir a su casa, ya que me había invitado por mediación del camarada Abraham Skovno, en mis primeros días en París. Le alegró mucho mi visita, instándome a que me instalara en su casa, etc. No acepté su invitación; pero iba a visitarle casi todos los días.

Después de mi llegada a París, Zhitomirski se interesó de nuevo por los trabajos del grupo y comenzó a trabajar activamente. Además de mí, Zéfir, Kámenev y otros camaradas iban a su casa. Yo no sé si Zhitomirski interrogaba a los camaradas sobre su trabajo o sobre el de otros; por lo que a mí respecta, no me lo preguntó más que una sola vez. En enero de 1911, Zhitomirski me invitó a visitar su casa de Versalles. Al pasar por no sé qué localidad de los alrededores de París, me dijo que el camarada Leiteizén (Líndov) habitaba allí nuevamente, y me preguntó si yo sabía dónde se encontraba en aquel momento. Esta pregunta me pareció extraña. Le respondí que no lo sabía (efectivamente, ignoraba dónde estaba Líndov; pero me había dejado tan estupefacto su pregunta, que, aun cuando lo hubiera sabido, no se lo hubiera dicho).

Elegí para salir de París el 14 de julio, cuando desde cada rincón de Francia la multitud invade la capital. (La modesta burguesía parisina festeja la toma de la Bastilla bailando en las calles, cerca de los cafés y de los restaurantes.) Creía que ningún policía se fijaría en mí. Zéfir y Kótov me despidieron en la estación. Poco antes de la salida del tren apareció Zhitomirski. Se despidió de mí calurosamente y me abrazó, invitándome a alojarme en su propia casa cuando regresase a París. Llegó a emocionarme.

En el camino me detuve en Baden-Baden y en Leipzig. No encontré ninguna fábrica de hilaturas. A decir verdad, en Baden-Baden me pareció que alguien me vigilaba, pero pensé que se trataba, sin duda, de algún policía local. En Leipzig no observé nada que me pareciese anormal. El mismo día en que debía salir para Rusia, provisto de un pasaporte legal que no me pertenecía, el camarada en cuya casa me hospedé en Baden-Baden, y que debía acompañarme en mi regreso a Rusia, recibió una carta de la alemana dueña de la casa, donde le manifestaba que había ido a visitarla un policía interrogándola acerca de mí. Éste la había asustado al decirle que yo había robado en un banco de París. Añadía en su carta que el policía había marchado para seguirme la pista, y facilitaba sus señas personales, rogando que le esperase para aclarar esta interpretación, pues estaba convencida de que yo no era la persona que buscaba el policía. Al salir de mi cuarto vi a un individuo sentado en una taberna vecina, detrás de una ventana cerrada. Este individuo correspondía punto por punto a las señas proporcionadas por la alemana de Baden-Baden. Volví a casa de Zagorski, donde me esperaba un telegrama de Lenin instándome a marchar a Poronin. Resolví hacerlo. Con Zagorski lo arreglamos de esta manera: enviamos a un comisionado en busca del equipaje de un camarada cuyo pasaporte estaba en regla, para transportarlo a la estación de Eilenburg, de donde salían los trenes para Rusia, vía Kalisz; la camarada Pilátskaya fue tras el comisionado. El polizonte siguió los equipajes. En este tiempo, Zagorski retiraba los míos y los llevaba a la nueva estación de Leipzig. Aquella tarde, Zagorski fue a despedir a nuestro camarada y vio que el polizonte se iba en el mismo tren. Como supe más tarde, el policía llegó hasta la frontera, donde mi compañero, después de ser registrado minuciosamente, fue interrogado por los gendarmes, confundiéndole conmigo.

Extremando las precauciones, la camarada Pilátskaya tomó el tren con mi equipaje y yo me uní a ella en la estación siguiente. Me entregó mi billete y mi equipaje y descendió del tren para marchar en busca de Zagorski, que estaba esperándola. Así pude llegar sin dificultad hasta la misma casa de Lenin.

Cuando le conté que me vigilaban y lo que sabíamos sobre Zhitomirski, Kámenev, que asistía a la entrevista, me dijo que todo ello debía ser una impresión personal. Al día siguiente de mi llegada a Poronin se recibió una carta de Zagorski en la que decía que en la misma noche de mi salida se había registrado la casa en que me hospedé en Leipzig. En resumen, cuando el gran duque Nicolás fue a inaugurar la iglesia rusa de Leipzig, se hizo una nueva requisa en mi antiguo alojamiento; pero esto sucedía mucho después de mi salida de aquella población. Se decidió decir a Zhitomirski que el buró del Comité Central en el extranjero me había llamado a Cracovia, donde debía continuar mis trabajos. El día de mi salida para Rusia le envié mi pretendida dirección de Cracovia. Al propio tiempo, los camaradas polacos de aquella ciudad debían vigilar la casa cuya dirección enviamos a Zhitomirski, para comprobar si la policía recibía confidencias que no podía facilitarle más que Zhitomirski. En este caso se comprobaría con exactitud las relaciones de éste con la Ojrana.

Nuestros cálculos eran exactos. Cuando en 1915, estando yo deportado, escribí a Kámenev (estaba en el mismo distrito que yo) que en el momento de mi detención en Sámara pude comprobar sin duda alguna que Zhitomirski era un agente provocador, me respondió que lo sabía hacía algún tiempo. Así fue desenmascarado un importante espía que a nosotros, los bolcheviques, nos hizo muchísimo daño.

XII

Una semana con Lenin en Poronin (fines de julio de 1913)

En Poronin fui durante siete días el huésped de los camaradas Lenin y Krúpskaya. Ocupaban una casa de campo de dos pisos. En la planta baja se alojaban Lenin, Nadezhda Konstantínovna y su madre; en el segundo piso había una o dos alcobas destinadas a los camaradas transeúntes, pues antes de mi llegada, Kámenev ya estaba instalado allí y a mí se me instaló a la vez. En el otro extremo de Poronin vivían Zinóviev y Lílina.

En Poronin, igual que en Londres, Ginebra y París, donde tuve ocasión de verle, Vladimir Ilich trabajaba y se paseaba a horas determinadas. A pesar de que durante mi permanencia en Poronin no cesó de llover, Vladimir Ilich daba todos los días largos paseos a pie o en bicicleta por los alrededores, que son muy pintorescos. Desde Poronin se contemplan las montañas de Zakopane.

Muy a menudo yo acompañaba a Lenin en sus paseos. Una vez fuimos a Zakopane, que está próximo a Poronin. Desde allí nos internamos, durante todo un día, en las montañas, con el fin de ver, si mal no recuerdo, el «Ojo del mar». Estaba con nosotros un tercer camarada, pero no puedo recordar si era Ganetski, que entonces vivía en Poronin, o Kámenev. Recuerdo solamente que este camarada no nos acompañó hasta el final del viaje. La lluvia caía torrencialmente, pero de vez en cuando reaparecía el sol. Estábamos calados hasta los huesos. Para evitar la lluvia, nos guarecíamos, alguna que otra vez, en unas cabañas muy parecidas a las que se encuentran en Siberia, en algunos caminos, y que estaban construidas especialmente para que los turistas pudieran cobijarse en ellas.

Estuvimos trepando durante mucho tiempo para escalar los peñascos, agarrándonos como podíamos a los salientes de las rocas. Durante la mayor parte del camino tuvimos que seguir un sendero que bordeaba un inmenso precipicio. El panorama era grandioso. Pero cuando nos aproximábamos al «Ojo del mar», las nubes ocultaron su vista. Tres veces descendimos y volvimos a subir la montaña, pues el sol tan pronto salía como se ponía. Al fin pudimos ver, en el hueco profundo formado por las elevadas montañas, el fondo cubierto de nieve inmaculada. Ya de noche, muy tarde, volvimos a Poronin helados y cansadísimos.

Este paseo ha quedado grabado en mi memoria. Lenin, por su parte, tampoco lo había olvidado. En 1918-19, cuando tuvo algunas tiranteces con el Comisariado del Pueblo de Vías y Comunicaciones, el Comité de camineros del radio de Moscú y el Comité Central del sindicato de los camineros donde yo trabajaba, Ilich, lamentándose, me decía a menudo que hubiera sido preferible haberme arrojado al fondo del barranco en el curso de nuestra excursión por las montañas de Zakopane.

Durante uno de estos paseos, Lenin me expuso el plan de preparación del Congreso del Partido. La cuestión debía debatirse ante la Conferencia de otoño de 1913, para asistir a la cual tenía yo que invitar a los camaradas del sur de Rusia. Conforme al plan de Lenin, se debía solicitar la asistencia a ese Congreso de la socialdemocracia letona y de la oposición del PSRPL (*rozlámovtsy*). Con este objeto, Lenin enumeraba los nombres de nuestros camaradas que podrían ser delegados ante de los letones. Por mi parte, no me oponía a la presencia en el Congreso de la oposición polaca; pero hube de insistir fuertemente para que se invitase al Comité Central del PSRPL. Al mismo tiempo rogué que la invitación se hiciese extensiva a las organizaciones locales de los comités citados, con el fin de que estos últimos pudieran darse perfecta cuenta de que no era culpa de los bolcheviques si su Comité Central no asistía al Congreso y se colocaba, por esta causa, fuera del POSDR. (Los bolcheviques y el Comité Central del PSRPL no estaban de acuerdo sobre los principios de organización, y tenían una concepción distinta de los métodos a seguir para la reconstitución del POSDR.) Sobre esto, Lenin me declaró que no se trataba de «hacer diplomacia», sino sencillamente de crear un Partido capaz de combatir. Desde luego, si el Comité Central del PSRPL asistía al Congreso, sería únicamente para presentar dificultades y complicaciones.[53]

Como yo creía que si los delegados provinciales venían de Polonia a nuestro Congreso podría ejercerse alguna presión sobre el C.C. del PSRPL para decidirle a colaborar, de forma seria y efectiva, en los trabajos de las instituciones centrales del POSDR, no pude inclinarme ante los argumentos de Lenin; y en vista de mi actitud, éste me dijo que, así las cosas, no era posible que yo continuase mi trabajo en las instituciones centrales del Partido. Como ello coincidía con mi deseo de trabajar en la fábrica, se convino que yo marcharía a Petersburgo o Moscú para militar en el plano local. Se me facilitó la dirección de un local de reuniones secreto en Petersburgo, en casa del camarada Avel Yenukidze (yo estaba personalmente en relaciones con la organización de Moscú), y marché al sur de Rusia para cumplir la misión que me había confiado el buró del C.C. en el extranjero.

---

[53] Aunque el C.C. de la socialdemocracia de Polonia y Lituania fue invitado a la Conferencia de Praga de enero de 1912, declinó la invitación. Sugirió que la Conferencia debía nombrar a varios camaradas para discutir la cuestión de la convocatoria de una verdadera Conferencia general del POSDR en la que tanto la socialdemocracia de Polonia y Lituania como los «nacionales» pudieran participar. A través de Rosa Luxemburgo, el C.C. de la socialdemocracia de Polonia y Lituania presionó a los «fideicomisarios» para inducirlos a retirar los fondos bolcheviques que eran tan necesarios para la expansión del trabajo bolchevique durante 1912-1913. Al mismo tiempo, el Comité Central de la socialdemocracia de Polonia y Lituania rechazó participar en el Comité de Organización del bloque de agosto y en la Conferencia convocada por tal bloque en Viena en agosto de 1912.

XIII

VOLSK (1913-1914)

Crucé la frontera con el pasaporte del estudiante B. London. Zagorski me envió a Varsovia el pasaporte que había utilizado yo mismo durante mi estancia en Moscú, en 1907, extendido a nombre de Pimen M. Sanadiradze, noble de la gobernación de Kutaisi. Este documento de identidad no era demasiado satisfactorio, pero no tenía otro. No recuerdo bien si estaba comisionado para organizar en Varsovia el PSRPL (esta organización apoyaba a los *rozlámovtsy*); de lo que sí me acuerdo es de que allí celebré una entrevista con varios camaradas (particularmente con Bruski y Kamski). De Varsovia me trasladé a Kiev, donde debía visitar a los camaradas Petrovski y Rozmiróvich. Mientras esperaba a que abriesen las puertas de un establecimiento donde vendían instrumentos de música y cuyo dependiente debía facilitarme la dirección de Rozmiróvich, pasó Olga Kámeneva. Supe por ella que el dependiente que yo esperaba había sido detenido, y al mismo tiempo me indicó la dirección de los que buscaba. Aquella misma tarde logré encontrar a Rozmiróvich, al que transmití la indicación de que Petrovski debía marchar a Poronin, puesto que a finales de septiembre de 1913 se celebraría una Conferencia del Comité Central a la que asistirían los diputados socialdemócratas de la Duma y los militantes responsables regionales. Le dije, además, el número de camaradas que Petrovski debía escoger, en las organizaciones de Kiev y de las ciudades vecinas, para que le acompañasen a la citada conferencia, y las ciudades que debían designar sus camaradas representantes para seguir los cursos de la escuela del Partido que se proyectaba inaugurar en Galitzia, en los alrededores de Poronin (Petrovski se hallaba ausente de Kiev).

Ya de noche salí para Poltava, yendo al domicilio del camarada Liúbich (Sammer), que militaba en los zemstvos. Estaba en Járkov y no pude verle. De Poltava marché a Járkov a visitar al camarada Muránov, entonces diputado por Járkov en la cuarta Duma del Imperio. Tuve que esperar más de una semana antes de poder entrevistarme con él, en el mayor secreto, pues el camarada Muránov estaba rigurosamente vigilado. Para entrevistarme con él hube de pasar la noche en una montaña muy próxima a la vía férrea (si la memoria no me es infiel, salió de la ciudad en una locomotora; antiguo ferroviario, mantenía buenas relaciones con sus anteriores compañeros). Le transmití las instrucciones que tenía para él (eran análogas a las que había hecho comunicar a Petrovski).

A la mañana siguiente salí para Moscú, pasando por Penza, donde deseaba quedarme uno o dos días con mis amigos los Itin. Por el camino tuve un ataque de disentería y, gravemente enfermo, a duras penas logré llegar hasta su casa. Esta enfermedad, que por poco me manda al otro mundo, me retuvo en la cama durante más de mes y medio.

Una vez ya en Moscú, por mediación de Krasin, director técnico de la casa Siemens-Schückert, ingresé en esta fábrica en calidad de montador electricista. Se me envió a efectuar la instalación eléctrica de la fábrica de cementos Asserin, enclavada a unos 7,5 kilómetros de Volsk. Experimenté algún temor en ir a trabajar a dicha fábrica, pues no tenía la seguridad de hacerlo bien. Yo había hecho instalaciones eléctricas en casas particulares; pero esto ya no era lo mismo. Sin embargo, decidí aprender este oficio, costase lo que costase, y debía intentarlo. Cuando me presenté a Krasin para solicitar trabajo me preguntó si yo pensaba ganar mi vida solamente o aprender seriamente a trabajar. Según él, si yo no intentaba más que lo primero, podía quedarme en Moscú; pero si deseaba lo segundo, era preciso absolutamente realizar trabajos de instalación en algún rincón perdido, con el fin de que nadie viniese a importunarme, distrayéndome del trabajo. Aun cuando mi intención fuese la de quedarme en Moscú, prefería, desde luego, que me destinasen a un «agujero» cualquiera donde pudiese aprender mi oficio a conciencia. Krasin tenía razón. La fábrica donde me enviaron estaba provista de los útiles más perfectos de la técnica extranjera y el trabajo se hallaba en su apogeo. Se habían contratado muchos montadores electricistas, rusos y alemanes. Para todos los trabajos delicados de la técnica eléctrica había montadores especializados, dirigidos por un jefe de equipo más conocedor del asunto, que distribuía el trabajo y decía lo que era preciso hacer. En la fábrica Siemens-Schückert todo este trabajo se hallaba bajo la dirección del técnico alemán Hasser. Los ingenieros vivían en Volsk, pero rara vez venían a visitar la fábrica. Nunca se me había ocurrido que la fabricación del cemento exigiera una instalación tan complicada. Todo el proceso de fabricación, exceptuando el transporte de la cal que alimenta el molino húmedo, la manipulación de los toneles vacíos y la colocación de la tapa cuando estaban llenos, era efectuado mecánicamente.

Yo procuraba estudiar a fondo la fábrica, pues a mí, casi en exclusiva, me estaba encargado dotarla de corriente eléctrica. Trabajaba día y noche y, al contrario de los demás montadores, no me limitaba a dirigir el trabajo, sino que intervenía personalmente en su ejecución, encaramándome a los sitios de mayor peligro para realizar los trabajos más difíciles. Tenía a mi cargo a cincuenta obreros no cualificados y obreros aserradores que preparaban las grapas, los tacos de madera, etc., que eran precisos. Hube de trabajar con materiales que hasta entonces desconocía en absoluto. Pero trabajaba muy animado y con interés. El técnico Hasser, viendo que en mis ratos libres me dedicaba a examinar los otros trabajos, me encargó instalar, bajo su dirección, pequeños motores y dinamos, etc. En este aspecto, hice también grandes progresos. Nicolás Mandelstam (que trabajaba allí en calidad de jefe montador) y yo fuimos los últimos en dejar la fábrica. Yo había permanecido en ella desde octubre de 1913 hasta primeros de abril de 1914. Mi jornal era bastante elevado: percibía 18 cópecs por hora, y durante las horas extraordinarias entre semana o los días festivos, una vez y media más, o sea 27 cópecs, aparte de 1,50 rublos por día para gastos de desplazamiento.

Mi estancia en la fábrica me benefició extraordinariamente: aprendí a trabajar y pude darme cuenta de la forma en que vivían, trabajaban y pasaban su tiempo los campesinos y los obreros rusos, de quienes, tanto tiempo, había estado separado mientras residí en el extranjero. Por otra parte, en la fábrica Asserin, igual que en otras fábricas de cemento vecinas, Seifert y Glujoozerski, aquéllos vivían en condiciones pésimas. Había en la fábrica obreros temporeros y obreros permanentes: los primeros se ocupaban de construir la fábrica; los segundos, de la elaboración de los productos de la fábrica. Cuando yo llegué, la fábrica estaba ya en marcha. Los obreros temporeros trabajaban con los montadores de diferentes casas; pero habían sido contratados y los pagaba la fábrica Asserin. No pertenecían, por tanto, a las empresas que se encargaban del montaje de la fábrica.

Los obreros temporeros eran, por regla general, muchachos jóvenes y campesinos de la región de Penza. Estos últimos eran numerosísimos. Recibían, por diez horas de trabajo, 50 cópecs diarios. Muy a menudo, Mandelstam y yo permitíamos a los obreros temporeros que trabajasen de noche –sabíamos que no habían de hacer nada– con objeto de que obtuviesen mayor salario. El trabajo de noche se les pagaba doble. Los obreros de las cercanías vivían en malísimas condiciones de higiene. Era imposible pasar a su lado por el mal olor que despedían. Para una parte de los obreros cualificados que trabajaban en la fabricación se habían construido unos barracones, donde todos los montadores estaban, asimismo, alojados.

En la fábrica no había organizaciones ni establecimientos culturales; sin embargo, me parece que tampoco los había en Volsk, a menos que se cuente como establecimientos de este género a los cinematógrafos. De éstos habría tres o cuatro en Volsk en aquella época. Los domingos y otros días festivos los cantos y los juramentos de los borrachos llenaban el ambiente. La juventud local y los obreros forasteros se «bebían» no solamente su jornal, sino también sus botas y sus vestidos. Después de lo cual se veían obligados a trabajar varios meses antes de poder comprarse otros.

Un buen día, la administración de la fábrica decidió reducir a 10 cópecs el jornal de los peones y limitar sus horas extraordinarias. Bajo la dirección de los obreros que trabajaban con los montadores miembros del POSDR (éramos cuatro; tres bolcheviques: N. Mandelstam, Petrov y yo, y un menchevique cuyo nombre he olvidado), los peones se declararon en huelga. Decidimos no trabajar con los «amarillos» [esquiroles]. Declaramos a nuestros jefes que no podríamos trabajar con obreros a los cuales fuese preciso instruir previamente, puesto que los obreros en huelga conocían ya su trabajo. La policía hizo su aparición, pero los obreros ganaron la huelga.

Desde Volsk me puse en contacto con el buró de Rusia y el departamento del Comité Central en el extranjero. Sostuve correspondencia continua con Nadezhda Konstantínovna. Recibía la *Pravda*, nuestra revista *Prosveschenie* (*La Ilustración*) y toda la literatura bolchevique de Petersburgo, que era enviada a la redacción de la *Vólskaya Zhizn* (*La Vida de Volsk*), a la que más tarde haré referencia.

Por esta época, en toda Rusia se hallaba en su apogeo la campaña a favor de los seguros sociales. (La tercera Duma había votado la ley sobre el seguro –enfermedad de los obreros, etc.–. Esta cuestión de los seguros daba lugar a profundas divergencias entre bolcheviques y mencheviques, hasta el punto de que unos y otros libraban verdaderas batallas desde las columnas de la prensa diaria. Gran cantidad de folletos y aun de periódicos fueron publicados, con este objeto, por ambas tendencias.)

En una reunión de los tres bolcheviques de nuestra fábrica se decidió convocar una asamblea de todos los obreros cualificados empleados en la Asserin, con el fin de examinar el asunto de los seguros. La asamblea se celebró en mi cuarto. Entregué a los más ilustrados de los obreros presentes la *Pravda* y algunos folletos referentes a los seguros sociales. Estos obreros se dirigían a mí con alguna frecuencia y a N. Mandelstam para que les explicásemos algunas dudas sobre determinados puntos. Establecimos con ellos, por tanto, un estrecho contacto. Desgraciadamente, no pudimos hacer con ellos una organización del Partido, pues una vez terminados nuestros trabajos de montaje hubimos de abandonar Volsk. Si no me equivoco, pusimos en comunicación a algunos de ellos con Vardin, quien, junto con Antoshkin, vivía en Volsk, bajo la vigilancia de la policía.

En las tres fábricas de Volsk trabajaban veinte montadores electricistas, enviados de Moscú por la casa Siemens-Schückert. Además de nosotros cuatro, miembros del POSDR, había dos cuyas ideas casi coincidían con las nuestras. En cuanto a los demás montadores, eran seres vulgares y pequeñoburgueses. Pasaban su tiempo en los restaurantes. Como ganaban todos buen jornal, el restaurante era el único sitio donde lo podían gastar. A veces nos reuníamos todos los montadores electricistas; pero las conversaciones sobre la acción política no tenían calor alguno, a pesar de que en este momento el movimiento obrero en Rusia no cesaba de desarrollarse, ampliándose. El tema de conversación entre los montadores era lo que sucedía en la fábrica y los incidentes surgidos con la dirección, etc. Los montadores de Moscú, hartos de las malísimas condiciones en que se trabajaba en las fábricas de cementos (hubo varios accidentes mortales a causa de la falta de barreras divisorias y otros dispositivos protectores alrededor de las máquinas, que trabajaban día y noche sin descanso), comenzaron a mandar notas cortas a la *Vólskaya Zhizn*, periódico modesto que, según creo, aparecía diariamente. De esta forma entramos en relación con la redacción del citado periódico, que, para ese rincón de provincia, tenía un carácter bastante radical. Un día, hojeando la *Vólskaya Zhizn* (la administración había tomado a su iniciativa el enviármelo), encontré un artículo muy extenso y repleto de elogios para la fábrica Asserin. Al mismo tiempo que hacía la descripción de nuevas máquinas, se daban detalles falsos, a todas luces, sobre la falta de polvo en la fábrica; diciendo que estaba dotada de una escuela, de una enfermería, de baños-duchas y de excelentes alojamientos para los obreros. Comprendimos de sobra que el artículo procedía de la dirección de la fábrica, pues un redactor honrado no hubiera afirmado nunca que en la fábrica no había polvo. Bastaba con pasar junto al molino húmedo para verse rociado, de pies a cabeza, de un líquido grisáceo, o al lado del molino de carbón para quedar transformado en un deshollinador por la espesa polvareda que se desprendía del molino de cemento y que lo llenaba todo, a pesar de varios aspiradores que funcionaban en aquel sitio continuamente, y sin los cuales habría sido absolutamente imposible respirar. Tan sólo el cuarto de máquinas era de una limpieza ejemplar. En lo que respecta a la escuela, a la enfermería, a los baños-duchas, etcétera, todo ello, todavía en proyecto, consistía en unos «maravillosos» barracones. Este artículo nos asombró, pues hasta entonces el periódico, máxime teniendo en cuenta el momento político, había estado siempre muy correcto. Escribimos a la redacción para poner las cosas en su verdadero lugar. La redacción no quiso insertar esta rectificación sin hablar previamente con nosotros, y, en consecuencia, Petrov y otro camarada menchevique fueron a visitarla. A su regreso supe que Mgueladze (Vardin) y Antoshkin formaban parte de la redacción. Yo no conocía a Vardin; en cuanto a Antoshkin, me acordaba de él por haber visto su nombre en la prensa del partido, en 1905-1906, pero no le conocía personalmente. Desde que Vardin tuvo noticias de mi existencia quiso verme. Esto no me hacía gracia alguna, pues sabía que era georgiano. Suponía que le bastaría hablar conmigo para darse cuenta de que yo no era georgiano (que él era miembro del Partido yo no lo sabía; y aun siendo así, no hubiese cambiado gran cosa, ya que todos los que yo veía, a excepción de Mandelstam, que había conocido personalmente en el POSDR de 1906 a 1913, ignoraban que Sanadiradze no era mi verdadero nombre). Yo iba muy poco a la ciudad para no encontrarme con Vardin. Pero esto no me fue de ayuda. Un día Vardin vino a verme a la fábrica. Su primer cuidado fue hablarme en georgiano en presencia de otros camaradas. Le advertí que los camaradas rusos no entendían el georgiano y que era mejor hablar en ruso. No podré decir que aquella tarde me encontrase muy a gusto; pero, al fin, todo terminó bien. Vardin me habló de los artículos aparecidos en la prensa georgiana del POSDR (Jordania había escrito en aquella época varios artículos contra los liquidadores). Como yo estaba al corriente de la prensa y de los asuntos del Partido, me fue muy fácil sostener la conversación. Al fin, fui a verlo a su casa, donde conocí a Antoshkin, y por más que estuvimos en continua relación, Vardin estaba convencidísimo de que yo era georgiano.[54] En cuanto a la *Vólskaya Zhizn*, hicimos visitar la fábrica a sus redactores, que se dieron cuenta de que nuestra aclaración era justa.

En 1914, terminados los trabajos de instalación eléctrica, regresé a Moscú. En ese momento estábamos en víspera de la fiesta de Pascua. Casi en el mismo día los servicios de Siemens-Schückert quisieron enviarme a hacer trabajos de instalación en la región textil de Moscú (las fábricas textiles cerraban sus puertas por algunos días con ocasión de las fiestas de Pascua, los que había que aprovechar para reparar las máquinas antiguas e

---

[54] En 1916, el camarada Vardin, entonces deportado, se encontró con un camarada georgiano, de Dimitri Gueladze, de quien había sido vecino en mi deportación. Este último tenía una fotografía retratando al grupo de deportados de Fedino, al cual se habían agregado algunos deportados que estaban de visita desde las localidades vecinas. Vardin me reconoció. Gueladze y Vardin me llamaron de diferente modo. En ese momento, Vardin se convenció de que yo no era georgiano.

instalar nuevas). Me negué a salir, ya que yo había residido bastante en rincones perdidos. Petersburgo, que se batía en plena lucha, me atrajo. Resolví partir para allá; pero me era penoso abandonar un lugar en el que yo había aprendido tantas cosas y aun podía aprender mucho. Puse como condición que se me enviase a una gran ciudad; si no, yo pedía la cuenta. La dirección me propuso ir a Sámara en compañía de un técnico alemán, Hasser, con el fin de equipar los tranvías urbanos. Acepté. Me quedé algunos días en Moscú. A fin de ver a los camaradas de Moscú, me dirigí a una conferencia de pago o a un concierto, no recuerdo más, organizado en beneficio del Comité de Moscú. Efectivamente, allí encontré antiguos conocidos y amigos: A. S. Kárpova, Z. I. Yáshnova, Konstantínovich, que había conocido en París, y, en fin, al provocador Románov (alias Gueorgui), que de sopetón me preguntó si yo había venido a Moscú para militar, etc. No pude encontrar a Gleb (Mántsev), que yo hubiera querido ver (su mujer había venido sola a la velada). Durante el poco tiempo que estuve en Moscú conseguí ver todavía a algunos camaradas: Kárpov, Bogdánov, Maltsman[55], que se había escapado conmigo de la prisión de Kiev; pero nadie pudo ponerme en comunicación con la organización bolchevique de Sámara. Tuve que contentarme con algunas direcciones privadas.

Después de haber cambiado de instrumental para el trabajo que tenía que efectuar, salí para Sámara.

---

[55] Este «revolucionario», si se le puede llamar así, en 1918 se burlaba de mí porque yo continuaba militando en el Partido: «No hay más que imbéciles como usted que militen todavía –me decía–; ¿no ve usted que la situación no tiene salida?».

XIV

SÁMARA (1914)

Llegué a Sámara el 16 de abril de 1914. El mismo día me puse a trabajar en la estación eléctrica de la ciudad, donde se procedía a la instalación de máquinas destinadas a proporcionar corriente a los tranvías. El trabajo era para mí muy interesante; pero al mismo tiempo muy duro, puesto que tenía uno que hacer de cerrajero, ajustador, etc. (los obreros auxiliares, siendo pagados por la firma Schückert y no por el cliente, se encontraban en número insuficiente). Además, era la primera vez que yo hacía este trabajo. Tuve que ocuparme de máquinas transformadoras de la corriente alterna en corriente continua para la alimentación de los tranvías (conmutatrices), de transformadores (desmontaje), del cocimiento del aceite para su secamiento (montaje) y de manipular los accesorios de construcción, muy complejos y que no había visto en mi vida. Aunque no trabajaba más que diez horas diarias, me fatigaba mucho, ya que una vez la jornada terminaba me ocupaba de la organización del Partido, lo que me obligaba a acostarme tarde y tenía que levantarme temprano para ir al trabajo. Por esta razón rehusé hacer horas extra, aunque el trabajo fuese urgente. Conseguí que contratasen con nosotros a Vavilkin[56] y a otros camaradas despedidos como revolucionarios en la fábrica de tubos.

---

56 Me encontré al camarada Vavilkin en los congresos de ferroviarios a finales de 1917 y principios de 1918. Vino como representante de los ferroviarios de Sámara. En los días de la Asamblea Constituyente de Sámara fue a los Urales y a Siberia donde, según se dice, cayó víctima de los secuaces de Kolchak.

Mi detención inopinada no me dejó terminar los trabajos de instalación eléctrica, gracias al cual habría podido aprender los métodos de trabajo empleados por los montadores alemanes venidos especialmente para instalar las máquinas[57].

A causa de esta detención, hablaré de mi acción militante en Sámara.

Tan pronto se fijó mi salida para Sámara, escribí a Nadezhda Krúpskaya para que Grigori (Zinóviev) o Lenin hiciesen saber a la redacción de la *Zariá Povolzhia* (*La Aurora del Volga*), semanario que veía la luz en Sámara, que podían fiarse de mí y que se me pusiese en relación con los partidarios de la *Pravda* de Petersburgo (Gregori y Lenin publicaban a veces artículos con seudónimos diversos en la *Zariá Povolzhia*).

Al llegar a Sámara empecé por buscar a los camaradas cuya dirección me habían dado antes de mi salida de Moscú. Pero estos camaradas no pudieron ponerme en contacto con la organización local. Unos no estaban en relación con ella, los otros temían darla a conocer, ya que yo no tenía la dirección de las permanencias secretas y nadie me conocía.

Aunque el local ocupado por la redacción de la *Zariá Povolzhia* estuviese constantemente vigilado, iba todos los días para ver si de Poronin se había recibido carta respecto a mí, de Gregori o de Lenin. Pronto los camaradas de la redacción empezaron a tratarme como sospechoso y a preguntarme con detalle quién era yo, de dónde venía, por qué estaba allí, etc. Como ignoraba de quién se componía la redacción –si de bolcheviques o

---

[57] La técnica eléctrica me interesaba mucho. Deportado, continué, en la medida de lo posible, estudiando las obras técnicas publicadas con este objeto. Cuando, en marzo de 1917, regresé a Moscú, contaba trabajar en este ramo; a este efecto, me dirigí a la primera asamblea de montadores electricistas, que tuvo lugar en la bolsa de granos, y se discutió la cuestión de saber si era necesario organizar un sindicato separado de montadores electricistas o adherirse al sindicato de metalúrgicos. Pero el Comité de Moscú del Partido fue de otra opinión, confiándome un trabajo entre los ferroviarios, que absorbió todo mi tiempo.

mencheviques–, evidentemente que dudaba en darles datos precisos, lo que hacía aumentar sus sospechas. Viendo esto, fui cada vez menos a la redacción. Con el fin de entrar más pronto en contacto con los camaradas de Sámara escribí a Malinovski, miembro de la fracción socialdemócrata de la Duma, rogándole que me pusiese en relación con algunos.

Finalmente, la carta tanto tiempo esperada de Poronin llegó. La actitud de los bolcheviques que trabajaban en la redacción respecto a mí cambió enseguida. Stepán (Belov), bolchevique secretario de la redacción (durante la guerra se volvió hasta menchevique y más tarde actuó en la Asamblea Constituyente de Sámara)[58], me puso al corriente de los asuntos locales del Partido. La situación no era brillante. No había en Sámara organización del Partido, ni entre los bolcheviques ni entre los mencheviques, aunque en muchas fábricas hubiese grupos mixtos.

Los mencheviques habían organizado una sociedad legal de «ocio saludable», de la cual también formaban parte los bolcheviques. Se hacían charlas sobre cuestiones instructivas y había también una biblioteca, etc. Fue allí, en sus rincones, donde se entablaban las discusiones entre bolcheviques y mencheviques; el presidente de la sociedad era un abogado de Sámara cuyo nombre no recuerdo. Las personas responsables, respecto a las autoridades, del carácter político de la sociedad vigilaban para que no ocurriese nada de ilícito en el local que aquélla ocupaba. Sólo los miembros de la sociedad podrían asistir a las reuniones y a las charlas. No obstante estas restricciones, los obreros venían en gran número, y allí se encontraban los nuestros. Pero no se tenía ninguna reunión secreta, porque era casi seguro que la Ojrana de Sámara tenía ojos y orejas.

---

[58] En 1918 los socialistas, apoyados por las legiones checoeslovacas, formaron en Sámara un gobierno contrarrevolucionario cuyo primer cuidado fue convocar la Asamblea Constituyente, disuelta por el poder soviético. Este gobierno se debatió en la impotencia, y no tardó en ser derribado por el almirante Kolchak.

La *Zariá Povolzhia* era otro centro alrededor del cual se agrupaban verdaderos elementos revolucionarios de la clase obrera; pero este periódico tampoco tenía una fisonomía política bien definida. La redacción se componía de dos mencheviques y de dos bolcheviques que, de común acuerdo, designaban el quinto miembro de la redacción, al cual se confiaban las funciones de secretario. En abril de 1914, el bolchevique Belov ejercía estas funciones. Dan, Mártov, Zinóviev y Lenin colaboraban en el periódico.

En Petersburgo, la *Pravda* y el *Luch* (*El Rayo*) se hacían una guerra a muerte, mientras que, en Sámara, en las columnas de un solo periódico, escribían los líderes de la tendencia revolucionaria proletaria, lo mismo que los líderes de una seudoconcepción revolucionaria en realidad servilmente burguesa.

Después de haber detectado algunos bolcheviques de Sámara la conveniencia, la necesidad y la posibilidad de crear una organización ilegal bolchevique distinta, se iniciaron las conversaciones preparatorias para crearla. Por mediación del periódico y de la sociedad de «ocio saludable», los bolcheviques aislados estaban en contacto con los grupos obreros de las fábricas; pero temían formar una organización so pretexto de que los provocadores no tardarían en infiltrarse y que la gendarmería y la Ojrana la liquidarían enseguida.

En los primeros días de mayo, un domingo, en un barranco situado cerca de la fábrica de tubos, se reunieron los bolcheviques. De la fábrica de tubos asistían a esta reunión: Bedniakov, Vavilov y un obrero cuyo nombre no recuerdo; la redacción de la *Zaria Povolzhia*, Belov y algunos camaradas que tampoco recuerdo. En esta reunión constituyente expuse la situación del partido, y Belov o Bedniakov dio las informaciones sobre la situación en Sámara. Después de un cambio de impresiones se decidió crear un Comité bolchevique provisional, emprender una acción militante y ponerse en relación con el Comité Central y el Órgano del Partido. En el Comité provisional entraron

Bedniakov, Belov, yo, el oficinista Benjamín y un obrero de la fábrica de tubos. Fui encargado de establecer el contacto con los organismos centrales del Partido y organizar la difusión de la *Pravda*, de Petersburgo, y de nuestra revista *Prosveschenie*.

Como Malinovski no había respondido a la carta que le había enviado en abril, informé al buró del Comité Central del extranjero, en la persona de Krúpskaya, de la situación de Sámara. Establecí con Krúpskaya una correspondencia constante. Le escribía cartas cifradas a las direcciones que yo conservaba del extranjero, y yo las recibía de ella por Penza, desde donde Itin, con quien yo había militado en Berlín y en Odesa, me las hacía llegar. Este último me había procurado una excelente dirección en Penza, en la banca agraria, lo que garantizaba que mi correspondencia no sería interceptada. De Penza a Sámara las cartas corrían ya menos riesgo.

Cuando Malinovski se fue de la Duma perdí todo contacto con el buró del Comité Central de Rusia, ya que yo estaba en relaciones con ella por mediación de Malinovski. Por otra parte, yo no podía escribir a los otros miembros de nuestra fracción en la Duma, ya que ellos no conocían mis sobrenombres. Tuve que limitarme a escribir al extranjero y a no hablar más que de cuestiones rusas.

En lo que respecta a la difusión de la *Pravda* y del *Prosveschenie*, los camaradas de Sámara me pusieron en relación con un camarada que se ocupaba de repartir la prensa legal del Partido en los talleres y las fábricas. Me dirigí a Mirón Chernomázov, en la *Pravda*, y a Max Savéliev, en el *Prosveschenie*, rogándoles enviaran a Sámara, a la dirección del camarada indicado, tantos números como le pidiese. Los miembros del Comité provisional del Partido se veían frecuentemente en la sociedad de «ocio saludable». En cuanto a las reuniones del Comité, se celebraban en los barcos y en los parques. El enlace del Comité con los camaradas del Partido en las fábricas se extendía cada vez más, y por ellos estaba al corriente del estado de espíritu de los medios obreros.

La dimisión de Malinovski como miembro de la Duma el 8 de mayo de 1914 causó entre los obreros desconcierto e irritación. De tal modo que el Comité provisional condenó la conducta de Malinovski y votó contra él una resolución muy precisa, que yo envié al buró del Comité Central en el extranjero para su inserción.

En el transcurso de mayo se trató de que apareciese la *Zariá Povolzhia* varias veces por semana. El Comité de Redacción del periódico decidió convocar una reunión ampliada de la redacción con los delegados de los grupos de fábrica del Partido. Ni el secretario de redacción, Belov, ni los otros bolcheviques –miembros del Comité de Redacción– presentaron la cuestión de la preparación de esta reunión ampliada en la sesión del Comité provisional del Partido. Un sábado por la noche, un poco antes de esta reunión, encontré a Belov, que me puso al corriente de la reunión proyectada, y de la cual yo oía hablar por primera vez. Cuando le pregunté quién había tenido la iniciativa de esta reunión y cuáles eran las cuestiones que figuraban en el orden del día, me dijo que emanaban de dos mencheviques –miembros del Comité de Redacción– que habían propuesto convocar esta reunión a fin de examinar los medios de mejorar la difusión de los periódicos y de hacerlo aparecer con más frecuencia. Le pregunté si los mencheviques no buscaban con tal motivo la reelección del Comité de Redacción; pero Belov me aseguró que esto no era de temer. Es más: agregó que yo era sin duda muy desconfiado, porque me figuraba siempre tratar con los mencheviques de Moscú y Petersburgo. Esta conversación entre Belov y yo tuvo lugar en presencia de Ana Nikíforova. Dos días más tarde, después del trabajo, volví a ver a Belov en el sitio convenido, y mis primeras palabras fueron preguntarle cómo se había terminado la reunión ampliada del Comité de Redacción. Belov me contó que las grandes fábricas no se habían hecho representar en la reunión y que los mencheviques se habían aprovechado para proponer la reelección del Comité de Redacción. Habiendo sido aceptada la proposición, los mencheviques habían hecho designar para el Comité de Redacción tres de los suyos y dos bolcheviques, entre ellos el propio Belov; pero él había rehusado categóricamente aceptar, ya que los mencheviques no habían obrado de una manera leal. El descuido de los bolcheviques miembros del Comité de Redacción, que no habían ni llevado ante la Comisión provisional del Partido la cuestión de esta reunión, me sublevaba. Pero yo estaba todavía más indignado de que Belov hubiese rehusado entrar en el Comité de Redacción y que él hubiese abandonado las funciones de secretario sin consultarnos, tanto más que, por su salida, el Comité de Redacción pasaba sin combate a manos de los mencheviques. En la sesión del Comité provisional siguiente se decidió reconquistar el periódico, costase lo que costase, a pesar de Belov, que proponía publicar un semanario por nuestra cuenta y que lo opusiéramos a la *Zariá Povolzhia*. Su proposición fue categóricamente rechazada. Por el contrario, empezamos la agitación contra la tendencia menchevique del periódico en las fábricas y talleres, y para la transformación de la *Zariá Povolzhia* en periódico bolchevique. Cada vez que tomábamos la palabra durante nuestra agitación, nos llamábamos los *pravdistas*; los mencheviques eran los *luchistas*. Y los obreros comprendían perfectamente que en la persona de unos y otros se desenvolvía la lucha entre bolcheviques y mencheviques.

No obstante las frecuentes confiscaciones de que era objeto la *Zariá Povolzhia*, no tenía déficit, ya que los obreros la sostenían materialmente. Pero cuando pasó a manos de los mencheviques (cuando Dan, Mártov y compañía inundaron las columnas del periódico, ya que los bolcheviques rehusaron colaborar) los obreros cesaron de sostener el periódico con su dinero, y ya la primera semana los ingresos semanales cayeron de 89 rublos a 15 (no estoy absolutamente seguro de estas cifras, pero son éstas las que me han quedado siempre en la memoria, y expresan bien la situación de entonces).

Cuando nuestra agitación tuvo bien preparado el terreno, exigimos la convocatoria del Comité de Redacción ampliado de la *Zariá Povolzhia*, con el fin de decidir la tendencia del periódico, lo que equivalía a preguntar la opinión de los miembros del POSDR y de simpatizantes que trabajaban en la fábrica. Con este objeto tuvieron lugar reuniones de militantes y de simpatizantes, en las cuales los mencheviques, lo mismo que los bolcheviques, expusieron los puntos de vista de las dos tendencias del POSDR sobre las cuestiones tácticas y las cuestiones de organización. Al final de las reuniones se puso a votación la cuestión de la tendencia que se había de dar al periódico de Sámara; la de la *Pravda*, de Petersburgo, o la de *Luch*, después de lo cual se nombraron los delegados a la Conferencia que debía resolver definitivamente esta cuestión.

El 8 de junio, los delegados de los grupos de fábrica y de taller del POSDR se reunieron en una casa de campo de los alrededores de Sámara; pero hubo que disolver la Conferencia, porque la policía había hecho su aparición en la vecindad. En cuanto al Comité provisional del Partido, no pudo reunirse antes de la convocatoria de la reunión del Comité de Redacción ampliado, ya que todos sus miembros tomaban parte en las reuniones de empresa como portavoces de los bolcheviques; en estas condiciones no sabíamos exactamente quién tenía la mayoría. Pero después de que la Conferencia de los grupos de fábrica y de taller del POSDR fue disuelta, nosotros hicimos un cálculo que mostró que teníamos una mayoría de votos de dos tercios. La Conferencia se fijó para el domingo siguiente.

Desde que el Comité provisional del Partido hubo decidido empezar la campaña para reconquistar el periódico, me dirigí al buró del Comité Central en el extranjero para preguntarle si podría proporcionar a la *Zariá Povolzhia* los colaboradores necesarios para los artículos de política general, ya que en Sámara los periódicos eran muy raros entre nosotros. En respuesta recibí una carta de Lenin, en la cual aprobaba enteramente nuestro plan y anunciaba la colaboración de los bolcheviques. Pedía que, en el caso en que hubiéramos triunfado, le expidiésemos un telegrama convencional, y prometía enviar enseguida artículos para nuestro primer número. En su carta Lenin subrayaba la importancia de la *Zariá Povolzhia* para todas las ciudades de la cuenca del Volga. Además de esta correspondencia con el Comité Central, yo me puse también en relaciones con un bolchevique que estaba alejado de la organización, y de quien me habían dado la dirección en Moscú. Aceptó colaborar en el periódico. Trabajaba en el zemstvo de Sámara, pero ya no recuerdo su nombre.

La segunda Conferencia, señalada para el 15 de junio en el bosque, no pudo tener lugar; los destacamentos de vigilancia nos informaron, antes de que se hubiese abierto, por un canto convenido, de que la policía rondaba por la vecindad. Se decidió pasar en barca al otro lado del Volga para celebrar la Conferencia, ya que no se podía aplazar por más tiempo la solución de la cuestión del periódico. Una vez allí, nos instalamos en una pequeña colina, en un soto, desde donde se veía lo que pasaba por el Volga. Por más que la Conferencia se celebró lejos de la ciudad y que se cambió de lugar, casi todos los delegados bolcheviques asistieron. El camarada Kukushkin, exmiembro del Comité de Redacción, hizo una exposición de la situación. Después de él, un redactor menchevique expuso la naturaleza de nuestras divergencias. Terminadas las exposiciones, hubo un intercambio de opiniones muy animado. Al votar, los tres cuartos de los votos se pronunciaron por que se diese al periódico una tendencia bolchevique.

Es característico que los delegados de las fábricas de tubos y otras grandes fábricas votaron por los bolcheviques, mientras que los delegados de los panaderos y otros pequeños talleres votaron por los mencheviques. La conferencia eligió un Comité de Redacción compuesto de cinco bolcheviques: cuatro redactores y un candidato. Los mencheviques fueron autorizados para designar un redactor, pero rehusaron. En el Comité de Redacción entraron: Belov, Bedniakov, el compositor tipógrafo Kukushkin y el bolchevique que trabajaba en el zemstvo; Benjamín, miembro del Comité provisional del Partido, fue designado como candidato.

Al regresar de la Conferencia expedí a Lenin el telegrama convenido para informarle de nuestra victoria. Detenido al día siguiente, fue en prisión cuando yo vi el primer número de la *Zariá Povolzhia*. Contenía un buen artículo de fondo: *Reforma o Reformas*, que anunciaba que el periódico sería redactado con espíritu pravdista.

Los obreros acogieron con alegría la nueva tendencia del periódico, como demostraron las cartas de felicitación que llegaron en masa al Comité de Redacción. Además, las contribuciones aumentaron. Cuando, en la víspera de la guerra, la ola revolucionaria tomó amplitud, el periódico fue suprimido, lo mismo que la *Pravda* de Petersburgo, y se realizaron detenciones entre los bolcheviques.

No obstante sus defectos, la *Zariá Povolzhia* desempeñó un papel muy importante por aquella época en el movimiento obrero de Sámara.

A fines de mayo o principios de junio de 1914 fui encargado por el buró del Comité Central del extranjero de convocar una Conferencia de la región del Volga y preparar las elecciones para el Congreso Socialista Internacional de Viena, que debía tener lugar el 15 de agosto de 1914, y para el Congreso de nuestro Partido. Recibí como instrucciones el hacer designar el mayor número posible de obreros que hubiesen participado en las diferentes formas del movimiento obrero. Como yo no podía recorrer la cuenca del Volga (yo trabajaba en las instalaciones del tranvía, y el trabajo era muy urgente), me entendí con Kukushkin y Ana Nikíforova (esta última trabajaba en Syzran y venía frecuentemente a Sámara, donde yo la veía) para que se encargasen. Debían hacer un recorrido por las ciudades del Volga y dar cuenta de las organizaciones existentes, establecer el contacto con ellas, después de lo cual se celebraría la Conferencia del Volga, que había de elegir el buró regional y los delegados al Congreso del Partido. Del mismo modo debían proceder en todas las ciudades a las elecciones para el Congreso Internacional de Viena. No sé cuáles fueron los resultados de la excursión, ya que en ese momento yo estaba en prisión. Pero los acontecimientos de los últimos días de julio de 1914 hicieron imposible la convocatoria del Congreso de Viena, lo mismo que la del Congreso del Partido.

XV

Mi última detención, la prisión y el exilio (1914-1915)

El 16 de junio, al regresar a mi trabajo después de haber comido, oí en el pequeño parque cercano a la catedral de Sámara que alguien iba detrás de mí a pasos rápidos, y me decía: «Señor, un momento...». Al volverme vi a un oficial de policía que venía todo sofocado y que corría detrás de mí; inmediatamente puse pies en polvorosa; pero en llegando a la puerta, que daba a una calle desierta, dos policías de paisano que yo había visto frecuentemente los últimos días entre los obreros que colocaban los rieles cerca de mi alojamiento me cortaron el paso. Habiéndome alcanzado, el policía me preguntó cómo me llamaba. Le respondí que «desde el momento en que corría detrás de mí, lo de menos era que supiese mi nombre». No lejos de allí estaba estacionado un coche, en el cual me metieron; no tardó en parar ante la dirección de la gendarmería.

Ni sobre mí ni en mi habitación había nada ilegal. En mi habitación no había más que números de la *Pravda* y del *Prosveschenie* (un ejemplar). Si hubiese sido cogido en la calle el sábado y no el domingo, los gendarmes hubiesen encontrado sobre mí cartas cifradas de Krúpskaya que me era difícil poner en claro, con cuyas direcciones me había atormentado en vano durante dos días. Resolví tomar con los gendarmes un tono de noble indignación para protestar contra la detención de un hombre inocente, enteramente absorbido por su trabajo. Al principio me salió bien. El jefe de la dirección de gendarmería, Poznanski, dudó y casi me suelta.

Finalmente, todo se estropeó. En consecuencia, me hizo pagar duramente su exceso de confianza del principio.

Tan pronto se me llevó delante de Poznanski, le dije que debía haber algún error, que seguramente me tenían por otro, que yo trabajaba en la instalación de los tranvías, que este trabajo era muy urgente y que los obreros no esperaban. Los gendarmes ignoraban mi nombre y pretendían identificarme con una fotografía. Ésta se me parecía poco, sobre todo en traje de trabajo. Pero esta foto me causó estupefacción; la frente, los ojos y la nariz eran los míos; los cabellos y la barba no lo eran; jamás me había peinado de aquella manera y llevado semejante barba. Además, esta foto me vestía con un smoking que en mi vida me había puesto. Reconocí el trabajo de Zhitomirski. La colocación que se me daba en la foto lo denunciaba. Poco tiempo antes de mi salida de París, Zhitomirski se había agarrado a Kótov, Zéfir, Andrónnikov, Kámenev, yo y otros para que nos hiciésemos fotografiar en su casa todos juntos, pretextando que tenía un buen aparato. Rehusamos mucho tiempo el hacernos fotografiar; pero un hermoso día de sol, en que el azar nos había reunido a todos en su casa, insistió de nuevo. Accedimos, y nos hizo una foto grupal. Todavía se colgó de mí para que me hiciese fotografiar solo. Yo acepté, pero exigí que me entregase los negativos, cosa que hizo. Poznanski me enseñó una de estas fotos. La reconocí, aunque Zhitomirski me hubiese vestido con smoking y me hubiese hecho otros cabellos y una barba. Zhitomirski, que dibujaba bastante bien, lo hizo con facilidad. Además, no sólo reconocí el «trabajo» de Zhitomirski en la foto: la descripción de mi cuerpo (como médico, me asistió varias veces) y de mi manera de vestir llevaban también la señal de sus indicaciones.

Todos estos retoques hacían que la foto fuese poco parecida. Esto me daba ánimos y al mismo tiempo descorazonaba a Poznanski. Mientras que me examinaba por la foto, un gendarme de Buguruslán entró, Poznanski le enseñó la foto y le preguntó si había alguien en el cuarto (donde se me interrogaba) que se pareciese. El gendarme respondió negativamente. Viendo esto, me dispuse a hacer una comedia; pero Poznanski pidió toda la información que había sobre mí, y después de esto dijo mi verdadero nombre. Cuando leyó en alta voz las informaciones que me concernían comprendí que no me dejaría escapar. Declaró que no había lugar a apresurarse y que había tiempo de ponerme en libertad si se confirmaba que yo no era el que se buscaba. Se me envió a la cárcel, donde algunos días después Poznanski vino a enseñarme el telegrama recibido de Kutaisi, donde se decía que Sanadiradze existía efectivamente, pero que habitaba en Kutaisi. Me invitó a declarar mi identidad, diciendo que de otra manera yo podría luego arrepentirme. Pensaba que el telegrama era un truco de su parte, y dejé de responderle.

Algunos días después se presentó de nuevo en la prisión para proceder otra vez al interrogatorio. Me enseñó un extracto de los registros de estado civil expedidos en Kutaisi, de donde resultaba que Sanadiradze tenía hermanos y hermanas. El día de mi detención yo había declarado no tenerlos. El nombre patronímico del padre, lo mismo que el nombre y apellido de la madre, que yo había dado, tampoco correspondían a la realidad.[59]

Viéndome descubierto, ya no rehusé mi verdadero nombre. Poznanski me respondió que yo había hecho muy bien en desenmascararme, ya que, no habiendo pruebas contra mí, él podría ponerme en libertad. Como yo le preguntaba por qué no lo hacía, me respondió que sería necesario para eso que pasase a su bando. Conociendo las costumbres de la prisión, yo sabía muy bien que los gendarmes proponían con frecuencia a los detenidos políticos el entrar a su servicio, es decir, convertirse en

[59] Mi pasaporte bajo el nombre de Sanadiradze me fue enviado desde el Cáucaso. No sabía ningún detalle sobre su familia y tuve que inventármelo todo. Había imaginado que los gendarmes preguntarían por telégrafo si a Sanadiradze se le había dado un pasaporte en tal fecha y con tal número, y que ahí acabaría todo. Una respuesta afirmativa desde Kutaisi probablemente me habría liberado debido a las dudas de Poznanski.

provocadores y traidores. Era la primera vez que se me hacía esta oferta. Yo no me la esperaba por parte de Poznanski, y le respondí, conservando toda mi sangre fría (hoy no comprendo de dónde me había venido esta sangre fría), que yo prefería quedar neutral (ni con los gendarmes ni con los revolucionarios). Mi respuesta puso a Poznanski fuera de sí. Empezó a gritar que él sabía que yo era miembro del Comité Central de la tendencia de Lenin, que yo había venido para convocar la Conferencia del Partido de la región del Volga, que yo me hacía llamar Yerman en Sámara, que yo había dirigido toda la campaña para apoderarme de la *Zariá Povolzhia*, etc. A fin de cuentas, me anunció que yo sería entregado al tribunal, aunque no se me hubiese encontrado nada, y que con ese objeto no dudaría en lanzar contra mí a su informador.

Terminado el interrogatorio, me puse a reflexionar en los datos que el gendarme había dejado escapar. Que tenía debajo la mano de un provocador no lo dudaba un instante. Yo me había hecho llamar Yerman dos veces solamente: en la reunión de la cooperativa obrera que precedió a las elecciones de la Conferencia ampliada del Comité de Redacción de la *Zariá Povolzhia*, donde había tomado la palabra bajo este nombre, y en la Conferencia del Comité de Redacción, a la cual yo asistía con este mismo nombre. En cuanto a la Conferencia del Partido de la región del Volga, sólo Kukushkin y Nikíforova la conocían. Si uno de ellos había sido el provocador, no hubiera dejado de dar las informaciones sobre el Comité provisional del Partido. Pero el gendarme no había dicho nada. Sobre todo, lo que me intrigaba era su afirmación de que yo era miembro del Comité Central. Mi candidatura había sido lanzada en la Conferencia de enero de 1912; pero como yo no podía dirigirme rápidamente a Rusia, no había sido mantenida. Como en la Conferencia el resultado de las elecciones para el Comité Central se había tenido en secreto, el provocador, que visiblemente asistía a la Conferencia, no sabía exactamente quién había sido elegido, y me había designado con ese fundamento. Así, me decía yo después del interrogatorio: «Los gendarmes de la Ojrana están al corriente de todo lo que pasó en la conferencia del Partido».[60] Era un pensamiento muy penoso. De hecho, ¿no es espantoso encontrarse con camaradas, examinar con ellos las cuestiones que trae la lucha de clases, cuando en realidad estos camaradas son unos Judas que traicionan los intereses de su clase? Lo peor es que en todo camarada se empieza a ver un traidor. La venganza de Poznanski no se hizo esperar. Poco tiempo después de mi interrogatorio me envió a la dirección de gendarmería, después a la dirección de policía y de allí a una cueva oscura de la policía judicial «con el fin de aclarar mi identidad», aunque Poznanski la hubiese aclarado de una manera certera. Después de toda clase de ultrajes, se me trasladó a la casa de detención de la policía, donde estaban encarcelados los ladrones, los chulos, encubridores, etc. Allí conocí los bajos fondos de la sociedad. Todas las categorías de ladrones y de estafadores estaban representadas. Allí había rateros, ladrones del tirón, *pick-pockets*; algunos que sólo operaban en los bancos, otros que esperaban a los aldeanos en los caminos para venderles «oro» y cambiar ventajosamente billetes falsos por buenos, etc. La promiscuidad y la suciedad eran espantosas. Yo me quedaba noches enteras sentado sobre el reborde de la ventana, contra los barrotes. Los policías eran de la más baja insolencia; nos injuriaban por cualquier cosa. En esta fecha desagradable, yo era el único detenido político. Así, me aparté de todos estos grupos de pensionistas de la casa de detención, los

---

[60] No fue hasta después de la Revolución de Febrero que yo vi por los documentos de la Ojrana, publicados por M. Tsiavlovski, que el Comité Central, en su reunión del primero de noviembre de 1913, celebrada en el extranjero, había decidido autorizar al buró del Comité Central de Rusia para designarme, lo mismo que a V. Yákovleva. En las reuniones del Comité Central se decidió qué misiones se confiarían a tal o cual militante. Como Malinovski asistía a estas reuniones, el departamento de la policía estaba al corriente de todo. ¡Pero nosotros sólo nos enteramos después de la Revolución de Febrero de 1917!

cuales hablaban de sus «especialidades» con sus «jefes» particulares. Poco faltó para que éstos, acordándose de las afrentas que les habíamos infligido los detenidos políticos en 1905 y más tarde, no me jugasen una mala partida.

Cada vez que me trasladaban de un sitio a otro, me veían los camaradas de Sámara. Pude cambiar algunas palabras. Me aconsejaron declarar al juez de paz, ante el cual yo debía comparecer por inculpación de uso de falso nombre, que yo recurriría. De esta manera, me decían ellos, sería trasladado a la casa de detención de la «nobleza», donde era posible recibir libremente los periódicos, recibir visitas y hablar por la ventana. Todavía me prometieron enviar un abogado al juez de paz para obtener, bajo caución, mi libertad provisional.

Por último, comparecí ante el juez de paz. Sin preguntarme nada, me dijo que estaba condenado a tres meses de prisión por haberme servido de un pasaporte que no era el mío. Las personas detenidas por delito político eran raramente conducidas por uso de pasaporte falso. Cuando lo eran, no se les hacía vestir la ropa de preso, y se les dejaba con los detenidos políticos. Por tanto, había hacia mí una venganza de Poznanski. Éste no me dejó en paz, aun cuando yo dependía de las autoridades penitenciarias tras notificárseme que yo estaba condenado al exilio en Siberia.

El juez se había negado a ponerme en libertad bajo fianza, trasladándome a la casa de detención de la «nobleza». Allí me enteré del contenido de los últimos números de la *Zariá Povolzhia*. La *Pravda*, lo mismo que el órgano de Sámara, usaban públicamente un lenguaje revolucionario. Supe la noticia de la huelga de Bakú y las repercusiones que ella tenía en el país. Los camaradas que venían a la ventana me informaron de que el Comité provisional de Sámara, del que yo era miembro, se había convertido en Comité permanente por decisión de una importante reunión de militantes del Partido; que la unión con las fábricas no dejaba de extenderse; que se esperaba la llegada de Muránov, y que la transformación de la *Zariá Povolzhia* en órgano bolchevique había sido acogida con mucha simpatía, no solamente en Sámara, sino en toda la región del Volga, de donde se recibían cartas, abonos y suscripciones. Con el corazón angustiado seguía la huelga de Petersburgo y las barricadas de principios de 1914.

Una vez observé desde la ventana que cuando uno de los camaradas se aproximaba para hablarme, alguien se ocultaba en los arbustos del parque; situado enfrente de mi ventana, escuchaba nuestra conversación y tomaba nota. Advertí a los camaradas y les rogué que no volviesen, ya que se exponían a ser detenidos.

El juez de paz declaró al abogado que los gendarmes tramitaban una instrucción contra mí y que él no podía liberarme antes de conocer el resultado. Habiendo comenzado los rigores en la casa de detención de la «nobleza», yo desistí de ningún recurso y se me trasladó a la prisión. Esto fue para mí el principio de nuevas pruebas. Se me separó de los detenidos políticos, con los cuales, encarcelados en un mismo departamento, yo podía, no obstante el rigor del régimen penitenciario, encontrarme y hablar. Fui trasladado al departamento de delincuentes comunes, y tuve que pasearme con ellos. Se me pasó a la peluquería y se me hizo vestir la ropa de preso, que conservé hasta el cumplimiento de mi pena. Lo peor de todo fue que mi celda la cerraban a las seis de la mañana hasta la llamada de la tarde, que para mí era muy tarde, por el hecho de que los presos iban a trabajar al exterior. Además, la limpieza de la celda era extenuante. El suelo, la parte inferior de la pared y la vajilla tenían que brillar. Por el menor descuido lo mandaban a uno al calabozo. Era necesario hacer esta justicia a la dirección de la inmensa prisión de Sámara entonces: que la limpieza exterior era ideal, aunque es necesario decir que era obtenida haciendo sufrir a los presos toda clase de persecuciones.

En los dos meses y medio que duró mi reclusión leí un gran número de libros científicos y de obras de nuestros clásicos rusos y extranjeros.

Durante mi detención tuve que sufrir varios interrogatorios. Una vez recibí la visita de un joven gendarme sin gran experiencia. Por él supe que se había declarado la guerra. Además, me leyó todo mi proceso y las proposiciones que los gendarmes habían enviado al departamento de policía a mi respecto. Pedían que se me condenase a cinco años de deportación a Siberia. Apoyándome en algunos datos inexactos que figuraban en las piezas del proceso de la Ojrana, demostré que muchos motivos de acusación eran forzados completamente, y que yo declaraba dudar de la exactitud del conjunto de cargos acumulados contra mí. Esto me fue de cierto alivio, y sólo se me impusieron tres años de deportación en la provincia de Yeniséi. Se me trasladó al departamento de deportados, donde se encontraban encarcelados los condenados políticos

Por la guerra, los convoyes de presos ya no salían, y tampoco se me autorizó a hacer el viaje por mi cuenta. Habían concentrado en Sámara una muchedumbre de prisioneros que esperaban para partir a que los convoyes fuesen restablecidos. Allí, durante un paseo, encontré al camarada Kartachev, antiguo miembro de la Liga del Norte, que no había vuelto a ver desde 1903.

Finalmente, los convoyes de prisioneros empezaron a salir; pero yo nunca formaba parte. Los camaradas de Sámara condenados después que yo habían sido expedidos en el primer convoy que había seguido a la notificación de su condena. A pesar de esto, se continuaba guardándome. Todas mis protestas ante el director de la prisión habían quedado sin efecto. Sólo cuando hube repetido aquéllas ante el inspector penitenciario y el fiscal, se decidió expedirme. ¡Desde la fecha en que, después de haber terminado mi pena de prisión, se me había notificado mi condena a la deportación, hasta el día en que llegué a mi destino, habían transcurrido seis meses! El último acto de venganza de

Poznanski que tuve que sufrir en la prisión de Sámara fue el registro de que fui objeto en el patio de la cárcel en el momento en que la escolta se hacía cargo de mí. Con un frío glacial, bajo pretexto de que doce años antes me había escapado de la prisión, se me dejó desnudo para examinar las costuras de mi vestido y asegurarse de que no había ocultado dinero ni finas sierras de cinta.

Yo estaba tan contento de estar fuera de la prisión de Sámara que el trayecto por etapas en los vagones celulares hasta Cheliábinsk me pareció el paraíso, del que me sacó la prisión de Cheliábinsk y la de Krasnoyarsk. En Cheliábinsk, la escolta que debía conducir los prisioneros a Novonikoláyevsk [Novosibirsk] no había llegado; se nos paseó todo un día de un penal a otro, y a la noche se nos encerró en la prisión. Después de habernos registrado minuciosamente (éramos 85 deportados) se nos amontonó en una celda en cuya puerta se destacaba esta inscripción: «28 hombres». Estábamos amontonados unos sobre otros. Era imposible estirarse, estar de pie o sentarse. El calor era tan sofocante que los detenidos se desvanecían. Hacia la mañana nos metieron en un convoy que acababa de llegar de Novonikoláyevsk, y era materialmente imposible respirar. Los detenidos que se encontraban cerca de las ventanas las abrieron (esto pasaba a fines de noviembre de 1914). El resultado fue que casi todo el mundo cogió frío. La ronquera y la tos duraron todo el viaje; también hubo casos de pulmonía. Aquello no era el paraíso, sino el infierno.

Llegamos a Krasnoyarsk sin incidentes, excepto que una mujer, delincuente común, dio a luz en nuestro vagón, en el que nadie tenía la menor noción de medicina. En la prisión de etapa de Krasnoyarsk tuvimos que esperar nuestra vez para Yeniséi hasta fines de enero de 1915.

Ya he dicho que me había enterado de la declaración de guerra por un joven gendarme que vino a visitarme. En Sámara, en los últimos tiempos de mi estancia en la casa de detención de la «nobleza», los periódicos no decían todavía nada concreto sobre la eventualidad de una guerra. En prisión, hasta tal punto estaba aislado (yo estaba encarcelado con los delincuentes comunes), que durante toda mi detención no vi a nadie con quien hubiera podido hablar; el régimen de la prisión de Sámara era muy severo. El gendarme me había contado que la guerra había estallado entre Rusia, Francia e Inglaterra, de una parte, y Austria y Alemania, de otra, y que esta última había atacado a Rusia. Agregó que, en su opinión, la guerra no podía durar más de seis meses, ya que ella absorbía masas de hombres considerables y paralizaba la vida normal de los países beligerantes. Me había anunciado que Plejánov estaba por la guerra contra Alemania y que la socialdemocracia alemana había votado los créditos de guerra, a excepción de Liebknecht, que por esto había sido fusilado por orden de las autoridades militares. Hablando de Rusia, me dijo que un gran entusiasmo patriótico animaba al país. En Odesa, [Vladímir] Puriskévich[61] se había abrazado en plena calle con los judíos; manifestaciones patrióticas se producían en todos lados, y las huelgas que habían estallado antes de la declaración de guerra estaban completamente terminadas. Le creí cuando me dijo que la guerra estaba declarada; en cuanto al resto, estaba convencido que era pura invención por su parte, por más que yo no tuviese la menor posibilidad de comprobar sus palabras. Durante varios días recorrí mi celda de un lado a otro lleno de una profunda agitación; yo me preguntaba qué es lo que pasaba en el mundo, qué habría sido del Congreso Internacional de Viena, qué habían hecho los socialistas para combatir la guerra, ya que, después de todo, ¿no estaban las resoluciones [antibélicas] del Congreso de Basilea [de 1912]? Todas estas cuestiones quedaron para mí sin respuesta. En uno de estos días de ansiedad, se me trasladó a otra celda. Conseguí comunicarme con mi vecino, un funcionario de la administración penitenciaria detenido por malversación. Como él trabajaba en la cancillería

---

61 Político nacionalista, antisemita y centurionegrista. Verdadero protofascista ruso, muerto en 1920. | *Nota de Ediciones Mnemosyne.*

de la prisión, estaba perfectamente al corriente de lo que pasaba afuera. Me confirmó lo que me dijo el gendarme. Agregó que la ejecución de Liebknecht no estaba confirmada, pero que los socialistas franceses y alemanes sostenían a su gobierno.

Ninguna protesta había sido elevada contra la guerra; al menos los periódicos no lo mencionaban. Cuando le pregunté cuál era la actitud de los socialistas rusos respecto a la guerra, no pudo darme una respuesta satisfactoria (la opinión de Plejánov, cuyo papel en el POSDR yo conocía, no era para mí una autoridad). No tuve que reflexionar mucho para comprender que el gobierno zarista no hacía la guerra en interés de los obreros y de los campesinos, y que la derrota de la Rusia zarista sería más útil a la revolución que su victoria, ya que el zarismo saldría debilitado y sería más fácil combatirlo. La revolución de 1905 había estallado después de la derrota de Rusia en la guerra ruso-japonesa, y la Comuna de París se proclamó tras la derrota de Napoleón III. En ese momento era mi manera de analizar la guerra.

Frecuentemente, en la iglesia de la prisión tenían lugar, por la tarde, ceremonias religiosas. Se cantaba el himno zarista y yo pensaba que se estarían celebrando las victorias de las armas rusas. Esas horas eran para mí muy penosas. Más adelante supe que estas ceremonias tenían lugar para celebrar las «victorias», como la reconquista de Augústovo y otras ciudades rusas ocupadas por los alemanes. Finalmente, se nos informó sobre la marcha de las hostilidades, distribuyéndonos diariamente los telegramas de la agencia telegráfica rusa, en los que teníamos una confianza muy limitada. Me enteré indirectamente de la actitud del Comité Central, de la *Pravda* y de Lenin respecto a la guerra leyendo estos telegramas; también de la detención, el 14 de noviembre de 1914, de los cinco diputados bolcheviques de la Duma, de Kámenev y otros camaradas. Deduje que, dado que se les detenía, es que ellos estaban contra la guerra. Por lo demás, yo no tenía sobre esto ninguna duda. En camino para la prisión de etapa, de Krasnoyarsk, tuve ocasión de ver a muchos bundistas, socialdemócratas letones y polacos y muchos afectos a otros partidos. Ninguno de los grupos mencionados tenía un punto de vista sobre la guerra tan claro y generalmente compartido como los bolcheviques que encontré, aunque éstos fuesen originarios de diferentes regiones de Rusia y no se conociesen entre sí. En la prisión de Krasnoyarsk encontré a los camaradas Buriánov, de Sámara; Tuntul, de la región báltica; Masliánnikov y otros. Hasta la salida para el destino que nos estaba asignado, nos cansamos de discutir con los mencheviques, bundistas y otros oportunistas del POSDR y de otros partidos revolucionarios.

En la región de Angara encontré a muchos bolcheviques, y también allí el estado de espíritu era el mismo: todos estaban contra la guerra. También en la aldea adonde fui a parar, aunque allí hubiese anarquistas, socialistas-revolucionarios, maximalistas, socialdemócratas polacos y bolcheviques: todos eran enemigos de la guerra, y sólo se diferenciaban ligeramente de opinión en la apreciación de sus consecuencias. Completamente por azar, restablecí el contacto con Zéfir, al que dejé en París en el verano de 1913. Estaba en el frente francés, como otros muchos emigrados políticos rusos, entre los que había, desgraciadamente, bolcheviques. Recuerdo que quedé muy sorprendido y apenado al enterarme que Zéfir, aquel bolchevique duro enteramente consagrado al Partido, se había enrolado en el ejército francés. Por más que me enviase largas cartas para explicarme su acto, no llegaba a comprenderlo: estaba contra la guerra y al mismo tiempo no sentía haberse alistado en el ejército francés. Cierto que los conocimientos militares que adquirió como cabo le sirvieron en la lucha contra los blancos. Zéfir vino a verme en octubre de 1917, cuando en Moscú se desarrollaban batallas callejeras, en las que tomó parte inmediatamente. Gracias a las cartas que Zéfir me envió del frente francés durante la guerra estuve al corriente del estado de espíritu y de las iniciativas de nuestro centro en el extranjero, con el cual estuvo siempre en contacto.

XVI

La vida de los deportados políticos en las aldeas de Angara (1915-1917)

El 30 de enero de 1915, Tuntul, Badin, yo y unos quince deportados políticos, a los cuales se habían añadido presos comunes, «criminales» de guerra (alemanes, austríacos y turcos que habitaban en Rusia) y judíos de la zona del frente (en total sesenta personas), fuimos enviados por etapas de Krasnoyarsk a Yeniséi (aproximadamente 426 kilómetros). El convoy hacía el camino a pie. Sólo las mujeres débiles o enfermas tenían derecho a subir a las carretas que transportaban el equipaje de los deportados. El convoy avanzaba a una velocidad de 16 a 21 km. al día, según la distancia de la aldea donde se encontraban las barracas de etapa, donde nos deteníamos para pasar la noche.

Estos barracones, cuyas ventanas estaban enrejadas, eran malas isbas de un piso, oscuras, frías y horriblemente sucias; no se empezaba a calentarlas hasta que llegaba el convoy. Es necesario decir que los prisioneros no estaban más limpios que los barracones. En la prisión de etapa de Krasnoyarsk no se lavaba la ropa. Y cuando los prisioneros se las arreglaban para lavar algo de ropa con lo que les quedaba del agua hirviendo que se distribuía para el té, los carceleros la confiscaban. Sin embargo, eran muchos los que debían esperar así largos meses antes de formar parte de un convoy.

La situación financiera de los prisioneros no era mejor.

La comuna que formaban los prisioneros políticos vivía con la soldada de 10 cópecs por día que se les daba. Los vestidos eran insuficientes. Hacía un frío glacial, al cual venían a agregarse frecuentes tempestades de nieve que hacían el camino impracticable e impedían avanzar. Los «criminales» de guerra extranjeros eran los que más sufrían la temperatura. Un obrero alemán de la fábrica Putílov u Obújov, Klein, cogió durante el camino una pulmonía y murió antes de que se hubiese podido encontrar un hospital.

Llegamos con gran trabajo a Yeniséi. Allí se nos encerró en la sombría fortaleza de piedra, cuyas espesas murallas hubiesen podido servir, durante el carnaval, de magníficos caminos a las troikas de los comerciantes rusos de antaño. No envidiaba la suerte de los pensionistas de la prisión de Yeniséi. Afortunadamente no estuvimos mucho tiempo. Nuestro grupo de veintidós personas fue expedido con escolta a la región de Angara, en el burgo de Boguchany, situado a 746 kilómetros de Yeniséi. En el camino no encontrábamos en las aldeas más que uno o dos antiguos deportados. Pero a medida que nos alejábamos del camino de Yeniséi encontrábamos con más frecuencia deportados políticos, la mayor parte llegados recientemente. Desde que dejamos el camino de Yeniséi, empezamos a detenernos en las isbas campesinas para pasar la noche. Sobra decir que por cualquier sitio que pasábamos donde había deportados políticos, nos apresurábamos a hacerles una visita. Sobre el trayecto de Yeniséi a Pinchug[62] atravesamos tres aldeas con nombres extraños: Po-kukui (desesperación), Po-toskui (tristeza) y Po-gorui (desgracia). Estas aldeas, sin duda, habían recibido su nombre de los deportados de otros tiempos; pero lo habían conservado, aunque una, no

---

[62] La administración de la región estaba al principio situada en Pinchug, pero después fue transferida a Boguchany, aunque incluso en 1915 se llamaba Región de Pinchug. Esta región era probablemente más grande que cualquiera de las «repúblicas independientes» de Estonia, Lituania o Letonia.

recuerdo cuál, se llamó también oficialmente Byk. Pero este nombre no se empleaba nunca. Los nombres de estas tres aldeas hablan de sí mismas. Es muy cierto que se puede en cada una de ellas desesperarse, entristecerse y ser desgraciado a la vez. Estas aldeas no se componían más que de algunas casas de gran pobreza. Los habitantes se dedicaban a la pesca y a la caza. El pan se hacía venir de otros lugares.

Como era difícil procurarse pan en estas aldeas, los convoyes pasaban raramente y nunca por grupos de más de veintidós personas. Al atravesar las aldeas experimentábamos una sensación penosa. Cada uno de nosotros se preguntaba si no lo dejarían allí (de quienes componíamos nuestro convoy, no hubo dos a los que los destinaran a residir a la misma aldea). Respiramos más fácilmente cuando llegamos a la vista de Pinchug y de Irkinyéyeva. En cada una de estas aldeas había muchos deportados políticos que nos acogieron calurosamente. Encontré allí a Nikíforova, que había conocido en Sámara, a Málishev y otros bolcheviques. En el burgo de Boguchany, donde se encontraba el comisario que debía designarnos nuestro lugar de residencia, nos detuvimos en la casa de los deportados políticos, construida por ellos. Desde allí, después de habernos albergado y alimentado, se nos envió a nuestras aldeas respectivas. Es necesario haber pasado uno mismo, durante más de un mes, con frío, medio hambriento, agotado y cubierto de suciedad, el trayecto de Krasnoyarsk a Yeniséi y de allí al burgo de Boguchany, para comprender la alegría de cada uno de nosotros al recibir la acogida y los cuidados con que se nos rodeó cuando llegamos. Sólo en este ambiente puede explicarse que socialistas-revolucionarios, anarquistas, bolcheviques y mencheviques, que en libertad no cesaban de combatirse o de querellarse sobre los métodos de lucha a emplear contra los enemigos de la clase obrera, hayan podido convivir cordialmente.

En Yeniséi me habían asignado como residencia la aldea de Fedino. Había sido avisado oficialmente por el comisario, pero se retardó mi salida. Fedino era la aldea más alejada de la región de Chunsk, distrito de Yeniséi. Como se decía en mi proceso que yo tenía tendencia a escaparme, se me enviaba lo más lejos posible. Por más que en el mapa el distrito de Yeniséi sea el más alejado, Fedino, que está situado en el límite de los distritos de Yeniséi y de Kansk, en realidad es el punto más próximo a la vía férrea. El comisario de Boguchany, que conocía la geografía de la región mejor que el mapa, quiso reparar el error que se había cometido en Yeniséi. Me invitó a quedarme en Boguchany mientras no recibiese de Yeniséi respuesta a su proposición de asignarme otro lugar de residencia.

Boguchany era más alegre, ya que los deportados eran numerosos. Los convoyes de deportados llegaban allí continuamente; había una oficina de correos, un hospital, una escuela, y todos los intelectuales del distrito; a cambio, la policía era severa. Dos veces al día los gendarmes pasaban lista a los deportados, y estaba prohibido salir del muro de la aldea (en esta región, las aldeas están rodeadas de una empalizada para impedir que el ganado vaya a la taiga). Los deportados estaban bajo la vigilancia continua de los gendarmes.

El inspector, en visita de reconocimiento, me sacó de allí. Defendió a sus superiores, a los que el comisario acusaba de ignorar la geografía de su distrito, y dio orden de dirigirme inmediatamente a Fedino. Me enviaron tan aprisa que tuve que coger mojada la ropa que yo había dado a lavar después de que el comisario me hubiera invitado a instalarme en Boguchany. Un gendarme me acompañó hasta la aldea de Karabul. La tarde la pasé con los deportados políticos locales, y la noche en casa de uno de ellos: el camarada Zimmerman. Por la mañana temprano, el gendarme me confió a un campesino de la localidad para que me llevase, a quien le había correspondido el turno de prestar su atalaje. Por la noche ya estaba en la aldea de Yar, en la vivienda del camarada Gueladze. Allí era él el único deportado. El 6 de marzo de 1915 atravesé la aldea de Jaya, que se parecía mucho a una de las aldeas de Po-kukui; en Jaya no había deportados. Al anochecer llegué a Fedino.

No estará de más detenerse un poco en la descripción de la vida y de las condiciones de existencia de los campesinos de la aldea de Fedino, en la que yo debía residir dos años. Esta descripción es tanto menos superflua dado que esas condiciones de existencia son, con pequeñas diferencias, típicas en la vida de los campesinos en las regiones de Angara y de Chunsk, a excepción hecha de las tres aldeas de Po-kukui, donde muy pocos deportados políticos tuvieron ocasión de habitar.

En Fedino había unos cuarenta hogares, de los que solo tres o cuatro podían considerarse de campesinos pobres; los otros pertenecían a campesinos de clase media, hasta kulaks. Todos los habitantes de la aldea descendían de una misma familia: Rukosúyev; sólo había una familia que llevaba otro nombre: Briujánov. Alrededor de Fedino había bastantes tierras laborables; pero estaban lejos de la aldea y con la falta de caminos en verano se hacía difícil su cultivo.[63] Casi todas las familias explotaban sus tierras con sus únicas fuerzas, suficientes en Fedino, aun durante la guerra, ya que no sé por qué no había reclutamiento en esta región (en la época de las cosechas, toda la aldea, hasta los niños, salían a los campos y no regresaban sino los días de fiesta; todos los viejos impotentes quedaban en casa con los niños de pecho).

Cada familia poseía un número imponente de caballos, vacas, carneros, cerdos y aves de corral. Si en Rusia un campesino hubiese tenido tantos caballos y ganado se le hubiese

---

[63] En verano sólo era posible ir a Boguchany, Plájino y Pochet a caballo; para llegar a los campos uno necesitaba un caballo y una barca de remos para cruzar el río Ora. Los campesinos hacían sillas de montar cuadradas con tablas, encima de las cuales ataban almohadas y bajo las cuales ponían harapos para proteger los lomos del caballo. Vaciaban los troncos de los árboles, algunos de entre 7 y 9 metros, para hacer barcas. En invierno, cuando el otoño y sus malas carreteras habían terminado, buenos caminos para trineos conducían de la aldea a todas direcciones.

considerado ciertamente como un gran propietario. En la taiga, en los alrededores de la aldea, había toda la madera que se quisiese para la construcción de las isbas, la calefacción y la navegación. En primavera, en otoño y en invierno, los campesinos de la localidad se dedicaban a la pesca o salían semanas enteras a la caza de alces, osos, zorros y ardillas. En la primera quincena de mayo, cuando se abría la navegación, muchos aldeanos enviaban por canales sus granos y harinas mal molidas a Yeniséi (antes de la guerra vendían el centeno a 14 cópecs el pud, y a ese precio difícilmente encontraban comprador; en 1915, muchos labriegos tenían todavía grandes reservas, pero en 1916 el centeno se vendía ya en Yeniséi a 1,10 rublos el pud). Los nativos de Turuján lo compraban con preferencia. Los campesinos fabricaban ellos mismos la tela y el paño necesario para su uso y aun tenían medios de vender una parte; trabajaban también en las pieles, de las cuales se servían para confeccionar sus calzados de verano e invierno y los artículos de cuero de que ellos tenían necesidad.

Durante la semana se vestían con prendas que ellos confeccionaban con tejidos de su fabricación. Los días de fiesta los hombres adultos llevaban un traje y botas de ciudad, de las que se surtían a través de un tártaro que venía una vez al año por el canal y que compraba a los labriegos lienzo, tela, pieles, huevos, etc., a cambio de lo que ellos necesitaban. Casi todos los campesinos amontonaban el oro que atesoraban (durante la guerra, compradores de moneda de oro pasaban por las aldeas de Siberia, por 1 rublo-oro pagaban 1,20 o 1,50 rublos-papel, cuando en Rusia el rublo había perdido en esta época los dos tercios de su valor); en las familias, los hombres y las mujeres hacían bolsa aparte y no se ayudaban. El producto de la venta de tela, de género, huevos, leche, manteca y otras cosas pequeñas era para las mujeres; el resto, para los hombres.

Toda la aldea estaba compuesta de analfabetos. Los muchachos se dedicaban muy pronto al trabajo y las chicas «no tenían necesidad de saber leer y escribir». La escuela estaba a unos 53 km. de Fedino, en la aldea de Yar. Que yo recuerde, ni un habitante de Fedino enviaba sus hijos. El gendarme era la única persona que, fuera de los deportados, sabía leer y escribir. En Fedino no había ni capilla ni iglesia. Dos veces al año, el pope y su acompañamiento hacían su aparición. De un solo golpe cantaba la misa de los muertos, bautizaba a los niños, etc. Durante estas raras visitas, el pope no se olvidaba y embolsaba todo lo que podía: pieles, telas, etcétera.

La gente de Fedino no rezaba nunca. Tener un icono y hacer el signo de la cruz antes y después de las comidas era toda su religión. El interior de las isbas era, en apariencia, de una admirable limpieza. Los habitantes de Fedino fregaban los pisos, las paredes y el techo; pero en las camas, en las paredes y en las uniones del techo (la mayor parte de ellos dormían sobre el suelo) pululaban las pulgas. Tanto en invierno como en verano, los habitantes de Fedino dormían vestidos, cosa que no decía nada en favor de su limpieza, aunque ellos tuviesen costumbre de lavarse frecuentemente en sus «baños».[64]

Durante mi estancia en la aldea, muchos niños de pecho murieron de diarrea, ya que desde su nacimiento se le hacía absorber leche ordinaria. Por el contrario, no recuerdo que un solo adulto haya muerto. Todos alcanzaban una extrema vejez; un oficial de sanidad, que pasaba una vez al año, daba los cuidados médicos necesarios.

En otoño y en invierno, los domingos y días de fiesta, todo el mundo se emborrachaba. Los campesinos, con las mujeres y los niños, iban los unos a casa de los otros, llevando consigo algunos litros de alcohol que fraudulentamente fabricaban ellos mismos en Plájino, donde no había gendarme. La juventud, completamente embriagada, no hacía más que chillar. Debo hacerles la

---

64 Casi todos los campesinos rusos tienen su «baño» en una especie de hangar, en el interior del cual se encuentra una cuba y baldes. Éstos sirven al bañista para echarse el agua de la cuba sobre el cuerpo.

justicia de decir que durante toda mi estancia en la aldea no los vi ni una vez llegar a las manos, ni en los peores momentos de embriaguez.

De cuando en cuando, la aldea se reunía para elegir al starosta y su adjunto, repartir los impuestos entre cada casa y fijar el turno de cada uno para proporcionar su atalaje para el caso que lo necesitase la policía o el cantón. En las asambleas de la aldea, todo el mundo hablaba, gritaba, chillaba a la vez: jamás pude comprender qué decisión se había tomado. A fin de cuentas, los ricos y los kulaks se distinguían ocultando la cantidad de caballos y ganados que poseían, para pagar menos impuestos y hacer que se redujese su parte en las prestaciones de carruajes. Los campesinos de Fedino trabajaban sus explotaciones de la peor manera. En invierno dejaban sus bestias fuera, sin abrigo y medio hambrientas, ¡cuando en los alrededores había tal cantidad de madera! En invierno apenas tenían leche bastante para los niños y se negaban a venderla. Afortunadamente, cerca de allí, en Pochet, había una pequeña explotación dirigida por el polaco Korolczuk, deportado a perpetuidad, que en invierno nos enviaba toda la leche helada que queríamos, lo mismo que manteca y queso. Los campesinos veían progresar su explotación; pero esto no les impedía dejar sus vacas fuera con 56º y 60º bajo cero (para darles de beber se las llevaban al río).

Los campesinos eran muy conservadores. No tenían inconveniente en sostener buenas relaciones con los deportados políticos, confiar en ellos, invitarlos a sus casas, verlos y llamarlos, prestarles dinero; pero esto no impedía que para ellos fuesen criminales.

En el momento de mi llegada a Fedino, había, como deportado común, un obrero alemán de la fábrica Pórojov, de los alrededores de Petersburgo, un «criminal» de guerra y cuatro deportados políticos. Uno de ellos, Jaim Ber, intelectual originario de Odesa, condenado en el proceso de los socialistas-revolucionarios, estaba atacado de enajenación mental y se encontraba en estado lastimoso; habitaba sobre el horno de una isba medio deshecha. El segundo, sucio y cubierto de andrajos, se llamaba Yákov Garbetz, era un antiguo obrero tintorero de Polonia, condenado en un proceso del PSRPL. Era imposible diferenciar su manera de vivir y la de los campesinos más salvajes. El tercero, un letón llamado Paist, era originario de las provincias bálticas y vivía separado de los deportados. La cuarta era una obrera anarquista enviada a trabajos forzados a Fedino poco tiempo antes de mi llegada. Se llamaba Ida Silberblat. De todos los deportados políticos de la aldea era ella lo único interesante. El alemán era un horrible pequeño burgués. Aunque él habitaba en Rusia desde hacía veinticinco años, no conocía el ruso e ignoraba la vida política de Rusia, como la de su país.

Para custodiar a todos los deportados políticos, había en Fedino un gendarme llamado Román Blagodatski, que era, por así decirlo, el «camarada» de todos los deportados; en los primeros días de mi llegada le di derecho a venir a mi casa a cualquier hora del día; hasta que tuve que rogarle finamente no pusiera más los pies en mi casa.

La vida de los deportados no tenía nada agradable. En los últimos días de marzo, la camarada Silberblat se fue a Boguchany, y Paist dejó definitivamente Fedino. Los deportados de Fedino quedamos así hasta el final del deshielo, durante el cual, por causa de la crecida, las comunicaciones con Boguchany estaban cortadas (el deshielo empieza a mediados de abril y dura hasta fines de mayo).

Mi primer cuidado fue instalar al enfermo Jaim Ber con un viejo deportado en una pequeña isba heredada de los antiguos deportados políticos. El viejo debía cuidar al enfermo. Escribí a Odesa a los padres de Ber, que eran gentes con fortuna, pidiéndoles que le enviasen dinero para que pudiese vivir y vestirse. Finalmente, les proponía dirigirme al gobernador de Yeniséi para rogarle que trasladase a su hijo a un hospital. Al mismo tiempo pedí al gendarme pusiera en conocimiento el estado de

Ber a las autoridades competentes. Después del deshielo, Ber fue hospitalizado en Krasnoyarsk.

En el distrito de Kansk, cantón de Abán, que toca a la aldea de Fedino, se encontraban dos aldeas no lejos de la nuestra; Plájino, situada a casi 13 km. y donde no había deportados, y Pochet, situado a más de 35 km. En Pochet había tres deportados políticos: un ruso, Nikita Gubenko, y dos camaradas polacos, Tomasz Goworek y Piotr Korolczuk. Este último había organizado una explotación agrícola y se había instalado allí a vivir. Me hice dirigir a su nombre los periódicos y mi correspondencia de Rusia, puesto que con Pochet estábamos en relaciones constantes, aun durante la mala estación. Los periódicos, los libros y las cartas que yo recibía me ayudaban a combatir el aburrimiento y la quietud, que eran espantosos, y habituarme a mi nueva situación, ya que en la aldea no había nadie con quien hablar. La situación cambió seriamente enseguida, después del deshielo; en el verano de 1915, cada convoy nos traía uno o dos deportados. Los primeros que llegaron fueron el estudiante bolchevique de la Universidad de Petersburgo, Petrikovski (Petrenko), y el empleado Knishevski; después Sojatski, miembro del PSRPL, acompañado de su mujer (no deportada); después de ellos, los socialistas-revolucionarios B. Orlov y P. Kozlov. Llegaron todavía el maximalista Alexis Feofiláktov y su mujer (ella fue deportada a Plájino, pero como allí abajo no había gendarmes, venía frecuentemente a Fedino); un tipógrafo de Gomel, David Tregúbov, condenado en el proceso de los socialistas-revolucionarios; el soldado Yákov Blatt; el tolstoyano Juan Vijvatniuk, por negarse a tomar las armas; el obrero alemán Adán Stankévich; etcétera. En breve, la colonia de deportados se compuso muy pronto de veintitrés personas, de las cuales, catorce eran detenidos políticos. Allí había deportados administrativos, que tocaban a 8 rublos por mes, y deportados a perpetuidad, que no tocaban a nada. En Fedino era muy difícil encontrar trabajo. Cuando se encontraba un poco, era necesario trabajar por 10 cópecs desde la una de la madrugada hasta las nueve de la mañana (a golpear el trigo), con temperaturas de 37,5º a 40º bajo cero. La situación material de los deportados a perpetuidad era aún agravada porque, igual que los deportados administrativos, no tenían derecho a ausentarse de la aldea.

Estas condiciones materiales diferentes, dada la diversidad de esta cantidad de hombres en una pequeña aldea, hubieran podido dar lugar entre deportados a resentimientos y desacuerdos. De tal modo, la colonia de Fedino decidió organizar una mesa común, donde cada deportado debía, a su vez, preparar la comida de todos. Los alimentos necesarios para el desayuno, para la comida y cena eran comprados en común y repartidos entre todos en igual cantidad, que fijaba la asamblea general. Lo mismo sucedía con el petróleo, el jabón, el azúcar, etc. Todos los productos necesarios se compraban en Abán por mediación de Korolczuk, que nos aprovisionaba de queso, manteca, tocino y leche en invierno de la que obtenía de su explotación. Para alojamiento, el pan y el agua hirviente, cada uno de nosotros pagaba al principio 3 rublos por mes a los campesinos del lugar. Quedaba por resolver la cuestión del vestuario y la del dinero. Adoptamos esta solución: todo el dinero que recibían los deportados adheridos a la comuna era entregado al tesorero, que lo utilizaba para hacer las compras necesarias. Cada miembro de la comuna tenía su cuenta. Todas las noches, la totalidad de los gastos era repartida entre los miembros de la comuna. A aquellos cuyo saldo era acreedor, el tesorero les cargaba en cuenta la cantidad correspondiente; los que su cuenta era ya deudora, el exceso de gastos era llevado al debe. Cada tres meses se procedía a la liquidación general; los camaradas que tenían dinero en su cuenta entregaban a la caja la suma debida por tres meses para los camaradas sin recursos. Después de lo cual se reanudaban las cuentas para los tres meses siguientes.

Los camaradas que tenían más de 20 rublos en su cuenta tenían derecho a gastar 2 rublos sin informar al Comité de la comuna. Este último estaba compuesto por el tesorero, asistido por dos camaradas. Los tres desempeñaban también las funciones del centro político para todos los deportados. Los camaradas que tenían menos de 20 rublos no podían hacer gastos personales sin autorización del Comité. Este último se ocupaba igualmente de vestir a los camaradas sin recursos. Gracias a esta organización, la colonia de Fedino se evitó las críticas y las murmuraciones a que dieron lugar las cuestiones materiales en muchas colonias de deportados.

Los deportados a perpetuidad que no recibían socorros del gobierno trataban de ganar lo estrictamente necesario para su mantenimiento, empleándose en diferentes trabajos. En invierno, cogiendo bellotas y nueces de cedro, que luego vendían. A veces conseguían matar una ardilla: pero como los deportados no estaban autorizados para tener armas de fuego, esos casos eran bastante raros. En verano la vida era más fácil.

Durante la guerra, las aldeas del distrito de Kansk quedaron sin trabajadores; casi todos habían sido movilizados (más allá de Angara, los campesinos no eran llamados a las armas). Los deportados a perpetuidad se marcharon para ganar su vida (en 1916, a causa de la falta de mano de obra, los deportados a perpetuidad recibieron la autorización de trasladarse, unas veces en los límites de la gobernación y otras en los del distrito).

En verano, muchos deportados talaban los árboles, que luego conducían por los canales a Yeniséi. Por cada tronco de árbol se podía recibir de 1 a 20 rublos; pero en cambio era necesario regresar en barco por Yeniséi, pues subir en barca el Angara, a contracorriente, y hacer el resto del camino a caballo, era un viaje caro. En primavera, los labriegos de Fedino se ocupaban también del transporte de maderas; pero ellos regresaban por Kansk, lo que estaba más cerca y más barato, ya que podía hacerse una gran parte del recorrido en barco y ferrocarril.

Así, de una manera o de otra, los deportados encontraban medios de arreglarse para no ser gravosos unos a los otros.

La existencia que acabo de describir costaba en 1915, de media, entre 6 y 7 rublos por mes, sin contar los vestidos, y en 1916, de 10 a 12 rublos.

Cuando empezaron a enviar a Fedino austríacos, alemanes, turcos y judíos deportados por «razones militares» empezamos a asfixiarnos. Los campesinos intentaron aumentar los precios de los alquileres, y lo que es peor, quisieron disponer a su antojo de las habitaciones ocupadas por los deportados políticos; viendo esto, compramos por 12 rublos una mala isba al camarada Paist y otra a un campesino, que transportamos nosotros mismos cerca de la otra. La levantamos, ensanchamos las ventanas y la amueblamos nosotros mismos. De esta manera podíamos, en tres isbas, alojar a ocho camaradas.

Recibíamos los periódicos y las revistas publicadas en Moscú y Petersburgo, lo mismo que los libros: de modo que pudimos construir una biblioteca bastante buena. El tiempo no faltaba para las lecturas, sobre todo en invierno, y los deportados no dejaban de leer. Organizábamos conferencias y charlas, a las que seguían vivos cambios de impresiones, ya que había entre nosotros camaradas afiliados a diversos partidos y tendencias diferentes. Organizábamos reuniones solemnes con ocasión del Primero de Mayo, 9 de enero y 4 de abril, o en el aniversario de la insurrección de diciembre de 1905, y también para festejar el nuevo año. A estas reuniones venían normalmente los deportados de las regiones vecinas, en un radio de hasta 85 km.

Alexis Feofiláktov (murió durante la guerra de guerrillas, combatiendo las tropas de Kolchak, en la provincia de Yeniséi) se descubrió como un genial director de música. Organizó un coro con los camaradas que no creían tener voz. Conseguíamos así matar el tiempo. Cuando nos invadía la tristeza, cosa que nos sucedía con frecuencia, íbamos de visita a casa de los deportados de las aldeas vecinas, no obstante nuestro ángel guardián, el gendarme Blagodatski, que se lanzaba a nuestra persecución y nos inculpaba de ausencia voluntaria. El 16 de febrero de 1917 fui condenado, por ausencia voluntaria, a estar encerrado durante tres días. ¿Cómo no tener tristeza cuando no se ven nunca seres verdaderamente vivientes, cuando no se dedica uno al trabajo activo, aunque se esté en «libertad», mientras que alrededor de uno la nieve cubre el suelo durante ocho meses del año, una nieve que hace daño a la vista y sobre la cual no se puede aventurar uno sin riesgo de hundirse metro y medio? Después viene el verano tan esperado, que trae consigo tal nube de mosquitos que no se puede ir a ninguna parte sin un velo alrededor de la cara.

En la región de Angara, los deportados políticos tenían su organización, cuyo objeto era proporcionar una ayuda material a los deportados sin recursos, organizar las evasiones, informar a los deportados de la vida política en Rusia, etc. Esta misma organización zanjaba los conflictos que estallaban entre deportados, completaba la biblioteca y enviaba a las colonias de deportados escritos revolucionarios recientes, legales e ilegales. Ella englobaba todas las aldeas de los cantones de Pinchug y de Kézhma.

Todas las aldeas que se encontraban alrededor de este centro en que se había convertido Fedino formaban la sección de Chunsk, de la organización de los deportados de Angara.

Durante mi estancia en Siberia hubo dos Congresos de deportados de Angara, en los cuales participaron casi todas las colonias existentes. Un Comité general de deportados de Angara fue designado en este Congreso. Todos los miembros de esta organización pagaban una cuota mensual de 10 cópecs. Fui elegido secretario de la sección de Chunsk, y con este título sostuve una correspondencia abundante y seguida con el delegado del Comité general.

En 1916, las funciones de delegado estaban asumidas por Grigori Aronshtam, con el cual tuve ocasión de trabajar largo tiempo, después de la Revolución de Febrero, en el sector de ferroviarios de Moscú. El Comité de deportados nos enviaba la literatura ilegal, extractos financieros y comunicaciones sobre las cuestiones referentes a la organización.

Como Fedino se encontraba en la ruta de Boguchany a Kansk, los fugitivos, lo mismo que los camaradas que habían terminado su condena, pasaban por allí. En el invierno de 1916, Ida Silberblat huyó al extranjero, y durante el verano, Petrikovski y Knishevski fueron movilizados. En cuanto a los deportados a perpetuidad, muchos hicieron uso del derecho de trasladarse para ir a trabajar a Kansk o en la vecindad. De nuevo no quedaron en Fedino más que algunos deportados políticos.

En otoño de 1916, y al principio de invierno de 1917, el tedio era insoportable. Como me era imposible leer sin parar, me puse, en secreto, a enseñar la lectura y escritura a los niños de una familia campesina (los deportados políticos no tenían el derecho de enseñar) y a tomar parte en la indigente vida pública de la localidad, especialmente en la organización de una cooperativa, ya que los campesinos de Fedino sentían los efectos de la guerra por la escasez, cada vez más grande, de algunos artículos de consumo que ellos pedían a la ciudad: petróleo, jabón, azúcar, loza y municiones para la caza.

El hecho siguiente vino todavía a estimular la fundación de una cooperativa: no había en Fedino tiendas, pero en otoño, los kulaks llevaban a la aldea petróleo, azúcar, jabón y cerillas. Hacían pagar estos productos muy caros. Cuando se les decía algo, se limitaban a responder: «Si lo quieres, cógelo; si no lo quieres, déjalo. Yo lo he comprado para mí». Y no se podía hacer nada. Era cosa de dejarlo o tomarlo. Cuando en 1916 se dispusieron a traspasar la medida (en Kansk y en Aban las mercancías no se encontraban), la idea de organizar una cooperativa nació para la sección de Chunsk. Hubo muchas discusiones antes de que los campesinos de la localidad se decidiesen, ya que los kulaks se habían opuesto firmemente. Pero nosotros, los deportados políticos, nos pusimos enérgicamente a la obra y se fundó la cooperativa. Un campesino y yo fuimos elegidos por la asamblea de la aldea como delegados a la Conferencia cooperativa de la sección de Chunsk, que se celebró en Yar, la cual envió a su vez un deportado a perpetuidad a la Conferencia de la provincia.

En cuanto a la falta de cultura, de orden y de organización que se observaba en los campesinos, puede preguntarse: ¿cómo es que los deportados políticos no habían podido ejercer sobre los campesinos una influencia más bienhechora? Esto, desgraciadamente, es cierto. El colmo es que sucedía frecuentemente que los deportados políticos adoptaban la «cultura» de sus vecinos los campesinos. Cierto que éstos venían constantemente a nuestra casa y nosotros charlábamos mucho con ellos, sobre todo con la juventud. Nos escuchaban atentamente; pero enseguida iban a ver al gendarme para preguntarle si todo lo que decían los deportados políticos era verdad. Obraban así porque, como ya he dicho, nosotros éramos para ellos unos criminales.

Es característico que después de la Revolución de Febrero los campesinos me entregaron el sello de su aldea y todos los atributos del gendarme, pidiéndome que hiciese el uso que quisiera. A partir de este momento, dejamos de ser criminales a sus ojos.

Durante la guerra civil, los campesinos de Fedino, teniendo al frente a los deportados políticos que habían quedado allí, tomaron una parte activa en la guerra de guerrillas contra los guardias blancos de Kolchak.

XVII

Cómo nos enteramos de
la Revolución de febrero de 1917

La noche del 9 de marzo de 1917 yo tenía una tristeza espantosa. Este día lo había visto yo todo negro. No había salido de mi habitación. Estaba tendido en mi cama, sin fuego, y no abrí a nadie. Ya tarde, se oyeron pasos rápidos, seguidos de golpes repetidos contra la puerta. Sin esperar a que le respondiese, el deportado político Goworek, que no vivía en nuestra aldea, me anunció con voz agitada que la revolución acababa de estallar en Rusia. Le pedí que me dejase tranquilo, que no tenía humor para bromas. Viendo que yo lo tomaba así, me aseguró que la mujer de un deportado de Pochet, que regresaba de Kansk, había visto allá un gran mitin, al cual asistían los mismos soldados. Los habitantes se felicitaban los unos a los otros con ocasión del advenimiento de la libertad y las casas estaban engalanadas con banderas rojas.

Convocamos enseguida a todos los deportados y examinamos de qué manera podríamos saber lo que pasaba en Rusia y en las grandes ciudades de Siberia. Decidimos enviar deportados a todos los caminos a fin de preguntar a los campesinos que iban de paso sobre lo que ellos habían visto en Kansk o en Aban, y de enterarse por los periódicos, si ellos los llevaban consigo. Si durante la noche no conseguíamos enterarnos de algo, se convino que Tomasz se dirigiera a Kansk para enterarse con detalles.

Por la tarde, un manifiesto publicado por los socialistas-revolucionarios y los socialdemócratas libertados de la prisión cayó en mis manos. Estos invitaban a agruparse alrededor del Comité de Salud Pública. El manifiesto indicaba que el zarismo había sido derrocado y que el poder estaba en las manos del Comité de la Duma del Imperio.

Aquella noche ni un deportado durmió. Se discutió el desarme de los gendarmes, la detención del jefe de la policía del distrito y de lo que convenía hacer en la asamblea de la aldea. Pero la cuestión más candente era saber cómo salir lo más pronto posible de este agujero para unirse en Rusia al movimiento revolucionario. Todas estas cuestiones dieron lugar a las más absurdas proposiciones. Algunos proponían ir a las aldeas para detener y degollar a los gendarmes que había. Lo más curioso es que estas proposiciones eran hechas por camaradas que antes de la revolución retrocedían ante el menor conflicto con nuestro inofensivo guardia.

Por la mañana llegaron manifiestos que indicaban la composición del gobierno provisional. Enseguida, el aislamiento del «socialista» Kérenski, perdido en medio de filibusteros, cadetes y optimistas del género Gutchkov y Miliukov, me saltó a la vista. Me dije que Kérenski era llamado a desempeñar entre nosotros el papel de pararrayos contra las masas revolucionarias, papel que Louis Blanc había desempeñado en Francia durante la revolución de 1848.

No pude creer que los obreros revolucionarios de Petersburgo hubiesen puesto al frente a Kérenski, a quien ellos conocían muy poco. Para mí estaba claro que en lo sucesivo era necesario combatir, no ya el zarismo, sino a la burguesía. La única cosa que yo no sabía bien en ese momento era hasta qué punto la burguesía había conseguido fortificarse durante la guerra y si se podría organizar rápidamente nuestro Partido Bolchevique, ya que sólo él era capaz de agrupar a su alrededor a las grandes masas del proletariado y de guiarlos por buen camino en la lucha contra la burguesía. La principal cuestión que yo me proponía era saber quién se organizaría antes: ¿el Partido, y alrededor de él el proletariado, o la burguesía? No concebía que los socialistas-revolucionarios hicieran de primeros violines después de la Revolución de Febrero, y que los mencheviques hicieran bloque con ellos. Por tanto, era necesario esperar a que la cuestión de la hegemonía del proletariado o de la burguesía en nuestra revolución fuese planteada de nuevo ante la socialdemocracia.

Nuestro Partido se organizó más pronto: su táctica agrupó alrededor de él no solamente a los obreros, sino, además, a los campesinos. Venció no solamente a la burguesía, sino también a la pequeña burguesía, que personificaba a los mencheviques, los socialistas-revolucionarios, los populistas y otros «socialistas».

En Fedino estábamos tan separados del mundo que ignorábamos cuál era la situación real en los frentes. De ahí por qué muchos deportados políticos no sabíamos con exactitud el destino de la guerra tras la Revolución de Febrero. Pero, aun después de esta revolución, continué siendo un adversario de la guerra. A medida que me aproximaba a Kansk veía que los soldados se iban para su casa por todos los caminos. De Kansk a Moscú, las estaciones y los trenes estaban repletos de soldados que desertaban del frente. Escuchaban con avidez a los deportados políticos de regreso de Siberia que hablaban contra la guerra; se iban tan pronto como un orador hablaba de continuarla hasta un final victorioso. Comprendí entonces que las masas no querían ya la guerra, que ésta se había vuelto odiosa y que desde entonces no duraría más tiempo.

El 10 de marzo pedí prestado dinero para el camino y dejé la aldea de Fedino. Toda la aldea me acompañó. Cuando llegué a Pochet encontré allí dos telegramas, uno de Penza y otro de Moscú, informándome que la amnistía había sido acordada y pidiéndome venir para ponerme al trabajo. Un giro venía con estos telegramas. Fui a caballo hasta Kansk, adonde llegué en la mañana del 12 de marzo. En Kansk había ya un Sóviet de soldados.

El Sóviet de diputados obreros debía reunirse la tarde de mi llegada. En Kansk la ciudad estaba revuelta. Los soldados, conducidos por comisarios, penetraban por todos lados, registraban y llevaban gente detenida. En el Sóviet era el barullo más completo. El Comité Ejecutivo del Sóviet de diputados soldados actuaba de la mañana a la noche. Me dije: si en este rincón perdido la efervescencia podía llegar a este grado, ¿qué no debía pasar en Petrogrado y Moscú? Decidí dirigirme a Moscú. Sin esperar más, tomé un tren lleno de amnistiados que salía por la noche. Durante el camino escribí al Comité Central para preguntarle a dónde debía dirigirme y a qué trabajo debía consagrarme.

El 18 de marzo, el día de mi llegada a Moscú, me dirigí al Sóviet, donde encontré enseguida a antiguos camaradas: Smidóvich, Noguín y muchos otros; en el Comité del Partido encontré a Zemliachka y al buró regional del Comité Central. Todas estas organizaciones se encontraban en el mismo edificio: la escuela de Kaptsov. Cuando recibí la respuesta del Comité Central, que me invitaba a ir a Petrogrado, yo militaba ya entre los ferroviarios de Moscú. Decidí no partir, con el fin de continuar la acción que ya había comenzado.

La Revolución de Febrero marcó el principio de una nueva etapa en la lucha que tuvo que sostener nuestro Partido para combatir la influencia de los mencheviques y de los socialistas-revolucionarios sobre la clase obrera, para instaurar la dictadura del proletariado y poner fin a la guerra mundial. Con todas mis fuerzas y con toda mi energía cooperé a la realización de la tarea que la revolución acababa de asignar a nuestro Partido y a la clase obrera.

ANEXO I

RELATO DE [V. S.] GÚBERMAN *:

L. M. Kaganóvich habla acerca de la sesión plenaria del Comité Central del PCUS (1937):

En junio de 1937 se realizaba la sesión plenaria del Comité Central del VKP(b) [Partido Comunista de toda la Unión (bolchevique), por sus siglas en ruso]. En la sesión se analizó la cuestión del MTS [Ministerio de Ferrocarriles] y, además, a propuesta de Stalin, la cuestión del destino ulterior de los activistas del bloque de derecha y, en particular, de Bujarin.

Stalin insistía en la aniquilación física de todos los representantes de la oposición de derecha y en el otorgamiento de poderes extraordinarios para la lucha con la contrarrevolución –«los enemigos del pueblo»– al Comisario del Pueblo de Asuntos Internos, Yéjov... En la sesión nocturna del 24 de junio intervino Ó. Piátnitski con una réplica a Stalin. Se manifestó contrario a la aniquilación física de Bujarin y de los miembros de su grupo, declaró que por la actividad fraccionista de los representantes del bloque de la derecha era suficiente expulsar a Bujarin y a sus compañeros de lucha del partido, alejándolos así de la actividad política. Pero que en lo sucesivo convenía aprovechar su experiencia y sus conocimientos en la economía nacional.

---

* Este «relato» contiene lo que Lázar Kaganóvich le transmitió en una conversación a V. S. Gúberman, hijo de su exsecretario. Gúberman, a su vez, se la refirió a Ígor Piátnitski, hijo del bolchevique. No nos consta fecha concreta. En cualquier caso, tuvo que ser antes del XXVI Congreso del PCUS (1981), dado que Ígor adjunta la mayor parte de su contenido en una carta que envía a los delegados solicitando la rehabilitación póstuma de su padre. Reproducimos el fragmento según PIÁTNISKAIA, I.: *Diario de la mujer de un bolchevique*, pp. 141-143. Este relato ha jugado cierto papel en la discusión historiográfica rusa sobre el tema. | *Nota de Ediciones Mnemosyne.*

Ó. Piátnitski intervino contra la propuesta de Stalin de otorgar poderes extraordinarios a Yéjov. Aludió a que por razones de servicio y siendo encargado del departamento político administrativo del Comité Central del partido, y ejerciendo el control de distintas cuestiones y entre ellas el cumplimiento de los reglamentos partidarios en el aparato de Seguridad Estatal y Asuntos Internos, tuvo la oportunidad de presenciar los métodos de interrogatorio utilizados por Yéjov en su Comisariado, y por lo tanto objetaba el otorgamiento al Comisario Yéjov de semejantes plenos poderes.

Por el contrario, Ó. Piátnitski propuso intensificar el control de la actividad del NKVD y, en particular, de la actividad de Yéjov.

Después de la intervención de Ó. Piátnitski, Stalin interrumpió la sesión y declaró un cuarto intermedio, durante el cual, en los corredores, algunos miembros del Comité Central, allegados a Piátnitski, le aconsejaron retractarse de su declaración; la mayoría de los participantes del Plenario no se acercaban a él.

Al cabo de un rato, se acercaron a Piátnitski Mólotov, Kaganóvich y Voroshílov y, llamándolo aparte, le dijeron que Stalin les había encargado que hablaran con él y lo persuadieran de que se retractara de su declaración expuesta en la sesión y la retirara.

Kaganóvich recordó a O. Piátnitski que Stalin confiaba en él como hombre y bolchevique, que toda su vida había sido un leal leninista y nunca participó en la oposición, que Stalin lo apreciaba como un práctico notable y un insuperable organizador. Dijo que si Ó. Piátnitski retiraba su declaración, en ese caso ésta se olvidaría y no volvería a mencionarse nunca más.

Ó. Piátnitski se negó a retirar su declaración. Entonces Mólotov le recordó a Ó. Piátnitski su familia, su mujer e hijos, y le aconsejó que pensara en ellos.

Ó. Piátnitski respondió que su conciencia de comunista no le permitía retractarse de su declaración; que él se imaginaba con plena claridad su suerte ulterior, que su intervención en la sesión plenaria no era casual, sino un acto plenamente consciente; que en nombre de la pureza y unidad del partido, estaba dispuesto a sacrificar su vida y, si llegara a ser necesario, pasaría por encima de los cadáveres de sus hijos y su mujer.

Después de escucharlo, Mólotov, Kaganóvich y Voroshílov se fueron. Ese día la sesión plenaria no se reinició.

Al día siguiente –25 de junio– la sesión plenaria empezó con la intervención de Yéjov. Él declaró que [el] NKVD disponía de datos irrefutables de que Ósip Piátnitski, en los años de la reacción había sido informador de la policía secreta de la Rusia zarista, que él, Yéjov, acusaba a Ósip Piátnitski como antiguo provocador de la Ojrana, y sobre esa base proponía expresar a Ó. Piátnitski la desconfianza política.

La moción fue puesta a votación.

El plenario apoyó la moción de Yéjov. Tres votaron en contra: Voropáyev, Kaminski y Krúpskaya; se abstuvo uno: Stásova.*

El plenario concedió a Ó. Piátnitski un plazo de dos semanas para darle la posibilidad de defenderse y de rebatir la acusación presentada por Yéjov.

Después de eso Ó. Piátnitski abandonó la sesión. Desde ese momento empezó el período de quince días del arresto domiciliario de Ó. Piátnitski.

Mi padre fue arrestado por Yéjov el 7 de julio de 1937.

Ígor Piátnitski

* Voropáyev y Stásova no eran miembros o candidatos del Comité Central y era poco probable que pudieran votar. –Red.

Anexo II

Anuncio de I.V. Stalin en el pleno de junio de 1937 del Comité Central del VKP(b).*

(De la taquigrafía del pleno)

Stalin: Debo informar, camaradas, que ante los datos irrefutables recibidos relativos a los miembros del CC, Kadatski y Chúdov, y al candidato a miembro del CC, Pavlunovski, implicados en las acciones criminales de los conspiradores, ha sido necesario arrestarlos. Existen las declaraciones correspondientes de Komarov; les serán distribuidas. Será necesario expulsar a estos antiguos miembros del Comité Central y al candidato a miembro del Comité Central de dicho organismo.

Voces desde sus asientos: Correcto.

Andréyev: Existe la propuesta de aceptar esta sugerencia del camarada Stalin. ¿Quién está a favor de esta propuesta? [*sección presumiblemente omitida:* «¿Quién en contra?»] Nadie. Aceptada.

Stalin: En cuanto a Piátnitski, la investigación está en curso. Debería concluirse en los próximos días; se realizarán nuevos interrogatorios y careos.

Andréyev: El orden del día del pleno se ha agotado. Declaro cerrada la sesión del pleno del Comité Central.

* Transcripción tomada directamente de los archivos soviéticos del *Stalin Digital Archive* [*f. 17, op. 2, d. 621, l. 114*]. A. Getty (uno de los sovietólogos más serios en lo que al uso de las fuentes respecta) comenta esta transcripción como sigue: «Durante el Pleno del Comité Central de junio de 1937, el desgaste de los miembros del C.C. continuó. Aquí, Stalin anuncia el arresto de Kadatski y Chúdov, antiguos allegados de Kírov. En la misma reunión, Piátnitski, partidario de Stalin, había condenado repentinamente la propagación de los arrestos. Stalin anuncia que la investigación de Piátnitski concluirá pronto. Piátnitski fue finalmente considerado un enemigo y fue ejecutado». La traducción es nuestra. | *Nota de Ediciones Mnemosyne.*

ÍNDICE